우리의 소망이며 믿음입니다.

The Gospel Project for **Adults** is published quarterly by LifeWay Christian Resources,
One LifeWay Plaza, Nashville, TN 37234, Thom S. Rainer, President
© 2016 LifeWay Christian Resources
Translated and used by permission of LifeWay Christian Resources

This Korean translation edition © 2018 by Duranno Ministry,
38, Seobinggo-ro 65-gil, Yongsan-gu, Seoul, Republic of Korea
Published by arrangement with LifeWay Christian Resources

본 저작물의 한국어판 저작권은 LifeWay Christian Resources와 독점 계약한 두란노서원에 있습니다.
신 저작권법에 의거하여 한국 내에서 보호를 받는 저작물이므로 무단 전재와 무단 복제를 금합니다.

가스펠 프로젝트

구약

6

돌아온 하나님의 백성
청장년 인도자용

지은이 · LifeWay Adults
옮긴이 · 최광일
감수 · 김병훈, 이희성, 신대현
초판 발행 · 2018년 1월 22일
2판 2쇄 발행 · 2025년 3월 7일
등록번호 · 제1988-000080호
등록된 곳 · 서울특별시 용산구 서빙고로65길 38
발행처 · 사단법인 두란노서원
영업부 · 02-2078-3352, 3452, 3781, 3752 FAX 080-749-3705
편집부 · 02-2078-3437
디자인 · 땅콩프레스

책값은 뒤표지에 있습니다.
ISBN 978-89-531-4596-2 04230 / 978-89-531-4583-2(세트)

가스펠 프로젝트 홈페이지 · gospelproject.co.kr
두란노몰 · mall.duranno.com

차례

보존하시는 하나님 **Unit 1** 에스라, 다니엘

공급하시는 하나님 **Unit 2** 에스더, 느헤미야, 말라기

6

Exile and Return

발간사

두란노서원을 통해 라이프웨이(LifeWay)의 《가스펠 프로젝트》 성경 공부 교재 시리즈를 발간할 수 있도록 인도하신 하나님께 감사드립니다. 험한 소리로 가득한 세상에 이 책을 디딤돌처럼 놓습니다. 우리 삶은 말씀을 만난 소리로 풍성해져야 합니다. 주님을 만난 기쁨의 소리, 진실 앞에서 탄식하는 소리, 죄를 씻는 울음소리, 소망을 품은 기도 소리로 가득해야 합니다.

《가스펠 프로젝트》는 신구약을 관통하는 예수 그리스도의 복음을 발견하고, 그 가르침을 삶에 적용하는 지혜를 얻도록 기획한 성경 공부 교재입니다. 어린아이부터 어른에 이르기까지 생애주기에 따른 복음 메시지를 잘 배울 수 있습니다. 또한 거짓 진리가 미혹하는 이 시대에 건강한 신학과 바른 교리로 말씀을 조명해 성도의 신앙이 좌로나 우로나 치우치지 않도록 돕습니다.

두란노서원은 지금까지 "오직 성경, 복음 중심, 초교파적 관점"을 바탕으로 한국 교회와 성도를 꾸준히 섬겨 왔습니다. 오직 성경의 정신에 입각해 책과 잡지를 출판해 왔으며, 성경에 근거한 복음 중심의 신학을 포기한 적이 없습니다. 그리고 교단과 교파를 초월해 교회와 성도가 하나님의 나라를 바라볼 수 있도록 돕기 위해 노력해 왔습니다. 《가스펠 프로젝트》는 두란노가 지켜 온 세 가지 가치를 충실하게 담은 책입니다.

성경은 구원을 위한 책이며, 구원사의 주인공은 예수 그리스도입니다. 창세기부터 요한계시록까지 오직 예수 그리스도의 복음만을 전하는 《가스펠 프로젝트》 성경 공부 교재를 통해 복음의 은혜와 진리를 깊이 경험하고, 복음 중심의 삶이 마음 판에 새겨지기를 바랍니다. 그리고 예수 그리스도 복음에 굳게 선 한 사람의 영향력이 가정과 교회와 사회에 흘러감으로써 거룩한 하나님 나라가 확산되어 가기를 소망합니다.

두란노서원 원장 이 형 기

감수사

✠   두란노가 출간하는《가스펠 프로젝트》는 무엇보다도 전통적으로 교회가 풀어 온 흐름을 충실히 따라 성경을 해설하고 있습니다. 그리고 그 방향은 궁극적으로 예수 그리스도를 향해 나아가고 있습니다. 이것은 예수님이 구약과 신약의 모든 성경이 자신을 가리키고 있다고 하신 말씀에 비추어 매우 타당한 것입니다. 게다가 그리스도 중심적 해설을 무리하게 전개하지 않습니다. 각 본문에서 하나님의 구원 언약과 그것을 실현하시는 하나님을 드러내면서, 그리스도의 예표적 설명이 가능한 사건을 놓치지 않고 풀어내고 있습니다.

성경 공부 교재는 명시적으로 혹은 암시적으로 제시하는 교리적 진술이 교리 체계상 건전해야 합니다.《가스펠 프로젝트》는 99개 조에 이르는 핵심교리들을 일목요연하게 제시해 교리의 건전성을 확인할 수 있도록 도움을 줍니다.《가스펠 프로젝트》의 교리는 교파를 막론하고, 예수 그리스도의 복음에 충실한 복음주의 교회들에게 환영받을 만합니다. 물론 교파마다 약간의 이견을 갖는 부분들이 있을 수 있겠지만 각 교회에서 교재를 활용하는 데는 무리가 없을 것입니다.《가스펠 프로젝트》의 특징은 각 과에서 학습한 내용을 핵심교리와 연결해 주며, 그 결과 그리스도의 복음에 관련한 교리적 이해를 강화시킨다는 데 있습니다.

끝으로《가스펠 프로젝트》는 어떤 성경 주해서나 교리 학습서가 갖지 못하는 훌륭한 장점을 가지고 있습니다. 그것은 학습자를 하나님과 그리스도의 복음 앞으로 나오도록 이끌며 자신의 신앙과 삶을 돌아보도록 하는 적용의 적실성과 훈련의 효과입니다. 아울러 본문과 관련해 교회사적으로 또 주석적으로 중요한 신학자와 목사의 어록과 주석을 제시하고, 심화토론 질문들(인도자용)과 선교적 안목을 열어 주는 적용 질문들을 더해 준 것은《가스펠 프로젝트》에서 얻을 수 있는 큰 유익입니다.

추천할 만한 마땅한 성경 공부 교재를 찾기가 쉽지 않은 현실에서《가스펠 프로젝트》는 성경을 개괄적으로 매주 한 과목씩, 3년의 기간 동안 일목요연하게, 그리고 그리스도 중심적으로 공부하도록 이끌어 준다는 점에서, 한국 교회의 기초를 성경 위에 놓는 일에 큰 공헌을 할 것으로 믿어 의심치 않습니다.

김병훈 _ 합동신학대학원대학교 조직신학 교수

✟   아모스 선지자가 타락의 일로를 걷고 있었던 북이스라엘을 향해 선포한 메시지가 생각납니다. "보라 날이 이를지라 내가 기근을 땅에 보내리니 양식이 없어 주림이 아니며 물이 없어 갈함이 아니요 여호와의 말씀을 듣지 못한 기갈이라"(암 8:11). 주전 8세기 아모스 선지자의 외침이 오늘 이 시대에 다시 메아리쳐 오고 있습니다. 온갖 이단들이 영적으로 갈급한 성도들을 향해 검은손을 내밀고 있습니다. 이들은 성경 구절을 단편적으로 이해하고 왜곡해 교리를 구축한 후 성도들을 혼란에 빠뜨리고 있습니다. 두란노의《가스펠 프로젝트》는 성도들이 겪고 있는 이러한 갈증을 해소해 줄 수 있는 참으로 유익한 성경 공부 교재입니다.

첫째, 《가스펠 프로젝트》는 성경 전체 흐름과 문맥에 따라 구성되어 성경의 큰 그림을 볼 수 있도록 도와줍니다. 또 성경 각 본문의 의미를 깊이 이해할 수 있도록 해당 분야의 전문 성경 신학자들의 주석적 견해를 잘 소개하고 있습니다. 둘째, 본문 연구와 함께 관련 핵심교리들을 적절하게 소개해 성경과 교리를 연결할 수 있습니다. 또 모든 세션에서 그리스도와의 연결점을 찾아 제시함으로써 구약 본문을 통해서도 복음을 깨달을 수 있습니다. 성경 공부 전 과정을 마치면 성도들이 복음에 대한 견고한 믿음을 가지게 될 것입니다. 셋째, 성경 공부를 통한 적용의 초점을 선교에 맞추어 성도들이 삶의 현장에서 복음의 증인으로서의 사명을 감당할 수 있게 도와줍니다. 마지막으로 주일학교에서 장년에 이르기까지 동일한 주제와 본문으로 성경을 공부하도록 구성했기 때문에 모든 교인이 한 말씀 안에서 한 믿음의 공동체를 이루며 성숙해 가는 영적 부흥을 경험하게 될 것입니다.

두란노의《가스펠 프로젝트》를 통해 말씀이 갈급한 기근의 시대에 영적 해갈의 기쁨을 경험하시기 바랍니다.

이희성 _ 총신대학교 신학대학원 구약학 교수

✝   《가스펠 프로젝트》는 성경 안에 나타난 하나님의 구원 계획-실행-완성이라는 일련의 진행을 잘 요약한 말입니다. 구원의 소식은 예수 그리스도가 오셨을 때 비로소 전해진 것이 아니라 창세 이전에 그리스도 안에서 하나님의 지혜로 계획된 것입니다. 이 복음 계획은 구약 역사가 진행되면서 더 구체적으로 알려졌고, 하나님의 아들 예수 그리스도가 이 땅에 오심으로써 완전히 드러났습니다. 이 복음으로 하나님의 백성이 모두 구원을 받을 것이며, 그제야 세상에 끝이 오고 하나님의 가스펠 프로젝트는 완성될 것입니다.

두란노의 《가스펠 프로젝트》는 이러한 큰 그림을 염두에 두고 시대를 따라 진행되는 하나님의 구원 계획을 체계적으로 다루고 있습니다. 각 세션의 시작과 끝에 두 개의 푯대, 즉 '신학적 주제'와 '그리스도와의 연결'을 제시해 세션이 다루는 내용이 구원 역사의 큰 진행에서 어느 지점에 해당되는지 알려 줍니다. '신학적 주제'는 본문에서 하나님의 가스펠 프로젝트의 어느 지점에 주목해야 하는지 알려 주며, '그리스도와의 연결'은 이 지점이 가스펠 프로젝트 전체와 어떻게 연결되는지 확인해 줍니다. 가스펠 프로젝트의 부분과 전체를 아는 지식을 동시에 배워 가면서 이 시대를 향한 단기 비전과 앞으로 임할 하나님 나라에 대한 장기 비전을 함께 가질 수 있습니다. 《가스펠 프로젝트》는 이 비전들을 구체적으로 가질 수 있도록 매 세션 끝에 '하나님의 계획, 우리의 사명'을 두고 있습니다.

《가스펠 프로젝트》의 또 다른 큰 특징은 교회 안에 여러 세대를 그리스도 안에서 하나님의 말씀으로 연결해 준다는 것입니다. 장년, 청소년, 그리고 어린이들이 매주 동일한 본문 말씀을 배움으로써 그리스도 안에서 하나의 교회 전통을 세워 갈 수 있으며, 교회와 가정에서 동일한 하나님의 말씀으로 소통하며 언어가 같은 하나님 나라 백성의 삶을 체험할 수 있습니다.

《가스펠 프로젝트》는 성경의 한 부분에만 머물러 있는 우리의 생각을 그리스도 안에서 넓혀 주고, 분열된 세대들의 생각을 그리스도 안으로 모아 줍니다. 한국 교회 성도들이 두란노의 《가스펠 프로젝트》를 통해 예수 그리스도를 아는 지식에서 자라 가고 모든 믿음의 세대가 그리스도 안에서 아름다운 신앙의 전통을 이어 가는 일들이 일어나길 소망합니다.

신대현 _《가스펠 프로젝트》주 강사

추천사

✚　　우리 시대의 전 세계적 교회 부흥은 두 가지 샘을 가지고 있습니다. 한 샘은 오순절 부흥 운동의 샘입니다. 이 샘으로 많은 시대의 목마른 영혼들이 목마름을 해갈했습니다. 또 하나의 샘은 성경 연구의 샘입니다. 남침례교 주일학교 운동은 이 샘의 개척자입니다. 이 샘으로 지금도 많은 성도가 목마름을 해갈하고 있습니다. 미 남침례교 라이프웨이 출판사는 이러한 사역을 충실히 감당해 왔습니다. 《가스펠 프로젝트》는 모든 필요를 공급하는 원천이 될 것입니다. 《가스펠 프로젝트》로 한국 교회의 목마름이 해갈되기를 기도합니다. 《가스펠 프로젝트》는 쉬우면서도 결코 피상적이지 않습니다. 믿음의 단계를 따라 하나님의 자녀들에게 꼭 필요한 복음의 진수를 맛보게 해 줄 것입니다. 이 체계적인 교재로 이 땅에 새로운 영적 르네상스가 일어나기를 기대합니다.

이동원 _ 지구촌교회 원로 목사, 지구촌 미니스트리 네트워크 대표

✚　　《가스펠 프로젝트》는 예수 그리스도 중심, 즉 복음 중심의 제자 양육 교재입니다. 복음은 구원하는 능력뿐만 아니라 삶을 변화시키는 능력입니다. 성도들을 변화와 성숙으로 이끌어 주는 귀한 교재가 조국 교회와 이민 교회에 소중하게 쓰임받기를 바랍니다. 특별히 이민 2세들은 영어 교재 원본을 사용할 수 있는 까닭에 큰 도움이 될 것입니다.

강준민 _ LA 새생명비전교회 담임 목사

✝ 성경은 예수 그리스도를 중심으로 하는 하나님의 구원 이야기입니다. 성경을 가르치는 일은 하나님의 구원에 동참하는 하나님의 사람을 만드는 일이며, 하나님의 사람의 탁월한 모델은 바로 예수 그리스도입니다. 《가스펠 프로젝트》는 예수 그리스도를 중심으로 성경을 배웁니다. 성경이 어떻게 그리스도와 연결되어 있는지, 또 성도의 삶이 그리스도를 중심으로 하는 하나님의 구원 계획에 어떻게 연결되어야 하는지 구체적으로 제시합니다.

특히 《가스펠 프로젝트》는 하나의 본문을 각 연령에 맞게 구성한 교재를 제공해 하나의 본문으로 전 세대를 연결하고, 가정과 교회를 하나 되게 합니다. 신앙의 전수가 중요한 시대에 성도와 교회와 가정이 한마음으로 다음 세대를 준비시키기에 적합합니다. 특히 가정에서 부모가 자녀와 말씀으로 대화를 나눌 수 있게 해 자녀 신앙 교육에 도움이 될 것입니다.

《가스펠 프로젝트》가 주일학교부터 장년에 이르기까지 전 교회와 성도의 각 가정에서 사용되어 예수 그리스도를 통한 하나님의 가스펠 프로젝트가 성취되기를 기도하면서 기쁨과 확신으로 추천합니다.

이재훈 _ 온누리교회 담임 목사

✝ 하나님의 말씀은 생명을 살리고 힘 있게 하는 능력이 있습니다. 그래서 사역 현장에서는 그것을 효율적으로 전해 주고 가르칠 수 있는 좋은 방법과 교재에 늘 목말라합니다. 그런 점에서 연령대에 맞게 체계적으로 준비되어 사역 현장의 필요를 잘 충족해 줄 교재가 출간되어 기쁩니다. 사역의 현장에서 유용하게 활용되어 복음의 생명력과 역동성을 누리게 되기를 기대하며 추천합니다.

김운용 _ 장로회신학대학교 실천신학 교수

✛　성경은 하나님의 말씀입니다. 말씀 중의 말씀, 복음은 예수 그리스도 이십니다. 《가스펠 프로젝트》는 하나님의 말씀으로 우리를 초청해서 예수 그리스도를 만나게 하고 사랑하게 만드는 훌륭한 교재입니다. 《가스펠 프로젝트》의 매력은 하나의 커리큘럼을 가지고 연령대에 적합하게 공부하도록 제공한다는 점입니다. 자녀들이 교회 학교에서, 부모들이 소그룹에서 말씀을 공부한 후 저녁 식탁에 둘러앉아 예수님에 대해 함께 나눌 수 있다는 것은, 상상만 해도 너무나도 멋지고 복된 일입니다.

김지철 _ 전 소망교회 담임 목사

✛　예수님은 친히 요한복음 5장 39절에서, 모든 성경은 예수님 자신에 대한 증거라고 말씀하셨습니다. 그럼에도 불구하고, 성도들은 그 속에서 예수님이라는 보석을 쉽게 찾아 내지 못하고 있습니다. 《가스펠 프로젝트》는 신앙생활을 출발하는 어린이부터 장년까지 이런 눈을 활짝 열어 주는 놀라운 교재입니다. 요람에서부터 무덤까지 각 연령대에 맞게 구성된 본 교재를 통해, 한국 교회와 이민 교회가 잃어버린 예수님을 다시 발견함으로 견고하게 되기를 바랍니다.

최병락 _ 강남중앙침례교회 담임 목사

✛　성경을 공부한다는 것은 성경에 기록된 사실을 배우는 것이 아니라 성경이 가르치는 교리를 배우는 것입니다. 왜냐하면 성경은 독자에게 어떤 새로운 정보를 주기 위해 인간이 쓴 책이 아니라, 죄인인 인간에게 구원을 주기 위해 하나님이 쓰신 말씀이기 때문입니다. 그런데 이 구원의 도리인 교리를 성경 본문을 통해 배우기가 쉽지 않기 때문에 좋은 안내서가 필요합니다. 이번에 출간된 《가스펠 프로젝트》는 이와 같은 역할을 탁월하게 수행하고 있기 때문에 기쁜 마음으로 추천합니다.

이성호 _ 고려신학대학원 역사신학 교수

활용법

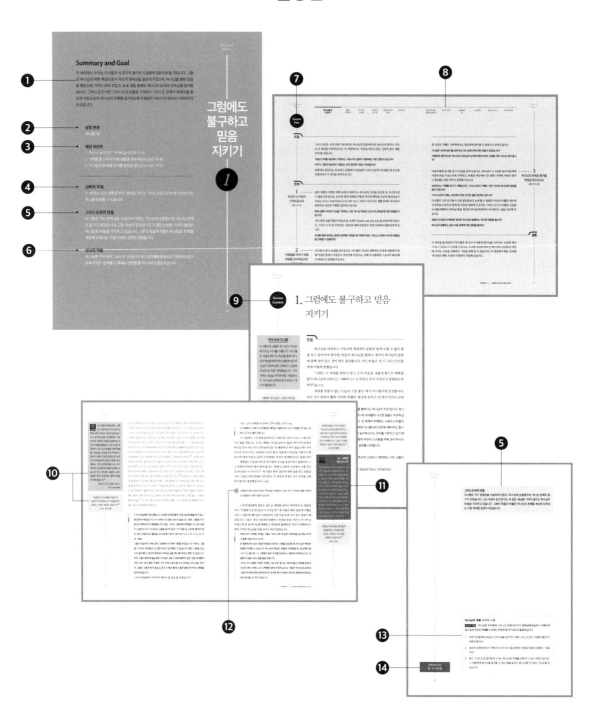

1. Summary and Goal

각 세션의 핵심 내용을 알려 주는 세션 요약과 강조할 포인트를 정리해 본문의 흐름과 교재의 학습 목표를 놓치지 않도록 돕습니다.

2. 성경 본문

각 세션의 내용과 주제에 해당하는 성경 본문을 제시합니다. 《가스펠 프로젝트》는 연대기 성경 공부 교재로 성경의 큰 흐름에 따라 본문을 구성했습니다.

3. 세션 포인트

각 세션에서 강조할 포인트를 세 가지씩 열거해 인도자가 한눈에 세션의 요점을 개관하도록 합니다.

4. 신학적 주제

하나님이 구속사에서 행하신 일에 초점을 맞춰 본문을 이해하도록 주제를 제시해 본문의 흐름을 놓치지 않도록 돕습니다.

5. 그리스도와의 연결

해당 본문과 주제가 어떻게 예수 그리스도를 가리키며 연결되는지 자세히 살핍니다. 예수님과 각 세션 포인트의 상관성을 발견할 수 있도록 돕습니다.

6. 선교적 적용

각 세션에서 드러난 하나님의 계획을 우리의 사명과 연결해 말씀을 삶에 구체적으로 적용하도록 돕습니다.

7. Session Plan

세션의 개요와 신학적 주제, 그리고 질문을 연결해 각 세션의 주요한 부분을 한눈에 볼 수 있게 함으로써 인도자가 수업을 설계할 수 있도록 돕습니다.

8. 연대표

각 권의 연대적 흐름을 이해할 수 있도록 한눈에 볼 수 있는 연대표를 제공합니다. 각 본문에 해당하는 단계를 표시해 성경을 시간 순으로 이해하도록 돕습니다.

9. Session Content

학습자용에 있는 내용이 모두 들어 있으며, 인도자를 위한 내용이 추가되어 있습니다. 인도자를 위한 내용은 여백에 'Leader'라고 표시되어 있습니다. 상자 안에 있는 명언, 심화주석, 심화토론, 도입 옵션 등도 인도자용에만 들어 있으며, 명언 가운데 일부는 학습자용에도 있습니다.

10. 명언, 심화주석 등

본문과 관련해 교회사적으로 또 주석적으로 중요한 신학자와 목사의 서적이나 기타 아티클을 발췌해 제시함으로써 신학적 이해를 돕습니다.

11. 핵심교리 99

기독교 교리 가운데 핵심이 되는 99개의 내용을 추려 각 세션과 관련 있는 교리를 제시합니다. 성경 본문에 대한 신학적 이해를 넓히는 데 도움을 받을 수 있습니다.

12. 관찰 질문

본문을 구체적으로 이해하도록 돕는 질문을 제공합니다. 이를 통해 생각의 폭을 넓히고 성경의 진리를 실제적으로 받아들이는 데 도움을 받을 수 있습니다.

13. 하나님의 계획, 우리의 사명

각 세션에서 드러난 하나님의 계획을 우리의 사명과 연결해 말씀을 구체적으로 삶에 적용하도록 돕습니다.

14. 금주의 성경 읽기

각 세션의 연대기적 흐름에 맞춰 한 주 동안 읽을 성경 본문을 제공합니다.

*부가 자료

홈페이지 gospelproject.co.kr 자료실에 세션의 맥과 핵심을 짚어 주는 강의 '세션 가이드', 세션의 각 질문에 대한 안내를 담은 '질문 가이드', 소그룹을 위한 '활동 자료'와 '가족 성경 읽기표'가 실려 있습니다.

Summary and Goal

이 세션에서 우리는 다니엘과 세 친구의 용기와 신실함에 감동하게 될 것입니다. 그들은 하나님의 택한 백성으로서 자신의 정체성을 올곧게 지켰으며, 하나님을 향한 믿음을 행동으로 기꺼이 보여 주었고, 포로 생활 중에도 하나님의 능력과 선하심을 증거했습니다. '그리스도인'이란 그리스도의 보혈로 구속되고 그리스도 안에서 정체성을 올곧게 지킴으로써 하나님의 은혜를 증거하도록 부름받은 자로서 이 세상의 거류민이자 포로입니다.

그럼에도
불구하고
믿음
지키기

1

- **성경 본문**
  다니엘 1장

- **세션 포인트**
  1. 자신이 누구인지 기억하십시오(단 1:1~7)
  2. 거룩함을 지키기 위해 위험을 감수하십시오(단 1:8~16)
  3. 하나님의 은혜를 증거할 방법을 찾으십시오(단 1:17~21)

- **신학적 주제**
  이 땅에서 포로 생활을 하는 중에도 우리는 그리스도인으로서 하나님의 인도하심을 신뢰할 수 있습니다.

- **그리스도와의 연결**
  다니엘은 자기 정체성을 신실하게 지켰고, 하나님께 순종했으며, 하나님 은혜의 증거가 되었습니다. 그는 죄성이 없으면서도 죄 많은 세상을 기꺼이 품으신 하나님의 아들을 가리키고 있습니다. 그분의 죽음과 부활은 하나님의 은혜를 세상에 드러내는 가장 위대한 장면이 되었습니다.

- **선교적 적용**
  하나님은 우리에게 그리스도 안에서의 자기 정체성에 충실하고 거룩하게 삶으로써 주님의 은혜를 드러내는 찬란한 증거가 되라고 말씀하십니다.

Session Plan

도입

그리스도인은 우리 문화 가운데서도 하나님의 말씀에 따라 살아가야 한다는 것으로 이 세션을 시작하십시오. 이 세션에서는 세상을 따르지 않는 신앙의 좋은 예를 보게 될 것입니다.

오늘날 우리를 세상에서 구별하는 기독교적 신념이나 행위에는 어떤 것들이 있습니까?

우리가 그렇게 세상에서 구별되는 것이 중요한 이유는 무엇일까요?

타향에서 살아가는 포로라는 관점에서 오늘날의 그리스도인과 다니엘과 세 친구를 연결하면서 이 세션을 요약하십시오.

전개

1
자신이 누구인지 기억하십시오
(단 1:1~7)

삶의 정황과 사명의 상황 속에서 일하시는 하나님의 주권을 강조한 후, 다니엘 1장 1~7절을 읽으십시오. 유다의 영적 쇠퇴와 추방의 역사적 맥락을 간단히 돌아보십시오(참조, 부록 6: '유대 백성의 포로와 귀환 지도'). 그리고 나서 포로 생활 중에도 하나님이 허락하신 선교적 기회를 강조해 주십시오.

현재 상황이 우연이 아님을 기억하는 것은 하나님 백성의 선교사적 정체성에 어떤 영향을 미칩니까?

서너 명씩 조를 만들어 학습자용 교재의 표(분리, 교화, 동화, 혼동)를 완성하게 하십시오. 그리고 나서 표 아래 있는 질문에 대해 토론하고 전체 모임에서 발표하게 하십시오.

우리를 변화시키려는 문화의 압력에 직면할 때, 어떻게 하면 그리스도 안에서 우리의 정체성을 강화할 수 있을까요?

2
거룩함을 지키기 위해 위험을 감수하십시오
(단 1:8~16)

다니엘서 1장 8~16절을 읽으십시오. 다니엘이 자신의 상황에서 유혹에 저항하기 위해 가졌던 관점이 무엇인지 이야기해 주십시오. 이때 다니엘에게 그 음식이 왜 문제가 되었는지 설명해 주십시오.

다니엘과 세 친구는 이 타협을 거부하기 위해 어떤 준비를 했습니까?

다니엘이 윗사람들을 매력적으로 설득하는 모습을 통해, 어떻게 그가 그동안 확고

한 신념과 지혜로 거룩하면서도 겸손하게 살아올 수 있었는지 보여주십시오.

다니엘은 이러한 용기를 갖게 하신 하나님에 관해 어떤 믿음이 있었습니까?

거룩함에 대한 헌신은 하나님의 선하심과 능력에 관한 우리의 신뢰를 어떤 식으로 보여 줍니까?

자원자에게 다니엘 1장 17~21절을 읽게 하십시오. 하나님이 이 신실한 젊은이들에게 어떻게 복을 주셨는지에 주목하고, 바벨론 제국에서 다니엘의 사역에 지혜가 얼마나 중요했는지를 간단히 설명해 주십시오.

3
하나님의 은혜를 증거할 방법을 찾으십시오
(단 1:17~21)

세상에서는 지혜를 찾기가 어렵습니다. 그리스도인의 지혜는 어떤 식으로 하나님께 영광을 돌려 드립니까?

그리스도인의 지혜는 세상에서 어떤 식으로 일을 개선해 나갑니까?

다니엘과 그의 친구들이 다른 동료들보다 눈에 띌 수 있었던 이유와 바벨론 제국에서 관직을 보상으로 받게 된 이유를 설명해 주십시오. 그리고 나서 다니엘의 신실함이 베들레헴에서 태어날 왕을 찾았던 박사들에게까지 이어졌다는 점을 강조해 주십시오.

믿음의 조상들의 은혜로운 증언은 하나님과 동행하는 데 어떤 영향을 줍니까?

하나님과 동행하는 삶은 다음 세대에 어떤 영향을 줄까요?

결론

이 세션을 돌아보면서 다니엘과 세 친구가 어떻게 예수님을 가리키는 신실한 예시가 될 수 있었는지 지적해 주십시오. 우리를 대신해 죽으신 예수님의 신실하심 덕분에, 우리는 주님을 신뢰하고 그분을 위해 살 수 있습니다. 이 세션에서 배운 진리를 '하나님의 계획, 우리의 사명'에서 적용해 보십시오.

1. 그럼에도 불구하고 믿음 지키기

Session Content

역사 속의 다니엘

다니엘서의 내용은 BC 605~536년에 이르는 시기를 다룹니다. 다니엘은 서술과 묵시적 계시를 통해 하나님의 백성들에게 어떤 상황에서든 하나님의 인도하심을 신뢰하고, 신실하게 살아갈 것을 격려했습니다. 그의 격려는 오늘날 우리에게도 적용됩니다. 하나님이 완벽하게 주관하고 계시기 때문입니다.

"때때로 하나님은 그분의 자비를 우리에게 부어 주기를 원하시기에 고난을 허용하곤 하십니다."[1]
_데일 랄프 데이비스

도입

하나님을 대적하고 기독교에 적대적인 문화의 땅에 어쩔 수 없이 발을 딛고 살아가야 한다면, 마음이 하나님을 향하고 생각이 하나님의 말씀에 흠뻑 젖어 있는 것이 매우 중요합니다. 사도 바울은 초기 그리스도인들에게 이렇게 말했습니다.

"너희는 이 세대를 본받지 말고 오직 마음을 새롭게 함으로 변화를 받아 하나님의 선하시고 기뻐하시고 온전하신 뜻이 무엇인지 분별하도록 하라"(롬 12:2).

세대를 본받지 않는 모습의 가장 좋은 예가 다니엘서에 등장합니다. 바로 자기 땅에서 뽑혀 사악한 바벨론 제국에 끌려간 네 명의 히브리 10대 소년들의 이야기입니다.

> 다니엘서의 주제는 "선을 위해 모든 일을 행하시는 하나님의 주권"입니다. 하나님은 강대국 같은 거대한 대상들뿐만 아니라 10대들의 사소한 일들도 주관하십니다. 또한 역사와 미래도 주관하십니다. 전 세계의 박해받는 교회의 신자들이 성경에서 가장 즐겨 읽는 두 권의 책이 바로 다니엘서와 요한계시록이라고 합니다. 왜일까요? 두 책 모두 하나님이 결국 승리하신다는 진리를 가르치고 있기 때문입니다. 이방 땅에서도 신실했던 네 명의 히브리 소년들을 위해 '승리'하시는 하나님을 보여 주는 이야기로 다니엘서 공부를 시작합니다.

Q 오늘날 우리를 세상에서 구별하는 기독교적 신념이나 행위에는 어떤 것들이 있습니까?

Q 우리가 그렇게 세상에서 구별되는 것이 중요한 이유는 무엇일까요?

Session Summary

이 세션에서 우리는 다니엘과 세 친구의 용기와 신실함에 감동하게 될 것입니다. 그들은 하나님의 택한 백성으로서 자신의 정체성을 올곧게 지켰으며, 하나님을 향한 믿음을 행동으로 기꺼이 보여 주었고, 포로 생활 중에도 하나님의 능력과 선하심을 증거했습니다. '그리스도인'이란 그리스도의 보혈로 구속되고 그리스도 안에서 정체성을 올곧게 지킴으로써 하나님의 은혜를 증거하도록 부름받은 자로서 이 세상의 거류민이자 포로입니다.

전개

1. 자신이 누구인지 기억하십시오(단 1:1~7)

세상에 포로 된 자로서 우리는 어떻게 살아가야 할까요? 먼저 상황 가운데 역사하시는 하나님의 손길을 인지해야 합니다. 하나님은 우리를 힘든 곳으로 보내 열방에 주님의 이름을 전하게 하실 수 있습니다. 다니엘의 이야기에서처럼 하나님은 종종 자기 백성의 삶에 고난을 허락하시곤 합니다. 하나님의 주권을 입증하고 자기 백성의 신앙을 강화하며 주님의 지혜와 힘을 보이기 위해서, 그리고 하나님이 인도하신 열방 가운데 주님의 영광을 보이기 위해서 말입니다.

> 우리가 읽으려는 이야기의 주인공은 10대 히브리인들이 아니라 자기 약속을 지키시는 은혜롭고 전능하신 하나님이십니다. 다니엘서를 펼치면, 바벨론 제국이라는 척박하고 사악한 땅에 옮겨 심긴 네 명의 대단한 젊은이를 만나게 됩니다. 그들은 고향을 떠나기는 했지만, 하나님의 주권적인 계획에서 벗어나 있지는 않았습니다.

Leader

¹유다 왕 여호야김이 다스린 지 삼 년이 되는 해에 바벨론 왕 느부갓네살이 예루살렘에 이르러 성을 에워쌌더니 ²주께서 유다 왕 여호야김과 하나님의 전 그릇 얼마를 그의 손에 넘기시매 그가 그것을 가지고 시날 땅 자기 신들의 신전에 가져다가 그 신들의 보물 창고에 두었더라 ³왕이 환관장 아스부나스에게 말하여 이스라엘 자손 중에서 왕족과 귀족 몇 사람 ⁴곧 흠이 없고 용모가 아름다우며 모든 지혜를 통찰하며 지식에 통달하며 학문에 익숙하여 왕궁에 설 만한 소

바벨론의 문서들은 느부갓네살이 BC 605년 늦은 봄 즈음에 갈그미스에서 애굽인들을 물리쳤고, 신속하게 북부 앗수르를 정복했다고 기록했습니다. 그는 애굽과 동맹을 맺은 유다(왕하 23:34~35)에 임박한 위협이 되었는데, 실제로 바벨론의 제사장이자 역사가인 베로수스(BC 약 300년)는 느부갓네살이 BC 605년의 전쟁에서 유대인 포로들을 사로잡아 갔다고 기록하고 있습니다(요세푸스, 《아피온에 반대하여》, 1.19).

예레미야는 갈그미스 전투가 여호야김 4년(렘 46:2)에 있었다고 기록한 반면, 다니엘(단 1:1)은 전투 직후 예루살렘이 포위되었고 그때가 여호야김 3년이라고 기록했습니다. 이때 유대인들은 바벨론식 봄 달력과 유대식 가을 달력을 모두 사용했습니다(참조, 겔 29:17; 30:20; 32:17 '첫째 달'은 새해의 봄을 나타냄). BC 605년 니산월(3~4월)과 티쉬리월(9~10월) 사이에 사건이 벌어졌는데, 이는 바벨론식 달력을 따르면 여호야김 4년에 해당되고, 유대식 달력을 따르면 여호야김 3년에 해당됩니다. 느부갓네살은 예루살렘의 포위 공격에 이어 '바벨론의 왕'으로 즉위했는데, 다니엘은 이 사건을 느부갓네살의 즉위식 다음으로 기록했습니다. 이는 후대 관점에서 왕의 지위를 말한 것으로 보입니다(참조, 렘 46:2). 게다가 유대에서는 부자간의 섭정이 일반적이었으므로 유대인인 작가가 왕세자인 느부갓네살을 왕으로 언급했을 수도 있습니다."²

_스티븐 R. 밀러
The Apologetics Study Bible

"하나님을 사랑하는 사람은 한 곳에서만 주님을 찾지 않습니다. 불행 가운데서도 창조주의 집에 있는 듯 예배합니다."[3]

_키루스의 테오도레투스

핵심교리
99

82. 신자의 새로운 정체성

그리스도를 믿게 되면 정체성이 근본적으로 변합니다. 하나님의 진노 아래 있는 원수의 신분(엡 2:1-3)에서 하나님의 권속, 사랑받는 자녀의 신분(엡 2:19)으로 변화되는 것입니다. 그리스도를 믿는 자는 그리스도의 완전한 삶과 대속적 죽음, 부활에 근거해 의롭다고 선포됩니다. 그는 더 이상 죄의 종이 아니며, 과거의 실패들이나 현재의 분투로 규정되지 않습니다. 그는 흑암의 영역에서 건져냄을 받아 빛의 나라에 속하게 되었습니다(골 1:13). 누구든지 그리스도 안에 있으면 '새로운 피조물'입니다(고후 5:17). 새로운 피조물 안에서 이전의 죄 된 자아는 죽고 새롭게 된 구원받은 자아가 살아서 성장하며 더욱더 그리스도를 닮아 갑니다.

년을 데려오게 하였고 그들에게 갈대아 사람의 학문과 언어를 가르치게 하였고 ⁵또 왕이 지정하여 그들에게 왕의 음식과 그가 마시는 포도주에서 날마다 쓸 것을 주어 삼 년을 기르게 하였으니 그 후에 그들은 왕 앞에 서게 될 것이더라 ⁶그들 가운데는 유다 자손 곧 다니엘과 하나냐와 미사엘과 아사랴가 있었더니 ⁷환관장이 그들의 이름을 고쳐 다니엘은 벨드사살이라 하고 하나냐는 사드락이라 하고 미사엘은 메삭이라 하고 아사랴는 아벳느고라 하였더라

> **Leader**

5권에서 살펴봤던 것처럼, 남유다 왕국은 오랜 시간에 걸쳐 정치적으로나 영적으로나 쇠퇴했습니다. 하나님의 뜻에 따라, 느부갓네살왕이 예루살렘을 공격해 많은 유대인을 포로로 잡아갔습니다. (이윽고 BC 605년, 597년, 586년, 세 번에 걸쳐 바벨론으로 포로가 이송되었습니다. 여기서 다루는 사건은 BC 605년에 있었던 일입니다.) 느부갓네살은 환관장 아스부나스에게 "왕족과 귀족 몇 사람"을 데려오라고 명령했습니다. 남유다 왕국에서 가장 총명한 이들을 빼앗아 바벨론 제국의 유익을 위해 이용하려는 것이었습니다(4절). 하지만 이 이야기에서 우리는 하나님이 일하고 계심을 놓쳐서는 안 됩니다.

얼핏 보기에는 하나님의 백성이 침략을 받아 포로로 붙잡혀 간 것 같습니다. 그러나 다른 측면에서 보면, 하나님의 백성이 이제 대적의 땅에서 주님의 빛을 자유롭게 비출 수 있게 되었다는 것을 알 수 있습니다. 시날로도 알려진 바벨론은 하늘과 땅을 연결하는 탑 형태의 신전인 지구라트(직사각형 또는 정사각형의 계단식으로 만들어진 '타워형 신전'을 뜻합니다. 주로 메소포타미아 지역에서 건축되었습니다. - 역주)의 땅이었습니다(창세기 11장의 바벨탑을 기억해 보십시오). 우상으로 가득한 이 땅에 이제 하나님의 '군대'가 잠입하게 된 것입니다. 이스라엘은 압제당하고 그 백성은 뿔뿔이 흩어질 테지만, 열방은 그들 가운데 오직 한 분, 살아계신 참 하나님을 증거하는 증인을 갖게 되었습니다.

Q 현재 상황이 우연이 아님을 기억하는 것은 하나님 백성의 선교사적 정체성에 어떤 영향을 미칩니까?

하나님의 백성은 바벨론에서 빛과 소금의 역할을 하기 위해 그들을 하나님에게서 멀어지게 할 문화적 도전에 대비해야 했습니다.	그리스도인을 세속화하는 전략에는 어떤 것들이 있습니까?
	> Leader : 다니엘과 세 친구가 직면했던 압력과 도전은 포스트 기독교의 맥락에서 오늘날 그리스도인과도 관련이 있습니다. 오늘날 세상 방식을 따르라는 압력에는 어떤 것들이 있는지 살펴보십시오.
분리: 바벨론의 첫 번째 전략은 히브리인들의 취약한 부분을 건드리는 것이었습니다. 즉 고향, 가족, 친구 등 그들에게 친숙한 모든 것으로부터 분리시키고자 했습니다(3절). 시간이 지나면 그들은 자기 신앙을 버리고 바벨론 사람처럼 될 것이기 때문입니다.	> Leader : 오늘날에도 다른 신자들과 분리시키고, 기독교 가정의 식구들이나 교회와 분리시킴으로써 신앙을 포기하게 만들 수 있습니다. 믿음을 지키기 위해서는 주변 환경, 즉 기독교 신앙에 적대적이거나 무관심한 직장, 학교 등 여러 환경이 지닌 힘을 과소평가하지 않는 것이 중요합니다.
교화: 두 번째 전략은 히브리 청년들을 3년간 교육 기관에 집어넣어 그들을 바벨론 식으로 교화하는 것이었습니다. 즉 그들에게 바벨론의 종교, 철학, 언어, 문학, 역사, 과학 등을 가르쳐 바벨론 전문가로 양성하는 것입니다(4~5절).	> Leader : 종교도 교육 과정의 하나였을 것입니다. 그들은 바벨론 신화와 마르둑이라고도 하는 벨의 위대함과 고대 근동 사회에 널리 알려졌던 여러 신에 관해 배워야 했습니다. 종교다원주의 사회로 가속화되어 가는 오늘날 그리스도인은 복음에 대한 확신에 공격적인 도전을 자주 받습니다.
동화: 세 번째 전략은 별미와 새로운 삶이 주는 특권으로 유혹해, 바벨론 사람들처럼 먹고 마시게 함으로써 그들의 생각과 삶의 방식을 바꾸게 하는 것이었습니다(5절). 이 방법으로 그들을 무너뜨려 악의 세계로 끌어들이려 한 것입니다.	> Leader : 오늘날 생활 양식과 문화는 다양하고 빠르게 변화하며 그리스도인들에게도 영향력을 크게 미치고 있습니다. 시대 흐름에 맞춰 살아야 한다는 사회적 요청 앞에서 그리스도인은 성경의 가르침을 유념해야 합니다.
혼동: 네 번째 전략은 히브리 청년들에게 새 이름을 지어 주는 것이었습니다(7절). 고대 세계에서 이름이란 곧 그 사람의 정체성이었으므로, 이름을 바꾸는 것은 과거에서 벗어나 바벨론의 이방 신들을 섬기도록 그들의 삶을 재조정하는 방법이었습니다(벨드사살, 사드락, 메삭, 아벳느고).	> Leader : 히브리 청년들의 원래 이름은 오직 한 분 참 하나님을 기리는 뜻을 가지고 있었습니다. 다니엘은 "하나님이 나의 재판장이시다", 하나냐는 "여호와는 자비하시다", 미사엘은 "누가 하나님과 같을까?", 아사랴는 "여호와가 그를 도우신다"라는 뜻입니다. 그리스도인은 하나님의 자녀이며 주님의 제자라는 그리스도인으로서의 정체성을 약화시키는 다양한 도전들에 맞서야 합니다.

심화토론

• 당시 포로 생활에 처한 다니엘의 상황과 오늘날 세상 문화 속에 있는 우리 상황의 유사점과 차이점은 무엇인가요?

Q 우리를 변화시키려는 문화의 압력에 직면할 때, 어떻게 하면 그리스도 안에서 우리의 정체성을 강화할 수 있을까요?

"그들은 다니엘의 이름은 바꿀 수 있었을지 몰라도, 그의 본성을 바꿀 수는 없었으며 그가 옳다고 믿는 것을 포기하게 할 수도 없었습니다. 다니엘은 포로였지만, 바르고 기품 있는 영혼을 가졌습니다."[4]

_찰스 스펄전

심화주석 다니엘도 신실하게 행동했지만, 하나님도 다니엘과 그의 친구들이 자신의 신앙과 신념을 지킬 수 있도록 필요한 보호와 도움을 제공하셨습니다. 하나님은 다니엘로 하여금 환관장에게 은혜와 긍휼을 얻게 하셨습니다(단 1:9~10). 또한 더 좋은 음식을 먹지 않는 네 젊은이들에게 더 나은 건강을 주셨습니다. 이처럼 다니엘의 신실한 행동 뒤에는 하나님의 역사가 숨어 있었습니다. 우리는 하나님의 돌보심으로 인해 의롭게 행동할 수 있으며, 필요한 나머지 것들을 하나님이 돌봐 주실 것을 신뢰할 수 있습니다.[5]

_브라이언 채플
Gospel Transformation Bible

2. 거룩함을 지키기 위해 위험을 감수하십시오 (단 1:8~16)

> **Leader** 히브리 소년들의 이야기를 보면, 시편 1편이 생각납니다. 시편 1편은 "악인의 꾀"를 따르기를 거절하고, 하나님의 율법을 따르기를 즐거워하는 한 사람에 관해 단언합니다(시 1:1~2). 다니엘과 세 친구는 자신의 신념과 하나님을 향한 헌신을 포기하지 않기로 결심했습니다. 타협하라고 요구하는 그곳에서 그들이 어떻게 반응했는지 보십시오.

[8]다니엘은 뜻을 정하여 왕의 음식과 그가 마시는 포도주로 자기를 더럽히지 아니하리라 하고 자기를 더럽히지 아니하도록 환관장에게 구하니 [9]하나님이 다니엘로 하여금 환관장에게 은혜와 긍휼을 얻게 하신지라 [10]환관장이 다니엘에게 이르되 내가 내 주 왕을 두려워하노라 그가 너희 먹을 것과 너희 마실 것을 지정하셨거늘 너희의 얼굴이 초췌하여 같은 또래의 소년들만 못한 것을 그가 보게 할 것이 무엇이냐 그렇게 되면 너희 때문에 내 머리가 왕 앞에서 위태롭게 되리라 하니라 [11]환관장이 다니엘과 하나냐와 미사엘과 아사랴를 감독하게 한 자에게 다니엘이 말하되 [12]청하오니 당신의 종들을 열흘 동안 시험하여 채식을 주어 먹게 하고 물을 주어 마시게 한 후에 [13]당신 앞에서 우리의 얼굴과 왕의 음식을 먹는 소년들의 얼굴을 비교하여 보아서 당신이 보는 대로 종들에게 행하소서 하매 [14]그가 그들의 말을 따라 열흘 동안 시험하더니 [15]열흘 후에 그들의 얼굴이 더욱 아름답고 살이 더욱 윤택하여 왕의 음식을 먹는 다른 소년들보다 더 좋아 보인지라 [16]그리하여 감독하는 자가 그들에게 지정된 음식과 마실 포도주를 제하고 채식을 주니라

다니엘이 자신을 더럽히려는 유혹에 어떻게 저항했는지 살펴보십시오(8절). 다니엘은 이교도 바벨론의 세계로 들어갔지만, 그것이 그의 마음과 생각을 집어삼키지는 못했습니다. 다니엘은 바벨론에 살고 있었지만, 바벨론은 결코 그의 고향이 될 수 없었습니다. 그의 조상 아브라함처럼, 다니엘도 역시 "하나님이 계획하시고 지으실 터가 있는 성"(히 11:10)을 고대했습니다.

> **Leader** 성경은 그 음식이 다니엘에게 왜 문제가 되는지 설명하지 않습니다. 아마도 히브리인들에게 부정한 음식이었을 것입니다(레 11:1~23). 우상에게 바쳐졌던 것일 수도 있고, 왕에 대한 절대적인 충성을 나타내는 것이었을 수도 있습니다(신 6:13~19). 그러나 다니엘은 오직 하나님만 섬기기로 했습니다.

성경 주석가인 데일 랄프 데이비스는 다음과 같이 설명합니다.

"바벨론은 다니엘과 세 친구를 그저 질식시키고 있었습니다. 다니엘은 '이곳은 정말로 위험하구나. 그냥 있다가는 모든 것을 잃게 되겠어'라고 생각했을 것입니다. 그는 자기가 바벨론(세상과 가치)에 사로잡히면, 끝장나리라는 것을 깨달았습니다."[6]

다니엘과 세 친구는 바벨론화되기를 강요받았지만, 그렇게 되지 않으려고 노력했습니다. 그래서 다니엘이 왕의 명령을 따르지 않으며 자신을 더럽히지 않을 자유를 요구했던 것입니다.

Q 다니엘과 세 친구는 이 타협을 거부하기 위해 어떤 준비를 했습니까?

다니엘은 확고한 신념뿐 아니라 지혜도 가지고 있었습니다. 그는 거룩하고 겸손한 삶을 살았습니다. 그는 자신의 신앙과 신념을 아스부나스에게 밝혔으며, 하나님은 "다니엘로 하여금 환관장에게 은혜와 긍휼을 얻게"(단 1:9) 하셨습니다. 다니엘은 자신의 입장을 견지하면서도 겸손하고 품위 있게 행동했습니다. 거만하거나 무례하지 않았습니다. 불쾌하게 만들거나 완고하지도 않았습니다. 그는 친절하면서도 매력적인 태도로 환관장을 자기편으로 끌어들였습니다(10~16절). 다니엘은 하나님께 순종하겠다는 자신의 약속을 지키기 위해 주님을 믿고 신뢰했습니다.

> **Leader**

아스부나스는 다니엘에게 감명받았음에도 불구하고 왕이 진노해서 자기 목이 달아날까 봐 두려워했습니다. 왕이 검사하는 날 다니엘과 세 친구의 얼굴이 초췌해 보인다면, 가장 곤란할 사람이 바로 아스부나스였습니다. 그가 책임을 져야 하기 때문입니다. 하지만 다니엘은 나이보다 훨씬 뛰어난 지혜를 가지고 있었습니다. 이것은 하나님이 주신 것이 틀림없습니다.

오직 두 가지 선택만 남은 듯 보였습니다. 그들이 스스로를 더럽히거나, 그들을 친구처럼 대해 준 아스부나스의 목이 날아가는 것입니다. 하지만 다니엘이 모두에게 좋은 제3의 방법을 제안했습니다. 다니엘은 아스부나스의 명령을 받고 자기들을 지키고 있던 감독관에게 다음과 같이 대안을 제시했습니다.

"당신의 종들을 열흘 동안 시험하여 채식을 주어 먹게 하고 물을 주어 마시게 한 후에 당신 앞에서 우리의 얼굴과 왕의 음식을 먹는 소년들의 얼굴을 비교하여 보아서 당신이 보는 대로 종들에게 행하소서"(12~13절).

다니엘은 순종의 헌신을 지키기 위해 하나님을 믿고 신뢰했습니다.

척 스윈돌 목사는 다니엘이 자신의 거룩함을 지키기 위해 모험한 것

심화주석

다니엘과 세 친구들은 더럽혀질 것을 우려해 자신들에게 주어진 음식을 거부하고, 대신 물과 채소를 요구했습니다. 그들은 많은 생각 끝에 그와 같은 결정을 내렸을 것입니다. 그들에게 주어진 음식은 신전에서 오는 것으로 이교도의 신에게 바쳐졌던 것일 수 있습니다. 그런데 채소는 신에게 바쳐졌을 가능성이 희박했습니다.

음식과 포도주를 삼가는 것은 포로 상태에 있는 자신들의 처지를 한탄하거나 그들을 잡아온 나라의 문화와 관습을 따르는 것을 거부하는 하나의 방법이었을 수 있습니다. 그러나 아마도 그들의 음식 규례에 따른 것이라고 보는 게 가장 적절한 이해일 것입니다.

바벨론 사람들이 즐겨 먹던 특정한 동물들(돼지, 말)은 히브리인들에게는 부정한 것이었습니다(레 11장; 신 12장; 14장). 또한 제대로 된 방법으로 고기의 피를 제거해야만 요리해 먹을 수 있었습니다(레 17:13~14). 부정한 것을 먹거나 부적절하게 준비된 고기를 먹는 것은 죄를 짓는 것으로 부정하고 더럽혀진 상태가 되는 것이기 때문입니다.[7]

_다니엘 P. 콜드웰
Biblical Illustrator

"하나님을 위해 쌓는 공적에 극한의 위험 요소가 없다면, 믿음은 필요 없을 것입니다."[9]
_허드슨 테일러

심화 주석 이 시험은 하나님이 네 소년에게 복을 주시고, 그들의 헌신에 보상해 주심으로써 놀라운 성공을 거둡니다. 그들은 "얼굴이 더욱 아름답고 살이 더욱 윤택하여 왕의 음식을 먹는 다른 소년들보다 더 좋아"(단 1:15) 보였습니다. 다니엘과 세 친구는 하인리히 불링거가 왕의 "달콤한 독"이라고 불렀던 것에 저항했습니다.[10]
감독하는 자는 그들의 외모와 건강함을 보고, "그들에게 지정된 음식과 마실 포도주를 제하고 채식을"(16절) 하게 했습니다. 다니엘과 세 친구는 하나님을 찬미했고, 하나님도 그들로 하여금 감독관에게서 은혜를 입게 하시고 건강한 육체를 주심으로써 그들을 대우해 주셨습니다.
트램퍼 롱맨은 이러한 사실을 이렇게 요약했습니다. "다니엘은 열흘 동안 간단히 테스트할 것을 제안했고, 감독관은 그의 제안을 받아들였습니다. 테스트는 성공적으로 끝이 났고, 그 결과 네 소년은 삼 년간 하나님께 영광을 돌리며 채식할 수 있었습니다."[11]

에 관해 우리가 배워야 할 교훈을 다음과 같이 요약합니다.

"이 세상은 왕이신 하나님께 반역하는 사람들로 가득 차 있기 때문에 모든 세대의 성도가 그들의 신앙을 위협받는 상황에 처하게 되는 것은 불가피한 일입니다. 부모인 우리는 자녀들에게 하나님의 진리를 가르치고, 동시에 온전한 행실의 본을 보여 그러한 상황에 대비할 수 있게 해야 합니다. 그리고 그리스도인인 우리는 모두 세상 방식으로 살아가도록 유혹하는 것에 신경 쓰지 말고, 하나님의 방식대로 살아가는 데 전념해야 합니다."[8]

이것이 바로 다니엘과 세 친구가 보여 준 가르침입니다. 이것은 그들이 어떻게 살아갈 것인지 또는 어떻게 죽을 것인지를 보여 주는 지표이기도 합니다.

Q 다니엘은 이러한 용기를 갖게 하신 하나님에 관해 어떤 믿음이 있었습니까?

Q 거룩함에 대한 헌신은 하나님의 선하심과 능력에 관한 우리의 신뢰를 어떤 식으로 보여 줍니까?

3. 하나님의 은혜를 증거할 방법을 찾으십시오(단 1:17~21)

> Leader
다니엘과 세 친구는 거룩함을 좇느라 겪는 위험을 하나님이 알아주시리라고 믿었습니다. 어떤 상황에서도 하나님께 신실하겠다는 뜻이 그들 마음에 이미 자리 잡고 있었습니다. 다음 구절에서, 다니엘과 세 친구가 지혜와 총명과 봉사를 통해 하나님의 은혜와 능력을 증거하는 모습을 보게 됩니다.

[17]하나님이 이 네 소년에게 학문을 주시고 모든 서적을 깨닫게 하시고 지혜를 주셨으니 다니엘은 또 모든 환상과 꿈을 깨달아 알더라 [18]왕이 말한 대로 그들을 불러들일 기한이 찼으므로 환관장이 그들을 느부갓네살 앞으로 데리고 가니 [19]왕이 그들과 말하여 보매 무리 중에 다니엘과 하나냐와 미사엘과 아사랴와 같은 자가 없으므로 그들을 왕 앞에 서게 하고 [20]왕이 그들에게 모든 일을 묻는 중에 그 지혜와 총명이 온 나라 박수와 술객보다 십 배나 나은 줄을 아니라 [21]다니엘은 고레스왕 원년까지 있으니라

다니엘서 1장에서 하나님은 세 번 무언가를 주시는데(참조, 2, 9절) 세 번째 경우인 17절에서는 다니엘과 세 친구에게 "학문을 주시고 모든 서적

을 깨닫게 하시고 지혜를" 주셨습니다. 하나님의 관점에서 그들은 이 세상과 삶을 바라보고, 그에 따라 행동할 수 있는 능력을 가진 "잠언의 사람"들이었습니다.

Leader

> 이처럼 하나님은 네 명의 히브리 소년들에게 "지혜와 총명"을 주셨습니다. 이와 관련해 트램퍼 롱맨은 이렇게 말합니다.
>
> "느브갓네살과 그들의 교육에 관여한 사람들은 자신들의 총명함을 자화자찬했을 테지만, 다니엘과 세 친구는 그것이 누구에게서 비롯된 것인지 알고 있었습니다. … 어쨌든 지금은 다니엘이 성공할 수 있었던 근거가 하나님께 있다는 사실을 오직 네 소년들만 알고 있습니다."[12]
>
> 이제 하나님이 주신 거룩한 계시로 우리도 그들의 진짜 이야기를 알고 있습니다.

하나님은 "모든 환상과 꿈"을 깨달아 알 수 있는 능력을 다니엘에게 주심으로써 그에게 영적인 복을 주셨습니다(17절). 하나님이 주신 이 은사의 놀라운 가치는 2장 이후의 내용에서 입증될 것입니다(참조, 4:4~27; 5:11~31; 7:1~8:27; 9:20~27; 10:1~12:13).

Q 세상에서는 지혜를 찾기가 어렵습니다. 그리스도인의 지혜는 어떤 식으로 하나님께 영광을 돌려 드립니까?

Q 그리스도인의 지혜는 세상에서 어떤 식으로 일을 개선해 나갑니까?

3년의 교육 과정이 끝나자 환관장이 네 명의 히브리 소년들을 느부갓네살왕 앞으로 데려가 세웠습니다(18절). 그들은 다른 모든 소년보다 단연 뛰어났습니다. 무리 중에 다니엘과 하나냐와 미사엘과 아사랴와 같은 자가 없었으므로, 그들은 왕궁에서 일하게 되었습니다(19절). 곧장 왕궁으로 불려갈 정도로 왕에게 깊은 인상을 준 것입니다! 느부갓네살은 그들이 자신을 대신해 일을 잘할 것이라고 확신하고, 그들에게 중요한 관직을 내려 주었습니다.

이 이야기에서 우리는 골로새서 3장의 기본 원칙을 이미 살아내고 있었던 젊은이들을 봅니다.

"무슨 일을 하든지 마음을 다하여 주께 하듯 하고 사람에게 하듯 하지 말라 이는 기업의 상을 주께 받을 줄 아나니 너희는 주 그리스도를 섬기느니라"(골 3:23~24).

그렇습니다. 우리는 먹든지 마시든지 무엇을 하든지 하나님의 영광을 위해 해야 합니다(고전 10:31). 다니엘 1장 21절은 주석이라기보다 하나님께

"다른 이들은 어슴푸레한 겉모습만 봤지만, 다니엘은 그의 총명한 눈으로 분명하게 인지할 수 있었습니다."[13]
_제롬

신실함으로써 다니엘이 누렸던 장수와 오랜 사역을 요약한 것입니다.

> 존 맥아더는 포로 생활을 하던 히브리 10대 소년들의 영향력이 얼마나 멀리까지
미쳤는지를 언급합니다.

"다니엘은 70년간 영향력 있는 지위에서 봉사했습니다. 그의 성실성과 타협하지
않는 성품은 광범위한 결과를 가져왔습니다. 하나님이 다니엘에게 부여하신 영
향력은 여러 가지 성과를 이루어 냈습니다. 고레스는 조서를 내려 이스라엘 백성
을 고향 땅으로 보냈습니다. 느헤미야의 감독하에 예루살렘 성벽이 재건되었고,
이스라엘 나라가 다시 세워졌습니다. 궁극적으로는 동방박사들이 베들레헴에서
태어난 왕에게 왕관을 씌우는 일이 일어났습니다. 다니엘은 메시아와 메시아 백
성들의 역사의 무대 뒤편에 있었습니다. 그의 예언은 영원토록 다스리시는 '만왕
의 왕이요 만주의 주'(계 19:16)를 찬양합니다."[14]

Q 믿음의 조상들의 은혜로운 증언은 하나님과 동행하는 데 어떤 영향을 줍니까?

Q 하나님과 동행하는 삶은 다음 세대에 어떤 영향을 줄까요?

결론

다니엘과 세 친구는 그들의 진정한 정체성을 신실하게 지켰고, 하나님께 순종했으며, 하나님의 섭리와 은혜를 전하는 간증과 증거가 되었습니다. 하나님이 그들로 하여금 친숙했던 모든 것을 뒤로한 채 선교 여행을 떠나 낯선 땅에서 신실하고 진실한 증인이 되게 하신 것입니다.

이들은 600년 뒤에 오실 한 히브리 청년을 가리키고 있습니다. 그 청년도 유일하신 참 하나님을 증거하기 위해 낯선 땅에 보내질 것입니다. 다니엘과 세 친구처럼, 하나님의 아들이 자기 집을 떠나 죄가 없으신 채로 죄 많은 세상을 기꺼이 품으실 것이고(고후 5:21; 히 4:15; 벧전 2:21~25), 이들처럼 그분도 "하나님과 사람에게 사랑스러운" 존재가 되실 것입니다(눅 2:40, 52). 그분이 소년일 때 성전의 선생들은 "그 지혜와 대답"(눅 2:47)에 놀라게 될 것입니다.[15] 예수님이야말로 하나님 지혜의 본체이십니다(고전 1:30. 참조, 골 2:3).

이 이야기에는 하나님의 역설이 담겨 있습니다. 다니엘과 세 친구는 아스부나스와 느부갓네살 앞에서 신실하게 증언했고, 왕의 궁전에서 살았습니다. 이와 대조적으로 예수님은 헤롯과 빌라도 앞에서 신실하게 증언했음에도 불구하고 십자가에 못 박히셨습니다. 하지만 그 죽음으로 말미암아 예수님을 믿는 모든 사람이 만왕의 왕이요, 만주의 주되신 하나님과 영원토록 그의 궁전에서 살게 될 것입니다.

그러므로 하나님이 당신에게 무엇을 명하시든지 간에 강하게 서서 용감하게 감당하십시오. 하나님은 당신과 함께하시며, 눈에 보이는 것보다 훨씬 더 많은 것을 성취하고 계십니다.

"하나님은 주님의 말씀을 굳게 붙드는 사람을 버리지 않으십니다. 이를 통해 사람이 떡으로만 사는 것이 아니라 하나님의 입으로부터 나오는 모든 말씀으로 살 것이라는 진리가 분명해집니다."[16]
_하인리히 불링거

그리스도와의 연결

다니엘은 자기 정체성을 신실하게 지켰고, 하나님께 순종했으며, 하나님 은혜의 증거가 되었습니다. 그는 죄성이 없으면서도 죄 많은 세상을 기꺼이 품으신 하나님의 아들을 가리키고 있습니다. 그분의 죽음과 부활은 하나님의 은혜를 세상에 드러내는 가장 위대한 장면이 되었습니다.

하나님의 계획 우리의 사명

선교적 적용 하나님은 우리에게 그리스도 안에서의 자기 정체성에 충실하고 거룩하게 삶으로써 주님의 은혜를 드러내는 찬란한 증거가 되라고 말씀하십니다.

1. 주변 이웃들에게 파송된 선교적 삶을 살아가기 위해 그리스도인은 서로를 어떻게 격려해야 할까요?

2. 세상의 유혹에 맞서기 위해 우리 자신과 다음 세대의 신앙을 어떻게 강화할 수 있을까요?

3. 예수 그리스도로 말미암아 누리는 하나님의 은혜를 전해 주고 싶은 사람이 있나요? 그 사람에게 예수님을 증거할 수 있는 힘을 달라고 하나님께 간구하는 기도문을 써 보십시오.

금주의 성경 읽기
잠 13~20장

Summary and Goal

오직 하나님만이 우리의 충성과 헌신과 예배를 받으시기에 합당하십니다. 반대와 박해와 삶의 위협 속에서도 우리가 오직 한 분 하나님만이 구원자이심을 믿을 때, 주님이 우리를 붙들어 주실 것입니다. 이 세션에서는 포로 생활 중에도 우상 숭배에 동참하기를 거절했던 세 젊은이를 만날 것입니다. 그들은 하나님이 선하시며 주권자이심을 믿었기에 주님의 보호하심을 확신했습니다. 오늘날 우리가 하나님의 영광을 드러내는 한 가지 방법은 힘든 상황에서도 결과에 상관없이 그리스도께 순종하는 것입니다.

충성을
받기에
합당하신
하나님

2

- **성경 본문**
  다니엘 3:8~30

- **세션 포인트**
  1. 하나님의 백성은 하나님께만 엎드립니다(단 3:8~12)
  2. 하나님의 백성은 하나님의 주권과 선하심을 신뢰합니다(단 3:13~23)
  3. 하나님의 백성은 하나님이 보호하심을 신뢰합니다(단 3:24~30)

....

- **신학적 주제**
  하나님만이 홀로 절대적인 충성을 받기에 합당하십니다.

- **그리스도와의 연결**
  풀무 불 가운데서 사드락과 메삭과 아벳느고와 함께하신 하나님이 그 아들을 통해 우리도 구원해 주실 것입니다. 그분은 극심한 고난 중에도 우리와 함께하시며 죄로 인한 심판에서 우리를 구원해 주십니다.

- **선교적 적용**
  하나님은 우리에게 그 결과가 어떠하든지 상관하지 말고, 하나님의 능력을 온전히 신뢰하면서 세상 문화를 거스르는 삶의 방식을 받아들이라고 말씀하십니다.

Session Plan

도입

순교한 선교사 네이트 세인트의 이야기를 나누고, 이 세션에서 다룰 세 히브리 소년들의 상황과 연결해 보십시오.

예수님을 따르는 사람들은 왜 복음을 위해 자기 목숨을 기꺼이 바쳐야 할까요?

복음을 위한 이러한 헌신은 다른 사람들에게 어떤 영향을 미칠까요?

결과와 상관없이 하나님께 충성을 바치는 내용을 담은 이 세션을 요약해 주십시오.

전개

1
하나님의 백성은 하나님께만 엎드립니다
(단 3:8~12)

이 이야기의 배경을 설명해 주십시오. 즉 느부갓네살은 한때는 다니엘이 섬기는 하나님을 찬양했지만, 나중에는 거대한 신상을 만들어 숭배하게 했습니다. 자원자에게 포로 생활을 하던 유대인들이 어떻게 반응했는지를 보여 주는 다니엘 3장 8~12절을 읽게 하십시오. 사람보다 하나님께 순종함으로써 얻게 되는 결과로 무엇을 배울 수 있는지 언급해 주십시오.

사람보다 하나님께 순종한다는 이유로 그리스도인들이 가장 비판받기 쉬운 삶의 영역은 무엇입니까?

유대인들이 어떻게 하나님께만 절대적인 충성을 바쳤는지 설명해 주십시오. 그리고 이로 말미암아 그들이 표면상 승리할 수 없는 상황에 이르게 되었음을 보여 주십시오.

오직 하나님만 경배하겠다는 결단은 사명에 어떤 영향을 미칠까요?

2
하나님의 백성은 하나님의 주권과 선하심을 신뢰합니다
(단 3:13~23)

다니엘 3장 13~23절을 읽으십시오. 느부갓네살의 질문이 이 이야기를 이해하는 데 어떤 역할을 하는지, 그리고 그것이 그의 교만을 어떻게 드러내는지 보여 주십시오. 여기서 우리는 자신의 교만을 깨닫고, 하나님만 신뢰할 것을 선택해야 합니다.

사람들이 하나님의 주권과 선하심을 신뢰하는 대신 자기 주권과 의를 주장하는 방법에는 어떤 것들이 있나요?

느부갓네살의 질문에 사드락, 메삭, 아벳느고가 하나님을 향한 확고한 믿음으로 어떻게 반응했는지 설명해 주십시오. 부록 4: '믿음의 승리'에서 사드락, 메삭, 아벳느고 부분을 살펴보십시오. 바벨론 포로와 귀환에 관한 이야기에 등장하는 죽음을 무릅쓴 수많은 신앙의 모범 중에서 첫 번째 예를 볼 수 있게 도와주십시오.

설사 하나님이 구원하지 않으실지라도 자신들은 하나님을 따르겠다고 고백한 사드락과 메삭과 아벳느고의 신앙고백이 갖는 의미는 무엇입니까?

그들의 신앙고백은 하나님의 주권과 선하심에 대한 신뢰를 어떤 식으로 드러냅니까?

3

하나님의 백성은 하나님이 보호하심을 신뢰합니다
(단 3:24~30)

다니엘 3장 24~30절을 읽으십시오. 불 속에 있었던 네 번째 사람은 자신의 신실한 백성들과 함께하시는 주님의 현존을 보여 줍니다. 하나님은 그들이 풀무 불을 피할 수 있게 해 주시지는 않았지만, 불 속에서 그들을 만나 주셨고 결국에는 불에서 그들을 건져 주셨습니다.

하나님이 고난을 피할 수 있게 해 주시지는 않았지만, 고난 가운데서 만나 주신 적이 있습니까?

어려움에 맞닥뜨렸을 때, 하나님의 임재를 느낀다면 어떨까요?

유대 소년들의 신실함과 그들을 위하시는 하나님의 능력에 주목하십시오. 그러고 나서 하나님께 찬양을 올려 드리십시오. 이것은 부록 2: '포로기 시대의 왕들'에도 있는 느부갓네살의 선언이기도 합니다.

이 이야기가 당시 포로 생활 중에 있던 유대인들의 신앙에 어떤 영향을 미쳤을까요?

결론

'우리와 함께하시는 하나님' 임마누엘이 사드락, 메삭, 아벳느고와 함께 풀무 불 속에 계셨음을 기억하십시오. 그리고 부록 1: '포로와 귀환에서 예수님 바라보기'를 참고해 연결해 보십시오. 예수님이 하나님의 진노의 불을 십자가에서 견디셨기에 우리는 더 이상 그 진노를 감당할 필요가 없어졌습니다. 그러므로 우리는 어떤 상황에서든 용기 있게 주님을 증거할 수 있습니다. 이 세션에서 배운 진리를 '하나님의 계획, 우리의 사명'에서 적용해 보십시오.

Session Content

2. 충성을 받기에 합당하신 하나님

도입 옵션

처형을 앞둔 상황에서도 그리스도를 향한 신실한 믿음을 보여 주는 영화 〈바라바〉(1962년)의 줄거리 또는 영상을 나누십시오.

심화토론

- 하나님은 자기 백성이 죽기까지 충성하도록 요구할 정도로 냉혹하신 분일까요? 그렇다면 또는 그렇지 않다면, 그 이유는 무엇인가요?
- 그리스도를 향한 믿음을 지키기 위해 기꺼이 죽을 수도 있는 우리의 헌신은 하나님의 존귀하심을 어떻게 드러냅니까?

도입

짐 엘리엇과 함께 에콰도르의 '와오다니'라고도 하는 아우카족에게 복음을 전하다가 순교한 네이트 세인트 선교사는 사도 바울(빌 1:21)을 떠올린 듯 다음과 같은 글을 남겼습니다.

"우리는 기꺼이 죽어야만 한다. 군대에서는 목적을 달성하려면 기꺼이 자기 목숨을 내놓아야 한다고 가르친다. 선교사들도 마찬가지로 자기 목숨을 내놓아야 하는 것이다."[1]

선교사뿐 아니라 십자가에 달리신 예수님을 따르는 모든 이가 이 같은 헌신의 삶을 살아야 합니다.

> **Leader** 바울의 고백은 "만약 내가 산다면, 나는 그리스도를 얻게 됩니다. 만약 내가 죽는다면, 나는 그리스도를 더 많이 얻게 됩니다! 두 가지 방법 모두 내가 승리하는 길입니다!"라는 뜻입니다.
>
> 세션 1에서 만났던 세 명의 히브리 소년들, 즉 하나냐, 미사엘, 아사랴는 삶과 죽음이 모두 하나님의 손안에 있음을 깨달았던 것이 틀림없습니다. 그들은 BC 605년에 바벨론 제국에 포로로 잡혀 와서 이름을 사드락, 메삭, 아벳느고로 바꾸어야 했습니다. 이 세션에서는 그들이 '불 앞에서' 용기를 보여 주었을 뿐만 아니라 '불 속에서도' 용기를 보여 주었음을 보게 될 것입니다.

Q 예수님을 따르는 사람들은 왜 복음을 위해 자기 목숨을 기꺼이 바쳐야 할까요?

Q 복음을 위한 이러한 헌신은 다른 사람들에게 어떤 영향을 미칠까요?

Session Summary

오직 하나님만이 우리의 충성과 헌신과 예배를 받으시기에 합당하십니다. 반대와 박해와 삶의 위협 속에서도 우리가 오직 한 분 하나님만이 구원자이심을 믿을 때, 주님이 우리를 붙들어 주실 것입니다. 이 세션에서는 포로 생활 중에도 우상 숭배에 동참하기를 거절했던 세 젊은이를 만날 것입니다. 그들은 하나님이 선하시며 주권자이심을 믿었기에 주님의 보호하심을 확신했습니다. 오늘날 우리가 하나님의 영광을 드러내는 한 가지 방법은 힘든 상황에서도 결과에 상관없이 그리스도께 순종하는 것입니다.

> *"불같은 시련을 통해 너의 길이*
> *놓이면, 풍성한 나의 은혜가*
> *너에게 도움이 될 것이라. 불꽃이*
> *너를 해치지 못하나니, 내가*
> *너에게서 찌꺼기를 제하고,*
> *순금이 되게 하려 함이라."*[2]
> *_찬송가 "견고한 반석이니"*
> *(How Firm a Foundation) 중에서*

◣ 전개

1. 하나님의 백성은 하나님께만 엎드립니다(단 3:8~12)

느부갓네살왕이 다니엘의 하나님께 경배하며 경의를 표하기는 했지만(2:46), 그의 헌신은 얄팍해서 오래가지 못했습니다. 3장에서 그는 머리 끝부터 발끝까지 금으로 덮인, 높이 육십 규빗에 너비 여섯 규빗('1규빗'은 약 45cm - 역주)의 거대한 신상을 세웁니다(단 3:1). 아마도 그것은 발사대 위에 세워진 미사일이나 높은 기념탑처럼 보였을 것입니다. 바벨론의 모든 관료는 낙성식에 참석해 그 신상에 경배해야만 했습니다(단 3:2~6).

왕의 명령에 히브리 포로들은 어떻게 반응했을까요?

> **Leader**
>
> 성경 저자는 이 금 신상이 가진 우상 숭배적인 본질을 보여 주는 데 상당한 분량을 할애했습니다. 다니엘 3장에서만 열 번 이상 '신상'이란 단어가 등장하는데, 여러분이 잘 알다시피 하나님의 백성들은 어떤 모양이건 조각된 우상을 예배하는 것이 금지되어 있습니다. (신상의 모양이 '마르둑'이나 '느보' 같은 신의 모습이었는지, 느부갓네살의 모습이었는지는 알 수 없습니다.)
>
> 히브리 소년들이 직면한 것과 똑같은 방식으로 우상을 숭배해야 하는 상황은 아니더라도, 오늘날 우리도 시간과 돈에 충성을 요구하는 이 시대의 우상에 직면하게 됩니다. 히브리 소년들과 같이 바벨론 제국의 고대 도시에 살고 있지는 않지만, 우리 역시 이 세상에서는 포로이거나 잠시 머무는 나그네입니다(벧전 1:1; 2:11). 그렇다면 이 세상의 문화가 우리를 억압하며 우상 숭배를 강요할 때, 우리는 어떻게 해야 할까요? 유대인 포로들이 왕의 조서에 어떻게 대응했는지 살펴봅시다.

심화 주석 다음의 사실들을 보면, 이 젊은 히브리인들에게 가해진 억압이 엄청났으리라는 것을 짐작할 수 있습니다.

1. 바벨론 도시 근처 두라 평원에 신상이 세워졌습니다(단 3:1). 바벨론 근처 평원은 바벨탑 사건과 바벨탑이 보여 주는 인간의 교만을 떠올리게 합니다(창 11:1~9).
2. 느부갓네살의 광대한 제국에 있던 각계각층의 저명인사들이 모두 낙성식에 초대되었습니다(단 3:2).
3. 느부갓네살은 제국의 모든 사람이 공개적으로 왕에게 충성을 표시하는 시간을 정했습니다(3절). 이것은 국가적, 정치적, 종교적 통일을 위한 큰 행사였습니다.
4. 행사 중 절하는 시간에 웅장하면서도 감성적인 음악이 울려 퍼졌습니다(5절).
5. 엎드리고 절하는 시간까지 정확하게 정해 두었습니다(5절).
6. "엎드려 절하지 아니하는 자"에게는 '죽음의 경고'가 내려졌습니다(6절).
7. 금 신상에 절할 때, 모든 사람이 느부갓네살과 그 우상에 충성을 맹세했습니다(7절).

[8]그때에 어떤 갈대아 사람들이 나아와 유다 사람들을 참소하니라 [9]그들이 느부갓네살왕에게 이르되 왕이여 만수무강하옵소서 [10]왕이여 왕이 명령을 내리사 모든 사람이 나팔과 피리와 수금과 삼현금과 양금과 생황과 및 모든 악기 소리를 듣거든 엎드려 금 신상에게 절할 것이라 [11]누구든지 엎드려 절하지 아니하는 자는 맹렬히 타는 풀무 불 가운데에 던져 넣음을 당하리라 하지 아니하셨나이까 [12]이제 몇 유다 사람 사드락과 메삭과 아벳느고는 왕이 세워 바벨론 지방을 다스리게 하신 자이거늘 왕이여 이 사람들이 왕을 높이지 아니하며 왕의 신들을 섬기지 아니하며 왕이 세우신 금 신상에게 절하지 아니하나이다

하나님을 경외하고 주님께 순종하는 것은 언제 어디서나 환영받는 일은 아닙니다. 하나님을 향한 충성은 때로는 심각한 문제와 생명의 위협을 가져오기도 합니다. 서구 그리스도인들은 이와 같은 일을 자주 경험하지 않지만, 어떤 나라의 형제자매들에게는 일상적인 현실입니다. 그들은 자신이 사랑하는 하나님과 주님께 신실하게 살고자 하는 것만으로도 비판받고, 배척당하며, 미움받습니다. 그런데도 그들은 사도 베드로처럼 말과 행동으로 다음과 같이 선언합니다.

"사람보다 하나님께 순종하는 것이 마땅하니라"(행 5:29).

Q 사람보다 하나님께 순종한다는 이유로 그리스도인들이 가장 비판받기 쉬운 삶의 영역은 무엇입니까?

금 신상에 엎드려 경배해야 할 시간이 되었습니다. 그러나 세 사람은 그대로 서 있었습니다. 요란하게 저항하거나 반감을 표출하지 않고 그저 잠잠히 명령에 불복종하며 서 있었던 것입니다. 사드락과 메삭과 아벳느고의 정적들은 그들을 악의적으로 비난하기 시작했습니다. 느부갓네살왕에게 절대적인 충성을 보이지 않는다는 이유에서였습니다.

> 대적들의 술수는 매우 전략적이었습니다. 그들은 "왕이여 만수무강하옵소서"(9절)라는 찬양의 말로 왕에게 아부했습니다. 이것은 왕의 교만을 자극하는 교묘한 말이었습니다. "모든 사람이 왕께서 만드신 우상에 절하고 경배해야 한다고 명령하셨습니다. 그리고 그렇게 하지 않는 사람은 즉시 벌을 내리겠다고 경고하셨습니다. 그런데 왕께서 바벨론 지방을 다스리라고 임명하신 몇몇 유대인들이 왕의 명령을 따르지 않았습니다"(참조, 10~12절).
>
> 대적들은 그들을 다음과 같이 비난했습니다. 첫째, "그들은 왕을 무시했습니다",

(Leader)

즉 "그들은 당신을 존중하지 않습니다"라고 말했습니다. 둘째, "그들은 왕의 신들을 섬기지 않습니다"라고 말했습니다. 사실 이 말은 사실입니다. 셋째, "그들은 왕이 세우신 금 신상을 경배하지 않습니다"라고 말했습니다. 이것도 맞는 말입니다. 대적들은 그들이 느부갓네살왕에게 절대적인 충성을 바치지 않는다고 고발했습니다.

그들이 무릎을 꿇지 않았던 것은 오직 하나님께만 절대적인 충성을 바쳐야 한다는 사실을 잘 알고 있었기 때문입니다.

> **Leader**
> 흥미롭게도 우상을 세우려는 왕의 생각은 본문에 일곱 번이나 등장합니다. 이것은 다니엘 2장 21절에서 다니엘이 느부갓네살에게 하나님은 "때와 계절을 바꾸시며 왕들을 폐하시고 왕들을" 세우신다고 말했던 것과 극명한 대조를 이룹니다. 느부갓네살은 오직 하나님만을 위해 배정된 역할을 하고 있습니다. 그는 이 승부에서 "기선을 제압하려" 하고 있지만 결국 패배하고 말 것입니다.

이제 사드락과 메삭과 아벳느고는 위태로운 상황에 처하게 되었습니다. 정적들이 공개적으로 왕 앞에서 그들을 고발했기 때문에 왕은 체면을 지키기 위해서라도 무엇인가를 해야만 했습니다. "하늘에 계신 하나님"(2:18, 28, 37, 44)께 헌신한 이 제자들의 미래가 밝아 보이지 않습니다. 다니엘서 1장에서 하나님이 그들에게 엄청난 은혜와 지혜를 베풀어 주신 바 있습니다. 이번에는 하나님이 어떻게 하실까요?

Q 오직 하나님만 경배하겠다는 결단은 사명에 어떤 영향을 미칠까요?

2. 하나님의 백성은 하나님의 주권과 선하심을 신뢰합니다
(단 3:13~23)

> **Leader**
> 세션 1에서 봤던 것처럼 느부갓네살왕은 자신에게 영광을 돌리고, 온 제국을 하나로 뭉치게 하기 위해 금으로 만든 우상을 세웠습니다. 세 명의 유대인이 왕의 명령 따르기를 거절하기 전까지는 모든 일이 순조롭게 진행되는 것처럼 보였습니다(8절). 계속해서 무슨 일이 일어나는지 살펴봅시다.

13 느부갓네살왕이 노하고 분하여 사드락과 메삭과 아벳느고를 끌어오라 말하매 드디어 그 사람들을 왕의 앞으로 끌어온지라 14 느부갓네살이 그들에게 물어 이르되 사드락, 메삭, 아벳느고야 너희가 내 신을 섬기지 아니하며 내가 세운

"이 투쟁이 얼마나 어렵게 이루어지고 있는지, 얼마나 저항하기 힘든 올가미인지 여러분은 알고 있습니까? 양쪽에 얼마나 깊은 구덩이와 벼랑이 있는지 여러분은 알고 있습니까? 하지만 두려워하지 마십시오. 적들이 제아무리 치밀하게 계략을 세울지라도 하나님은 청년들의 용기를 더욱 분명하게 드러내실 것입니다."[3]
_요한 크리소스톰

"바벨론, 즉 이 세상에서는 호의를 얻기가 어려우며 설령 얻었다 해도 오래가지 않습니다. 그러므로 그것에 의지하거나 익숙해져서는 안 됩니다."[4]
_데이비드 헬름

심화 주석 세 사람의 마음속에는 그들을 구원하시는 하나님의 능력에 관한 의심이 추호도 없었습니다. 다만 하나님이 이 상황에서 그들을 위한 계획을 어떻게 실행하실 것인가가 불분명했습니다. 하나님은 애굽에서 나온 이스라엘을 위해 홍해를 가르셨던 것처럼, 자기 백성을 구원하기 위해 극적인 방법으로 능력을 드러내실 때가 있습니다(출 14장). 때로는 그런 능력을 멈추시고, 자기 백성이 고난받도록 허용하실 때도 있습니다. 어느 쪽이든 그들은 느부갓네살이 만든 신상에는 절하지 않을 것이었습니다.[5]

_이언 M. 두구드 & 폴 D. 베그너
ESV Study Bible

"어쨌든 우상 숭배는 처음부터 세상의 저주였습니다. 우상을 알지 못하는 시대나 세대는 없습니다."[6]
_W. A. 크리스웰

금 신상에게 절하지 아니한다 하니 사실이냐 [15]이제라도 너희가 준비하였다가 나팔과 피리와 수금과 삼현금과 양금과 생황과 및 모든 악기 소리를 들을 때 내가 만든 신상 앞에 엎드려 절하면 좋거니와 너희가 만일 절하지 아니하면 즉시 너희를 맹렬히 타는 풀무 불 가운데에 던져 넣을 것이니 능히 너희를 내 손에서 건져낼 신이 누구이겠느냐 하니 [16]사드락과 메삭과 아벳느고가 왕에게 대답하여 이르되 느부갓네살이여 우리가 이 일에 대하여 왕에게 대답할 필요가 없나이다 [17]왕이여 우리가 섬기는 하나님이 계시다면 우리를 맹렬히 타는 풀무 불 가운데에서 능히 건져내시겠고 왕의 손에서도 건져내시리이다 [18]그렇게 하지 아니하실지라도 왕이여 우리가 왕의 신들을 섬기지도 아니하고 왕이 세우신 금 신상에게 절하지도 아니할 줄을 아옵소서 [19]느부갓네살이 분이 가득하여 사드락과 메삭과 아벳느고를 향하여 얼굴빛을 바꾸고 명령하여 이르되 그 풀무 불을 뜨겁게 하기를 평소보다 칠 배나 뜨겁게 하라 하고 [20]군대 중 용사 몇 사람에게 명령하여 사드락과 메삭과 아벳느고를 결박하여 극렬히 타는 풀무 불 가운데에 던지라 하니 [21]그러자 그 사람들을 겉옷과 속옷과 모자와 다른 옷을 입은 채 결박하여 맹렬히 타는 풀무 불 가운데에 던졌더라 [22]왕의 명령이 엄하고 풀무 불이 심히 뜨거우므로 불꽃이 사드락과 메삭과 아벳느고를 붙든 사람을 태워 죽였고 [23]이 세 사람 사드락과 메삭과 아벳느고는 결박된 채 맹렬히 타는 풀무 불 가운데에 떨어졌더라

> **Leader**
느부갓네살왕은 분노했습니다. 세 명의 유대인들은 군중 심리에 휩쓸리지 않고, 용감하게 버텼습니다. (이 사건에서 다니엘은 보이지 않습니다.) 왕은 그들을 자기 앞으로 데려오라고 명령했습니다(13절). 그리고 그들에게 대적들이 고소한 내용이 사실인지, 즉 그가 섬기는 신들을 섬기지 않고 그가 세운 금 신상에 '절'하지 않은 것이 사실이냐고 물었습니다(3장에서 '절'이 11회 쓰임. 5, 6, 7, 10, 11, 12, 14, 15, 18, 28절).

그들이 대답하기 전에, 왕이 그들에게 두 번째 기회를 주었습니다. 아마도 그들을 시기하는 대적들이 고소했으리라고 짐작했던 것 같습니다. 왕은 그들을 진심으로 좋아했고, 정치적 혼란에서 벗어날 길을 제시해 주려고 했던 것 같습니다. 만약 그들이 왕에게 불순종한 것과 왕이 세운 신상에 절하지 않은 것을 회개했더라면, 모든 것이 '좋은 게 좋은 거지' 하면서 끝났을 수도 있었습니다(15절). 하지만 그들은 그렇게 하지 않았고, 결국 산 채로 불타는 풀무 불에 던져지는 형벌을 받게 되었습니다.

느부갓네살왕이 이야기의 핵심이 될 질문을 던졌습니다.

"어느 신이 너희를 내 손에서 건져 내겠느냐?"(15절).

> 다시 말해서, "너희가 내 은혜로운 제안을 거절한다면, 누가 너희를 건져 낼 수 있겠느냐?"라고 물은 것입니다.

이 시점에서 그의 말에 동의하기는 어렵지만, 아마 우리도 크게 다르지는 않을 것입니다. 우리도 때때로 자신을 높이지 않습니까? 마치 운명이 하나님 손이 아닌 자기 손에 달려 있는 듯 행동하곤 하지 않습니까? 자기 자신과 자신이 아는 사람들과 자신이 해 온 일들에 더 관심을 기울이지 않습니까? 왕의 마음속 교만이 우리에게도 똑같이 잠재해 있지는 않습니까?

변함없는 믿음을 보여 준 세 사람과 자신을 동일시하기 쉽겠지만, 스스로에게 이것부터 물어봐야 합니다. "죄에서, 교만과 오만에서 나를 건지실 하나님은 누구이신가?" 세 사람은 왕의 질문에 대한 답을 알고 있었습니다. 그들은 어떤 희생을 치르더라도 이 세상의 권세나 자기 자신을 신뢰하지 않기로 결정했습니다(17~18절).

Q 사람들이 하나님의 주권과 선하심을 신뢰하는 대신 자기 주권과 의를 주장하는 방법에는 어떤 것들이 있나요?

느부갓네살왕의 질문은 실로 온 세대를 걸쳐서 제기되어 온 질문입니다. "구원해 주실 하나님은 누구이신가?" 세 사람은 왕의 질문에 기뻤습니다. 그 질문에 대한 답이 오래전부터 그들 마음속에 자리 잡고 있었기 때문입니다. 그들은 세상 신들에게 경배하고 추앙을 받을 것인지, 아니면 살아계신 한 분 참 하나님께 예배하고 새까맣게 불태워질 것인지 선택하라고 하면 기꺼이 하나님을 따를 준비가 되어 있었습니다.

> 여호수아가 고백한 것처럼, 그들도 "오직 나와 내 집은 여호와를 섬기겠노라"(수 24:15)라고 말할 것입니다.

온 열방에 하나님의 이름과 명성을 선포하는 사명을 감당할 때, 하나님의 백성은 위험에 직면할 수 있습니다. 하나님의 백성은 위험에 직면했을 때, 용감해야 합니다. 다니엘 3장 2, 3, 7절에서 많은 무리를 언급하는 내용에 주목하십시오. 온 열방이 이들이 하는 말을 들을 것입니다.

그리고 16~18절에 기록된 것처럼, 그날 모든 힘 있는 정치인들과 관원들 앞에서 사드락, 메삭, 아벳느고가 고백했던 말에 주목하십시오. 이들은 하나님의 능력과 그분의 목적에 관한 완전하면서도 온전한 확신 속에서 제국의 문화에 반대되는 삶의 방식을 고수하고 있습니다.

"성경적 믿음은 우리 개개인이 하나님의 공급하심을 충분하고, 사랑스럽고, 선한 것으로 인정하길 요구합니다. 비록 그분의 계획을 완전히 예측하거나, 그분의 지혜를 짐작할 수 없다고 해도 말입니다."[7]
_브라이언 채플

핵심교리 99

84. 교회와 하나님 나라

교회와 하나님 나라는 동일하지는 않지만, 밀접하게 연결되어 있습니다. 성경이 하나님 나라에 관해 말할 때는 세상에서의 하나님의 통치를 가리키는 것입니다. 교회란 장차 하나님 나라가 온전히 드러날 것을 고대하며 그분의 사랑의 통치하에 살아가는 하나님의 백성입니다. 교회의 사명은 그리스도를 통한 하나님의 구원 메시지를 선포하고, 선행을 통해 복음의 능력을 나타냄으로써 하나님 나라를 증거하는 것입니다. 그리고 이를 통해 다른 사람들도 하나님의 통치 아래 살아가도록 인도하는 것입니다.

"믿음은 하나님께는 불가능이 없음을 알고, 주님을 찾을 수 없는 곳에서도 하나님을 신뢰하는 것입니다."[8]
_토머스 왓슨

심화 주석

네 번째 인물이 누구였는지를 아는 것은 어렵지 않습니다. 그분은 성육신하기 전의 예수 그리스도이십니다. 아마도 그분은 소돔과 고모라가 멸망하기 전에 아브라함에게 이미 보이셨고, 얍복강가에서 야곱과 씨름하던 때에도 보이셨을 것입니다. 이는 하나님의 백성이 고통 가운데 있을 때, 그들과 함께하시는 하나님을 가장 생생하게 보여 주는 장면입니다.[9]

_제임스 몽고메리 보이스

잠재적으로 임박한 결과에 상관없이 다음의 세 가지 사실은 변함이 없습니다.

첫째, 하나님의 종은 오직 하나님께만 절하고, 다른 무엇에도 절하지 않습니다.

둘째, 하나님의 종은 그것이 무엇이든 하나님의 주권적인 목적만을 신뢰합니다.

셋째, 하나님의 종은 하나님의 능력과 보호를 의지하고, 하나님의 섭리 계획 속에 모든 것을 맡깁니다.

다음은 성경에서 하나님을 향한 가장 위대한 신앙고백 중 하나입니다.

"그렇게 하지 아니하실지라도 왕이여 우리가 왕의 신들을 섬기지도 아니하고 왕이 세우신 금 신상에게 절하지도 아니할 줄을 아옵소서"(18절).

세상에, 하나님을 향한 그들의 믿음이 놀랍지 않습니까? 그들이 온 열방에 보여 준 신앙을 보십시오! 이것이 바로 온 열방을 향한 한 분 참 하나님을 절대적으로 신뢰하는 선교사적 선포입니다. 그들에게는 목숨을 건지는 것보다 목숨을 잃을지라도 믿음을 고백하고 순종하는 것이 더 중요했습니다.

Q 설사 하나님이 구원하지 않으실지라도 자신들은 하나님을 따르겠다고 고백한 사드락과 메삭과 아벳느고의 신앙고백이 갖는 의미는 무엇입니까?

Q 그들의 신앙고백은 하나님의 주권과 선하심에 대한 신뢰를 어떤 식으로 드러냅니까?

3. 하나님의 백성은 하나님이 보호하심을 신뢰합니다(단 3:24~30)

[24] 그때에 느부갓네살왕이 놀라 급히 일어나서 모사들에게 물어 이르되 우리가 결박하여 불 가운데에 던진 자는 세 사람이 아니었느냐 하니 그들이 왕에게 대답하여 이르되 왕이여 옳소이다 하더라 [25] 왕이 또 말하여 이르되 내가 보니 결박되지 아니한 네 사람이 불 가운데로 다니는데 상하지도 아니하였고 그 넷째의 모양은 신들의 아들과 같도다 하고 [26] 느부갓네살이 맹렬히 타는 풀무 불 아귀 가까이 가서 불러 이르되 지극히 높으신 하나님의 종 사드락, 메삭, 아벳느고야 나와서 이리로 오라 하매 사드락과 메삭과 아벳느고가 불 가운데에서 나온지라 [27] 총독과 지사와 행정관과 왕의 모사들이 모여 이 사람들을 본즉 불이 능히 그들의 몸을 해하지 못하였고 머리털도 그을리지 아니하였고 겉옷 빛도 변하지 아니하였고 불탄 냄새도 없었더라 [28] 느부갓네살이 말하여 이르되 사드락과 메삭과 아벳느고의 하나님을 찬송할지로다 그가 그의 천사를 보내사 자기를 의

뢰하고 그들의 몸을 바쳐 왕의 명령을 거역하고 그 하나님 밖에는 다른 신을 섬기지 아니하며 그에게 절하지 아니한 종들을 구원하셨도다 ²⁹ 그러므로 내가 이제 조서를 내리노니 각 백성과 각 나라와 각 언어를 말하는 자가 모두 사드락과 메삭과 아벳느고의 하나님께 경솔히 말하거든 그 몸을 쪼개고 그 집을 거름터로 삼을지니 이는 이같이 사람을 구원할 다른 신이 없음이니라 하더라 ³⁰ 왕이 드디어 사드락과 메삭과 아벳느고를 바벨론 지방에서 더욱 높이니라

결국 사드락과 메삭과 아벳느고는 결박되어 옷을 다 입은 채로 "맹렬히 타는 풀무 불 가운데"로 던져졌습니다(21절). 옷이 불쏘시개 역할을 하게 뻔했습니다.

> 풀무 불이 어찌나 뜨겁던지 그들을 붙들었던 "군대 중 용사 몇 사람"이 불에 타서 죽었습니다(20~22절). 과대망상증에 걸린 왕에게 순종하고 복종했던 용사들의 마지막 행동은 사드락, 메삭, 아벳느고를 결박해 맹렬히 타는 풀무 불에 던지는 것이었고, 그 용사들은 끔찍하게 불에 타 죽었습니다(23절). 느부갓네살과 그의 충직하고 이교도적인 우상 숭배자들은 가만히 앉아서 그 모습을 지켜봤을 것입니다. 이 사건은 눈에 보이는 세상 신들이 아닌 누구도 볼 수 없는 하나님께 충성을 바치는 자들에 관한 좋은 본보기가 될 것입니다.

그런데 예상치 못한 일이 일어났습니다. 왕이 깜짝 "놀라 급히 일어날" 정도였습니다(24절). 그들이 죽지 않았기 때문입니다. 심지어 그들은 더 이상 결박되어 있지 않은 채로 맹렬한 풀무 불 속에서 자유롭게 걸어 다니고 있었습니다. 더욱 놀라운 것은 풀무 불 안에 네 사람이 걸어 다니는데, 그중 네 번째 사람은 "신들의 아들"과도 같은 모습이었습니다(25절). 느부갓네살왕은 그를 가리켜 "천사"라고 불렀습니다(28절).

신학자들은 네 번째 사람의 정체에 관해 오랫동안 논쟁해 왔습니다. 일부 학자는 이를 하나님의 임재를 나타내는 '신현'(theophany)으로 믿었습니다. 다른 학자들은 성삼위 가운데 제2위이신 성자 하나님이 성육신하기 전에 모습을 드러내신 '그리스도의 현현'(Christophany)이라고 주장합니다. 여하튼 주님이 그들과 함께 거기에 계셨습니다. 하나님은 그들이 풀무 불을 피할 수 있게 해 주시지는 않았지만, 불 가운데서 그들을 만나시고 불에서 건져 주셨습니다!

Q 하나님이 고난을 피할 수 있게 해 주시지는 않았지만, 고난 가운데서 만나 주신 적이 있습니까?

 심화주석 풀무는 작은 언덕이나 흙더미 위에 만들어졌는데, 위와 옆에 구멍이 나 있었습니다.¹⁰ 그래서 세 사람은 위에서 밑으로 던져졌고, 왕은 옆의 구멍을 통해 풀무 속에 있는 네 사람을 볼 수 있었습니다(단 3:25).

왕은 풀무 속에서 신들의 아들처럼 보이는 네 번째 사람을 봤습니다. 이는 천사나 성육신하시기 전 성자 하나님의 모습일 수 있습니다. 사드락, 메삭, 아벳느고가 풀무에서 나왔을 때, 느부갓네살과 모든 관원은 불이 그들의 몸에 어떤 영향도 미치지 못했음을 봤습니다. 불이 그들의 옷이나 머리카락도 그을리지 못했을 뿐만 아니라, 불에 탄 냄새조차 나지 않았습니다. 히브리서 11장 34절은 "불의 세력을 멸하기도" 하는 사람을 언급하며 이 놀라운 믿음의 기적을 인용했습니다.

사드락, 메삭, 아벳느고가 구원을 받은 후 느부갓네살은 이스라엘의 하나님이 다른 모든 신보다 위대하심을 깨달았습니다. 그럼에도 불구하고, 그는 유일하고 참된 하나님을 온전히 섬기기보다는 많은 우상을 섬기는 자로 살았습니다.

"사랑하는 이여, 예수 그리스도와 가장 친밀한 교제를 나누려면, 고난의 풀무 속으로 들어가야만 합니다."[11]
_찰스 스펄전

"믿음을 가지고 피하는 것과 믿음을 가지고 견디는 것은 다른 것입니다."[12]
_아드리안 로저스

Q 어려움에 맞닥뜨렸을 때, 하나님의 임재를 느낀다면 어떨까요?

느부갓네살은 세 사람을 풀무 불에서 나오게 해 모든 사람이 "불이 능히 그들의 몸을 해하지" 못한 것을 보게 했습니다. 실제로 "머리털도 그을리지 아니하였고 겉옷 빛도 변하지 아니하였고 불탄 냄새도" 없었습니다(27절). 왕은 곧장 이 모든 일을 "지극히 높으신 하나님"(26절), "사드락과 메삭과 아벳느고의 하나님"(28절) 덕분으로 돌렸습니다. 그가 이전에 "참으로 모든 신들의 신이시요 모든 왕의 주재"(단 2:47)로 고백했던 하나님께 말입니다.

그분은 "불의 세력을 멸하기도" 하시는 하나님입니다(히 11:34). "자기를 의뢰하고 그들의 몸을 바쳐 왕의 명령을 거역하고 그 하나님 밖에는 다른 신을 섬기지" 아니한 자들을 구원하시는 하나님입니다(단 3:28. 참조, 롬 12:1~2). 이후 왕은 사드락과 메삭과 아벳느고를 그의 나라에서 더욱 높여 주었습니다(단 3:30).

Q 이 이야기가 당시 포로 생활 중에 있던 유대인들의 신앙에 어떤 영향을 미쳤을까요?

결론

느부갓네살이 풀무 불 속을 들여다보자, 거기에는 세 사람이 아닌 네 사람이 있었습니다. 그는 네 번째 사람을 보고, 그 모양이 "신들의 아들과 같도다"라고 말했습니다(25절). 나중에는 그를 가리켜 "천사"라고 했습니다(28절). 다신교를 믿는 이교도치고는 크게 빗나간 추측은 아니었습니다. 그러나 우리는 그분이 누구인지 잘 압니다. 풀무 불의 네 번째 사람은 "우리와 함께하시는 하나님", 즉 임마누엘로 알고 있는 바로 그분입니다. 불 속에서 그들과 함께하셨던 그분은 우리를 대신해 십자가에서 하나님의 모든 진노를 견디심으로써 우리가 마땅히 받아야 할 지옥의 화염이 우리의 털 끝 하나도 태우지 못하게 하실 것입니다.

> 이 이야기는 그리 놀라운 것이 아닙니다. 자기 백성과 영원토록 함께하시겠다는 구세주의 약속은 이사야 43장 2절처럼 성경 전체를 관통하는 주요 주제입니다.
>
> "네가 물 가운데로 지날 때에 내가 너와 함께 할 것이라 강을 건널 때에 물이 너를 침몰하지 못할 것이며 네가 불 가운데로 지날 때에 타지도 아니할 것이요 불꽃이 너를 사르지도 못하리라"(참조, 출 3:6, 12; 마 28:18~20; 롬 8:37~39; 히 13:5).
>
> 신약 성경도 역시 극심한 고난의 시간 가운데 있는 하나님의 백성과 함께하시는 하나님이라는 주제를 똑같이 증거합니다.
>
> "사랑하는 자들아 너희를 연단하려고 오는 불 시험을 이상한 일 당하는 것같이 이상히 여기지 말고 오히려 너희가 그리스도의 고난에 참여하는 것으로 즐거워하라 이는 그의 영광을 나타내실 때에 너희로 즐거워하고 기쁘게 하려 함이라 너희가 그리스도의 이름으로 치욕을 당하면 복 있는 자로다 영광의 영 곧 하나님의 영이 너희 위에 계심이라"(벧전 4:12~14).

Leader

고난의 풀무 불 속에서도 확신할 수 있는 이유는 하나님의 능력과 임재를 신뢰하기 때문입니다. 하나님이 함께하신다는 사실을 앎으로써 우리 영혼이 북돋워지고, 기쁨과 소망을 갖게 됩니다. 우리를 대신해 불을 견뎌내심으로써 우리를 영벌에서 구원하신 하나님을 증거할 수 있도록 고난 중에도 용기를 주시길 기도합시다.

그리스도와의 연결

풀무 불 가운데서 사드락과 메삭과 아벳느고와 함께하신 하나님이 그 아들을 통해 우리도 구원해 주실 것입니다. 그분은 극심한 고난 중에도 우리와 함께하시며 죄로 인한 심판에서 우리를 구원해 주십니다.

하나님의 계획 우리의 사명

선교적 적용 하나님은 우리에게 그 결과가 어떠하든지 상관하지 말고, 하나님의 능력을 온전히 신뢰하면서 세상 문화를 거스르는 삶의 방식을 받아들이라고 말씀하십니다.

1. 어떻게 하면 그리스도인으로서 이 세상에 예수 그리스도를 향한 절대적인 충성을 구체적으로 드러낼 수 있을까요?

2. 하나님의 주권과 선하심에 비추어 보았을 때, 자신이 처한 상황이 다르게 보인 적이 있습니까? 자신이 처한 상황이 전도를 위한 것처럼 보인 적이 있습니까?

3. 불에서 건져 주실 수 있는 하나님을 신뢰한다면, 결과가 어떻든 상관없이 믿음으로 나아갈 수 있을까요?

금주의 성경 읽기
잠 21~24장;
왕상 5~6장;
대하 2~3장

Summary and Goal

벨사살과 '벽에 쓰인 글씨' 이야기는 "지극히 높으신 하나님이 사람 나라를 다스리시며 자기의 뜻대로 누구든지 그 자리에"(단 5:21) 세우신다는 진리를 생생하게 보여 줍니다. 이 사건을 통해 우리는 하나님보다 자신을 더 높이는 세상 나라나 지도자들이 약속하는 안전을 신뢰해서는 안 된다는 사실을 배우게 됩니다. 반역의 결과를 알면, 하나님의 경고에 주의를 기울일 뿐만 아니라 열심히 다른 사람들에게 하나님의 심판을 경고하게 될 것입니다.

손가락으로 벽에 글씨를 쓰신 하나님

3

- **성경 본문**
  다니엘 5:1~9, 13~31

- **세션 포인트**
  1. 하나님은 세상이 약속하는 안전을 신뢰하지 말라고 경고하십니다(단 5:1~9)
  2. 하나님은 자기를 대적해 우리 자신을 높이지 말라고 경고하십니다
     (단 5:13~24)
  3. 하나님은 회개하지 않는 죄의 최후를 경고하십니다(단 5:25~31)

- **신학적 주제**
  하나님의 심판은 하나님을 대적해 일어나는 모든 이에게 내려집니다.

- **그리스도와의 연결**
  벽에 쓰인 글씨는 왕에 대한 하나님의 심판을 전했습니다. 예수 그리스도의 십자가는 죄에 대한 하나님의 심판을 전했습니다. 그뿐만 아니라 회개하고 하나님을 믿게 된, 자격 없는 죄인들을 향한 하나님의 사랑을 또한 확증했습니다.

- **선교적 적용**
  하나님은 우리에게 주님의 경고에 주의를 기울이고, 주님 앞에 회개함으로써 스스로를 낮추며, 다른 사람들에게 하나님의 심판을 열심히 경고하라고 말씀하십니다.

Session Plan

도입

영화 〈대부〉 2편의 장면을 묘사해 주십시오. 그 장면을 이용해 '벽에 쓰인 글씨'라는 표현의 기원과 의미를 설명해 주십시오.

불길한 징조를 무시했던 사람들의 이야기를 들어본 적이 있습니까?

사람들은 어떤 징조를 무시하는 경향이 있으며, 실패나 재난에 앞서 보이는 징조에는 어떤 것들이 있습니까?

하나님이 포로가 된 자기 백성을 어떻게 지키시는지, 그리고 하나님께 대적하는 자들을 어떻게 심판하시는지를 설명하면서 이 세션을 요약하십시오.

전개

1
하나님은 세상이 약속하는 안전을 신뢰하지 말라고 경고하십니다
(단 5:1~9)

본문의 시대가 느부갓네살왕 때에서 벨사살왕 때로 흘렀음에 주목하십시오. 그런 다음 다니엘 5장 1~9절을 읽으십시오. 벨사살왕이 개최한 연회와 그의 생각을 보여 주십시오. 그리고 나서 바벨론 백성의 어리석음과 우리에게 미치는 죄의 영향력을 연결해 주십시오.

죄는 어떤 식으로 우리 감각을 둔하게 해 현실에서 괴리시킵니까?

왕을 정신 차리게 만든 사건, 즉 손가락이 나타나서 벽에 글씨를 쓴 사건에 관해 설명해 주십시오. 다니엘 2장과 4장에서처럼 다니엘만이 벽에 쓰인 메시지를 왕에게 해석해 줄 수 있었습니다. 다니엘 2장과 4장의 내용을 설명하는 부록 3: '다니엘의 생애'로 주의를 환기시켜 주십시오.

우리 사회가 신뢰하며 안전을 구하는 대상은 어떤 것입니까?

그러한 안전을 위협하는 것들은 무엇입니까?

2
하나님은 자기를 대적해 우리 자신을 높이지 말라고 경고하십니다
(단 5:13~24)

다니엘 5장 13~24절을 읽으십시오. 다니엘이 왕에게 대응하는 모습이 직접적이면서 무례하지 않았음을 지적해 주십시오.

다니엘은 왕 앞에서 담대하면서도 겸손한 모습을 어떤 식으로 보여 줍니까?

느부갓네살과 벨사살의 차이점은 무엇이며, 벨사살과 다니엘의 뚜렷한 차이점은 무엇입니까?

다니엘이 글자들을 해석하기 전에 언급했던 벨사살의 할아버지 느부갓네살의 최근
역사를 설명해 주십시오. (또는 모임을 하기 전에 다니엘 4장을 읽고, 그 내용을 요약해서 발
표할 자원자를 미리 섭외해도 좋습니다.) 이것이 바로 하나님은 심판 중에 그 사람을 낮추
신다는 것을 왕에게 일깨우는 다니엘의 방식입니다.

**벨사살처럼 하나님께 대적해 스스로 높아졌다가 나락으로 떨어진 사람들에 대한 성경 이야
기를 찾아봅시다.**

자원자에게 다니엘 5장 25~31절을 읽게 하십시오. 느부갓네살의 고백과는 대조적
으로 벨사살이 회개하는 모습을 전혀 보이지 않았다는 사실에 주목하십시오. 선지
자들이 예언한 것처럼 하나님이 바벨론 제국을 무너뜨리시고, 다리오를 통해 메대
왕국을 새롭게 세우셨기에 바벨론 제국에서 다니엘이 세 번째 통치자에 오른 기간
이 아주 짧았음을 지적해 주십시오. 그리고 이것이 하나님 나라가 악한 세상의 제도
를 이길 날이 올 것을 미리 보여 주는 전조라는 것을 가르쳐 주십시오.

죄악이나 자신을 높이는 행위에서 떠나라고 경고하시는 하나님을 느껴 본 적이 있습니까?

**어떻게 하면 하나님의 경고에 주의를 잘 기울이고, 다른 사람들에게 하나님의 심판을 열심히
경고할 수 있을까요?**

············ **3**
**하나님은
회개하지 않는 죄의 최후를
경고하십니다**
(단 5:25~31)

결론

흠잡을 데 없는 다니엘의 삶은 성령님이 역할을 해 주신 덕분에 가능했습니다. 예수
님이 성령님과 강력한 연합 속에 계셨던 것을 알기에 다니엘의 이야기가 우리에게
익숙하다는 사실을 강조해 주십시오. 이 세션에서 배운 진리를 '하나님의 계획, 우리
의 사명'에서 적용해 보십시오.

Session Content

3. 손가락으로 벽에 글씨를 쓰신 하나님

> Leader

도입 옵션

조를 나누어 성경에서 비롯되었다고 생각되는 표현들을 최대한 많이 찾아서 목록을 작성하게 하십시오. 얼마간 시간을 준 후 찾은 것들을 발표하게 하십시오.

• 이렇게 많은 표현이 성경에서 비롯되었다는 사실이 놀랍지 않습니까? 그렇다면 또는 그렇지 않다면, 그 이유는 무엇인가요?

"교만은 죄를 낳는 어미입니다."[1]
_요한 비간트

도입

〈대부〉 2편에는 주인공 마이클 코르레오네가 막대한 부를 가져다줄 계약을 쿠바 정부와 체결하는 장면이 나옵니다. 마이클은 반군 활동이 신경 쓰였지만, 쿠바 정부가 모든 것을 통제하고 있다고 믿었습니다.

쿠바 지도자가 개최한 웅장한 경축 행사에 갑자기 군 지도자들이 들어와서 쿠바 지도자에게 그의 정부가 붕괴되었고, 반란군이 곧 실권을 장악할 것이며, 모든 사람은 안전을 위해 피신해야 한다고 알렸습니다. 마이클은 피신했지만, 쿠바 정부는 공산주의 반군의 손에 넘어가고 말았습니다. 교만, 오만, 절대 멸망하지 않을 것이라는 생각은 정부 관료들로 하여금 '벽에 쓰인 글씨'를 무시하게 만들었습니다.

'벽에 쓰인 글씨'라는 유명한 표현은 재난의 예고나 징조를 무시해 버리는 것을 묘사합니다. 이것은 다니엘 5장에서 유래했는데, 여기서 글씨는 하나님이 손가락으로 쓰신 것이었습니다. 그 메시지는 분명했으며, 확실히 일어날 것입니다. 하나님과 상관없이 스스로 무적이라고 믿는 사람들에게 재난이 일어날 것이라는 내용이었습니다.

Q 불길한 징조를 무시했던 사람들의 이야기를 들어본 적이 있습니까?

Q 사람들은 어떤 징조를 무시하는 경향이 있으며, 실패나 재난에 앞서 보이는 징조에는 어떤 것들이 있습니까?

Session Summary

벨사살과 '벽에 쓰인 글씨' 이야기는 "지극히 높으신 하나님이 사람 나라를 다스리시며 자기의 뜻대로 누구든지 그 자리에"(단 5:21) 세우신다는 진리를 생생하게 보여 줍니다. 이 사건을 통해 우리는 하나님보다 자신을 더 높이는 세상 나라나 지도자들이 약속하는 안전을 신뢰해서는 안 된다는 사실을 배우게 됩니다. 반역의 결과를 알면, 하나님의 경고에 주의를 기울일 뿐만 아니라 열심히 다른 사람들에게 하나님의 심판을 경고하게 될 것입니다.

전개

1. 하나님은 세상이 약속하는 안전을 신뢰하지 말라고 경고하십니다(단 5:1~9)

> **Leader**
>
> 히브리 사람들은 바벨론 제국에 패배해서 포로 생활을 하고 있었지만, 하나님은 여전히 그들을 다스리고 계셨습니다. 그들은 하나님의 손길을 찾기 힘들어도, 하나님을 신뢰해야 한다는 사실을 배우고 있었습니다. 다니엘 4장과 5장 사이에는 대략 20년 정도의 연대기적 간격이 있습니다. 지금까지 우리는 느부갓네살왕을 다루었는데, 이 세션에서는 그 후계자인 벨사살왕을 만날 것입니다.

[1]벨사살 왕이 그의 귀족 천 명을 위하여 큰 잔치를 베풀고 그 천 명 앞에서 술을 마시니라 [2]벨사살이 술을 마실 때에 명하여 그의 부친 느부갓네살이 예루살렘 성전에서 탈취하여 온 금, 은 그릇을 가져오라고 명하였으니 이는 왕과 귀족들과 왕후들과 후궁들이 다 그것으로 마시려 함이었더라 [3]이에 예루살렘 하나님의 전 성소 중에서 탈취하여 온 금 그릇을 가져오매 왕이 그 귀족들과 왕후들과 후궁들과 더불어 그것으로 마시더라 [4]그들이 술을 마시고는 그 금, 은, 구리, 쇠, 나무, 돌로 만든 신들을 찬양하니라 [5]그때에 사람의 손가락들이 나타나서 왕궁 촛대 맞은편 석회벽에 글자를 쓰는데 왕이 그 글자 쓰는 손가락을 본지라 [6]이에 왕의 즐기던 얼굴빛이 변하고 그 생각이 번민하여 넓적다리 마디가 녹는 듯하고 그의 무릎이 서로 부딪친지라 [7]왕이 크게 소리 질러 술객과 갈대아 술사와 점쟁이를 불러오게 하고 바벨론의 지혜자들에게 말하되 누구를 막론하고 이 글자를 읽고 그 해석을 내게 보이면 자주색 옷을 입히고 금사슬을 그의 목에 걸어 주리니 그를 나라의 셋째 통치자로 삼으리라 하니라 [8]그때에 왕의 지혜자가 다 들어왔으나 능히 그 글자를 읽지 못하며 그 해석을 왕께 알려 주지 못하는지라 [9]그러므로 벨사살 왕이 크게 번민하여 그의 얼굴빛이 변하였고 귀족들도 다 놀라니라

> **심화주석**
>
> 벨사살은 "술객과 갈대아 술사와 점쟁이"를 들어오라고 해서 그 신비한 글을 해석해 보라고 소리쳤습니다(단 5:7). 그러나 그들은 해석하지 못했고(8절), 벨사살의 불안은 한층 더 깊어졌습니다(9절). 이것은 가끔씩 나타나는 하나님의 패턴으로, 우리가 의지하는 것들, 심지어 종교적으로 의지하는 것들까지도 얼마나 쓸모없는 것인지를 알려 줌으로써 우리의 무력함을 더욱 적나라하게 보여 줍니다. …
>
> 하나님은 벨사살을 겁먹게 하셨습니다. 그가 의지했던 종교는 그를 실망시켰고, 어떤 도움도 받지 못한 채 벌벌 떨며 훌쩍거리는 신세로 전락했습니다. … 하나님은 벨사살을 의지할 데 없게 내버려두심으로써, 즉 완전히 무력한 상태에 두심으로써, 그리하여 회개할 수 있는 엄청난 기회를 주시는 큰 은혜를 베푸셨습니다. 하나님이 사람이 의지하는 모든 것을 부수고, 그의 우상을 버리게 하며, 그를 끝까지 몰아가실 때야말로 호의를 베푸시는 순간입니다. 만약 그가 이 사실을 깨닫는다면, 그는 하나님의 은혜를 경험하게 될 것입니다.[2]
>
> _데일 랄프 데이비스

핵심교리
99 **12. 전능하신 하나님**

하나님은 전능하십니다. 하나님은 뜻하시는 일은 무엇이든지 하실 수 있습니다. 거대한 태양계에서부터 미세한 입자에 이르기까지 하나님 자신이 창조해 온 우주 만물에 대해 권세와 권능을 가지고 계십니다. 하나님이 전능하시다면 하나님도 죄를 지으실 수 있을까요? 그렇지 않습니다. 하나님은 자기 성품과 본질에 위배되는 일을 뜻하지 않으시기 때문입니다. 죄를 짓는 일은 하나님의 완전한 도덕적 성품에 어긋나는 일입니다. 그렇기 때문에 하나님은 전능하시지만 죄짓는 일을 의도하지 않으시며, 그러한 일을 하실 수도 없습니다. 그리스도인으로서 우리는 전능하신 하나님이 선하시다는 믿음 안에서 안식을 누리며, 전능하신 하나님이 우리의 유익과 기쁨을 위해 일하고 계신다는 사실을 아는 데서 큰 위안을 얻습니다.

"하나님의 심판에서 안전할 만큼 높은 벽이나, 그렇게 위대한 업적이 인간에게는 없습니다."[3]
_브라이언 채플

권세자의 관점에서 이 장면을 생각해 보십시오. 모든 권세를 가진 바벨론의 왕 벨사살이 많은 귀족과 화려하고 난잡한 잔치를 벌이고 있었습니다. 그는 자신이 바벨론의 마지막 왕이 되리라는 사실을 알지 못했습니다. 메대의 다리오왕이 바벨론을 공격해 그 제국을 끝내려던 참이었습니다.

그런데도 어리석은 벨사살은 환락을 멈출 줄 몰랐습니다. 그는 하나님의 성전에서 탈취해 온 신성한 그릇들에 포도주를 부어 마심으로써 신성모독죄와 조롱죄를 더했습니다.

> Leader

술에 취해 인사불성이 된 벨사살은 "그의 부친 느부갓네살이 예루살렘 성전에서 탈취하여 온 금, 은 그릇을 가져오라"고 명령했습니다. 그것에 술을 담아 마시려고 한 것입니다(2절, 일반적으로 히브리인들은 누구의 조상을 '부친'이라는 단어로 표현하는데, 느부갓네살은 벨사살의 할아버지입니다). 다시 말해서, 그는 수많은 귀족과 왕후와 후궁과 함께 하나님의 성전에서 가져온 거룩한 기구에 술을 따라 마시려고 한 것입니다. 심지어 그들은 "금, 은, 구리, 쇠, 나무, 돌로 만든 신들을 찬양"(4절)함으로써 천박한 행동에 우상 숭배의 죄까지 더했습니다.

벨사살은 유대인의 하나님을 조롱하고, 바벨론의 신들의 우월성을 찬양하려고 일부러 그런 것이었습니다. 그는 하나님의 거룩한 기구들을 한밤의 유흥을 위해 내놓음으로써 하나님을 구경거리로 만들었습니다.

> Leader

벨사살은 그들의 승리가 그가 섬기는 거짓 신들의 호의와 보호 때문에 이루어졌다고 생각하고 그것을 자랑하고자 했던 것입니다. 결과적으로 왕은 자기 권세와 거짓 신들을 의지함으로써, 자기 인생에서 가장 큰 실수를 범하고 말았습니다. 잠언 6장 12~15절의 지혜가 진리라는 사실이 곧 증명될 것입니다.

"불량하고 악한 자는 구부러진 말을 하고 다니며 눈짓을 하며 발로 뜻을 보이며 손가락질을 하며 그의 마음에 패역을 품으며 항상 악을 꾀하여 다툼을 일으키는 자라 그러므로 그의 재앙이 갑자기 내려 당장에 멸망하여 살릴 길이 없으리라."

바벨론 사람들은 자신들에게 심판이 다가오고 있다는 것을 꿈에도 모른 채 잔치를 벌이고 있었던 것입니다. 죄는 우리에게도 이와 똑같은 일을 합니다. 우리를 둔하게 만들고, 어리석게 만듭니다.

Q 죄는 어떤 식으로 우리 감각을 둔하게 해 현실에서 괴리시킵니까?

그러다 갑자기 왕이 정신을 번쩍 차렸습니다. 무엇이 그를 현실로 확 잡아끌었을까요? 그때 "사람의 손가락들이 나타나서 왕궁 촛대 맞은편 석회 벽에 글자를"(5절) 쓰기 시작했기 때문입니다. 히브리 백성에게 줄 십계명을 친히 쓰셨던 손가락이 지금은 불경스러운 벨사살의 죄와 임박한 심판을 기록합니다(참조, 출 31:18; 신 9:10).

> 왕은 불안함에 무엇이든 붙잡으려고 애썼습니다. 하지만 그것은 어리석고 우스꽝스러운 노력에 불과했습니다. 그는 "술객과 갈대아 술사와 점쟁이"를 데려오라고 소리쳤습니다. 그들이 벽에 쓰인 글씨를 읽고 해석해 주기만 하면, 그 지혜자에게 명예("자주색 옷")와 부("금 사슬")와 지위("셋째 통치자")를 주겠다고 약속했습니다(7절).
>
> 이 어리석은 행동은 1~4절에서 보여 줬던 어리석음에 하나를 더하는 꼴이 되었습니다. 바벨론 제국의 두뇌, 즉 그 당시 전문 조언가 집단을 신뢰하는 것이 얼마나 쓸모없고 어리석은 짓인지가 다시 한 번 판명이 났습니다.

Leader

다니엘 2장에서 바벨론의 "지혜자들"이 해석하지 못한 느부갓네살의 꿈을 다니엘이 해석해 위기를 모면하게 한 적이 있습니다. 그와 똑같은 일이 4장에서 다시 일어난 것입니다. 또다시 "왕의 지혜자가 다 들어왔으나" 이번에도 그들은 아무것도 하지 못했습니다(단 5:8).

결국 벨사살은 불안함에 얼굴빛이 변했습니다(9절). 왕은 자기 권세나 자기 나라나 자기 백성이 약속하는 안전을 신뢰할 수 없다는 사실을 깨달았습니다.

Q 우리 사회가 신뢰하며 안전을 구하는 대상은 어떤 것입니까?

Q 그러한 안전을 위협하는 것들은 무엇입니까?

2. 하나님은 자기를 대적해 우리 자신을 높이지 말라고 경고하십니다(단 5:13~24)

> 다니엘은 벽에 쓰인 이상한 메시지를 해석하기 위해 왕 앞에 섰습니다. 다니엘이 메시지를 해석하기 전에 한 말처럼, 벨사살은 자신의 선대 느부갓네살에게서 교만은 패망의 선봉이라는 교훈을 배우지 못한 죄를 지었습니다. 하나님을 대적해 자기를 높이면, 언젠가는 결국 무너지게 됩니다.

Leader

¹³이에 다니엘이 부름을 받아 왕의 앞에 나오매 왕이 다니엘에게 말하되 네가 나의 부왕이 유다에서 사로잡아 온 유다 자손 중의 그 다니엘이냐 ¹⁴내가 네게 대하여 들은즉 네 안에는 신들의 영이 있으므로 네가 명철과 총명과 비상한 지

심화 주석

역사적 서사를 기록하는 성경 저자들은 자주 대화를 통해 핵심 메시지를 전달하곤 합니다. 다니엘 4장에 기록된 다니엘의 말은 느부갓네살의 경험에서 아무것도 배우지 못한 벨사살을 책망하는 역할을 합니다. 다니엘은 벨사살이 느부갓네살에게 무슨 일이 있었는지 알고 있으면서도, 자기 마음을 겸손하게 하지 않았기 때문에 그를 질책했습니다.

고대 바벨론 문서들에 따르면, 벨사살은 BC 560년 네리글리사로스 왕 때부터 왕정에 참여했습니다. 즉 그가 느부갓네살의 말년에 일어난 사건들을 충분히 알 만한 정도의 나이였다는 뜻입니다. 벨사살은 전능하신 하나님께 순복하는 법을 배우는 대신, 하나님을 모독하기 위해 성전 기구들을 사용함으로써 하나님께 대적하고 자신을 높였습니다. 다니엘은 벨사살이 참 하나님께 영광을 돌리지 않았으며 교만, 오만, 신성모독, 우상 숭배의 죄를 지었다고 지적했습니다. 이런 이유로 심판과 멸망의 메시지를 담은 글이 벽에 쓰이게 된 것입니다.[4]

_마이클 라이들닉
HCSB Study Bible_

"네로 황제가 로마가 불타는 동안 빈둥거렸던 것처럼, 벨사살은 바벨론이 멸망하는 동안 잔치를 벌이고 있었습니다."[5]
_존 필립스

"다니엘이 벨사살의 교만과 오만을 책망할 때, 그는 '당신은 당신의 호흡과 삶의 모든 길을 작정하시는 하나님께 영광을 돌리지 않았다'라고 말했습니다(단 5:23). 이는 오늘날 우리에게도 똑같이 진리입니다. 삶은 불확실하고 예측할 수 없습니다. '하루 동안에 무슨 일이 일어날는지 네가 알 수 없음이니라'(잠 27:1)."[6]
_제리 브리지스

혜가 있다 하도다 [15]지금 여러 지혜자와 술객을 내 앞에 불러다가 그들에게 이 글을 읽고 그 해석을 내게 알게 하라 하였으나 그들이 다 그 해석을 내게 보이지 못하였느니라 [16]내가 네게 대하여 들은즉 너는 해석을 잘하고 의문을 푼다 하도다 그런즉 이제 네가 이 글을 읽고 그 해석을 내게 알려 주면 네게 자주색 옷을 입히고 금 사슬을 네 목에 걸어 주어 너를 나라의 셋째 통치자로 삼으리라 하니 [17]다니엘이 왕에게 대답하여 이르되 왕의 예물은 왕이 친히 가지시며 왕의 상급은 다른 사람에게 주옵소서 그럴지라도 내가 왕을 위하여 이 글을 읽으며 그 해석을 아뢰리이다 [18]왕이여 지극히 높으신 하나님이 왕의 부친 느부갓네살에게 나라와 큰 권세와 영광과 위엄을 주셨고 [19]그에게 큰 권세를 주셨으므로 백성들과 나라들과 언어가 다른 모든 사람들이 그의 앞에서 떨며 두려워하였으며 그는 임의로 죽이며 임의로 살리며 임의로 높이며 임의로 낮추었더니 [20]그가 마음이 높아지며 뜻이 완악하여 교만을 행하므로 그의 왕위가 폐한 바 되며 그의 영광을 빼앗기고 [21]사람 중에서 쫓겨나서 그의 마음이 들짐승의 마음과 같았고 또 들나귀와 함께 살며 또 소처럼 풀을 먹으며 그의 몸이 하늘 이슬에 젖었으며 지극히 높으신 하나님이 사람 나라를 다스리시며 자기의 뜻대로 누구든지 그 자리에 세우시는 줄을 알기에 이르렀나이다 [22]벨사살이여 왕은 그의 아들이 되어서 이것을 다 알고도 아직도 마음을 낮추지 아니하고 [23]도리어 자신을 하늘의 주재보다 높이며 그의 성전 그릇을 왕 앞으로 가져다가 왕과 귀족들과 왕후들과 후궁들이 다 그것으로 술을 마시고 왕이 또 보지도 듣지도 알지도 못하는 금, 은, 구리, 쇠와 나무, 돌로 만든 신상들을 찬양하고 도리어 왕의 호흡을 주장하시고 왕의 모든 길을 작정하시는 하나님께는 영광을 돌리지 아니한지라 [24]이러므로 그의 앞에서 이 손가락이 나와서 이 글을 기록하였나이다

하나님의 사람 다니엘이 부름을 받아 왕 앞에 섰습니다.

> 다니엘은 "유다에서 사로잡아 온 유다 자손 중" 하나로 언급되었고, 흥미롭게도 왕이 그를 원래 히브리 이름으로 불렀습니다. 벨사살은 다니엘에게 그의 무능한 점쟁이들이 실패한 사실을 설명하면서 벽에 쓰인 글씨를 해석해 내면, 자주색 옷과 금 사슬을 주고 제국의 셋째 통치자로 세워 주겠다고 약속했습니다(15~16절).

Leader

그는 무례하지 않으면서도 분명하게 대답했습니다.

> 바꿔 말하면, "당신 것은 당신이 갖든지 다른 사람에게 주십시오. 그런 것은 필요 없을 뿐더러 갖고 싶지도 않습니다"라고 한 셈입니다. 그는 계속해서 "그럴지라도 내가 왕을 위하여 이 글을 읽으며 그 해석을 아뢰리이다"(17절)라고 말했습니다.

Leader

다니엘은 해석하는 지혜가 하나님께로부터 나오는 것임을 알고 있었

습니다. 그는 자기 은사를 왕에게 상을 받기 위해서 사용하지 않고, 왕에게 하나님의 메시지를 전하기 위해서 사용했습니다.

Q 다니엘은 왕 앞에서 담대하면서도 겸손한 모습을 어떤 식으로 보여 줍니까?

Q 느부갓네살과 벨사살의 차이점은 무엇이며, 벨사살과 다니엘의 뚜렷한 차이점은 무엇입니까?

다니엘은 벽에 쓰인 글씨를 해석하기 전에 벨사살에게 최근 역사와 성경의 가르침에 관해 간단히 설명하며 훈계했습니다.

> **Leader** : 18~28절에서 하나님이 네 번이나 언급되신 것에 주목하십시오. "지극히 높으신 하나님"(18, 21절), "하늘의 주재"(23절), "왕의 호흡을 주장하시고 왕의 모든 길을 작정하시는 하나님"(23절)으로 다양하게 언급되셨습니다.

지극히 높으신 하나님이 벨사살의 할아버지인 느부갓네살왕에게 영광으로 나라와 큰 권세를 누리는 특권을 주셨습니다(18~19절). 하지만 느부갓네살이 교만하고 오만해지자, 하나님은 그를 낮추시어 소나 들나귀와 같은 짐승처럼 살게 하셨습니다. 그로 하여금 "지극히 높으신 하나님이 사람 나라를 다스리시며 자기의 뜻대로 누구든지 그 자리에 세우시는 줄을" 알게 하려 하셨기 때문입니다(20~21절).

그러고 나서 다니엘은 벨사살을 책망했습니다. 결국 이렇게 말한 셈입니다. "벨사살왕이시여! 당신은 그걸 다 알고도 느부갓네살왕과 똑같이 행동하고 계십니다. 그래서 하나님이 당신의 최후를 보여 주신 것입니다."

> **Leader** : 나아가 다니엘은 이렇게 말한 셈입니다.
"벨사살왕이시여, 심지어 당신은 선대보다 책임이 더 큽니다! 당신은 술과 우상 숭배로 하나님을 모독하고 조롱하셨습니다. 이 사실을 분명히 아셔야 합니다. 참으로 당신은 당신의 호흡을 주장하시고, 당신 인생의 모든 길을 작정하시는 하나님께 영광을 돌리지 않으셨습니다."

다니엘이 왕에게 한 말을 통해, 우리는 하나님보다 자신을 더 높인 자의 최후를 보게 됩니다. 벨사살이 자신을 얼마나 대단하게 여기는지와 상관없이 하나님은 그의 현실을 보셨고, 그가 자신을 있는 그대로 볼 수 있게 하실 것입니다.

Q 벨사살처럼 하나님께 대적해 스스로 높아졌다가 나락으로 떨어진 사람들에 대한 성경 이야기를 찾아봅시다.

**심화
주석**

벽에는 아람어로 "메네 메
네 데겔 우바르신"이라고 쓰
여 있었습니다(단 5:26). 모음 표시
없이 모든 글자가 연속적으로 쓰였을
것입니다. 다니엘은 글자들을 나누어
알맞은 단어로 구분하는 일부터 시
작했습니다. 글자들은 다음 네 단어
로 구분되었습니다. "수를 세다. 수를
세다. 무게를 재다. 나누다." 이를 토
대로 다니엘은 충격적인 해석을 들
려주었습니다(26~28절).

요컨대, "하나님은 벨사살 왕국이라
는 책을 닫고 계신다. 당신은 이 나라
를 감당하기에는 너무나 가벼운 사
람이다! 하나님의 측정 기준이 그것
을 증명한다. 당신은 지극히 높으신
하나님께 도전했으니, 결국 패배할
것이다. 당신은 넘지 말아야 할 선을
넘었고, 잔치는 끝났다. 하나님이 모
든 사람의 죄를 보시는 것처럼 당신
의 죄를 보셨다. 잠시 동안 죄를 즐길
수는 있지만, 지극히 높으신 하나님
을 경배하지 않고 겸손히 순복하지
않는 모든 사람에게 언젠가는 보응
의 날이 온다"는 것입니다.

마찬가지로 우리도 "하늘에 있는 자
들과 땅에 있는 자들과 땅 아래에 있
는 자들로 모든 무릎을 예수의 이름
에 꿇게 하시고 모든 입으로 예수 그
리스도를 주라 시인하여 하나님 아
버지께 영광을 돌리게" 하실 날이 반
드시 오리라는 것을 기억해야 합니
다(빌 2:10~11).

3. 하나님은 회개하지 않는 죄의 최후를 경고하십니다(단 5:25~31)

*[25]기록된 글자는 이것이니 곧 메네 메네 데겔 우바르신이라 [26]그 글을 해석하건
대 메네는 하나님이 이미 왕의 나라의 시대를 세어서 그것을 끝나게 하셨다 함
이요 [27]데겔은 왕을 저울에 달아 보니 부족함이 보였다 함이요 [28]베레스는 왕의
나라가 나뉘어서 메대와 바사 사람에게 준 바 되었다 함이니이다 하니 [29]이에
벨사살이 명하여 그들이 다니엘에게 자주색 옷을 입히게 하며 금 사슬을 그의
목에 걸어 주고 그를 위하여 조서를 내려 나라의 셋째 통치자로 삼으니라 [30]그
날 밤에 갈대아 왕 벨사살이 죽임을 당하였고 [31]메대 사람 다리오가 나라를 얻
었는데 그때에 다리오는 육십이 세였더라*

> 여기서 주목할 것은 "다니엘 2, 3, 4장은 모두 느부갓네살의 '신앙고백'으로 끝
> 나지만(2:46~47, 3:28~29, 4:34~37), 5장은 그렇게 끝나지 않는다"는 사실입
> 니다.[7] 이제 잔치는 끝났습니다! 지극히 높으신 하나님이 벨사살을 끌어내리시
> 고, "메대 사람 다리오"라 불리기도 한 새로운 군주 고레스를 세우실 것입니다
> (30~31절).

Leader

벨사살은 자신의 교만, 오만, 신성모독, 우상 숭배의 죄를 회개하는
모습을 전혀 보이지 않았습니다. 그래도 다행히 다니엘에게 했던 약속은
지켰습니다(아마 마지못해 했을 테지만 말입니다).

> 세례 요한을 죽인 악한 헤롯왕처럼, 벨사살도 "자기가 맹세한 것" 때문에 틀림없
> 이 "심히 근심"했을 것입니다(참조, 막 6:26). 하지만 체면 때문에 다니엘에게 자
> 주색 옷과 금 사슬을 주고 그를 "나라의 셋째 통치자"로 세웠습니다(단 5:29).

Leader

다시 한 번 하나님은 적대적이고 이교적인 세상에서 자신의 신실한
종을 높이셨습니다. 하나님은 다니엘을 '은퇴'시키지 않으시고, 바벨론 제
국의 세 번째 통치자가 되게 하셨습니다. 나보니두스왕과 그의 아들 벨사
살왕 시대 이후 유대인 포로 출신인 다니엘보다 더 권세 있는 사람은 없었
습니다. 그러나 그 권세는 그리 오래가지 못했습니다. 회사가 파산하기 전
날 승진한 것과 같은 상황이었습니다. 마치 전쟁에서 졌는데도, 훈장을 받
게 된 것과 같았습니다.

그날 밤 벨사살이 죽고, "메대 사람 다리오가 나라를 얻었는데 그때
에 다리오는 육십이 세"였습니다(30~31절). 벨사살은 지극히 높으신 하나님
을 모욕하고 조롱했습니다. 그는 자기 죄를 대면했음에도 회개하지 않았습
니다. 이런 경우 하나님의 심판은 천국에서 내리치는 번개만큼이나 신속하

게 이루어집니다.

성경을 아는 사람들에게 이것은 그리 놀라운 일이 아닙니다. 하나님의 선지자들이 바벨론 제국의 운명을 예언한 바 있기 때문입니다. 그들은 이 제국이 인간의 시간표가 아니라 하나님의 시간표에 따라 오늘 있다가 내일 사라져 버릴 수도 있는 것에 불과함을 알았습니다(참조, 사 21:1~10; 렘 50~51장).

요한계시록 18장에서 우리는 바벨론의 궁극적인 파멸을 보게 됩니다. 바벨론은 하나님 나라에 경제적으로, 도덕적으로, 정치적으로, 영적으로 대항하는 악하고 음흉한 세상 체제를 가리킵니다. 다니엘 5장은 앞으로 다가올 종말에 관한 예고편과 같습니다. 여기서 우리는 지혜의 말씀과 경고의 말씀을 찾아야 합니다.

Q 죄악이나 자신을 높이는 행위에서 떠나라고 경고하시는 하나님을 느껴 본 적이 있습니까?

Q 어떻게 하면 하나님의 경고에 주의를 잘 기울이고, 다른 사람들에게 하나님의 심판을 열심히 경고할 수 있을까요?

결론

하나님이 벽에 글씨를 쓰신 이야기에서, 히브리 포로 출신 다니엘은 교만, 오만, 신성모독, 우상 숭배 등의 죄를 지은 세상 권세자들에게 맞섰습니다. 그는 세상의 우상들이 매수하거나 꾈 수 없는 흠잡을 데 없는 인물이었습니다. 왜 그럴까요? 놀라운 지혜를 지닌 이 사람 속에 거룩한 하나님의 영이 계셨기 때문입니다(참조, 단 5:11). 이방인들조차 그를 "마음이 민첩하고 지식과 총명이 있어 능히 꿈을 해석하며 은밀한 말을 밝히며 의문을 풀 수" 있는 사람이라고(단 5:12. 참조, 단 6:3) 좋게 평가했을 정도였습니다(참조, 요삼 1:11~12).

이는 1세기에 등장한 유다 출신의 또 다른 포로에 관한 평가와 유사합니다. 그의 이름은 예수로, 그분은 자신에 관해 "주의 성령이 내게" 임하셨다고 말씀하셨습니다(눅 4:18). 훗날 그분의 대적들은 "그 사람이 말하는 것처럼 말한 사람은 이때까지 없었나이다"라고 말했습니다(요 7:46). 다니엘은 장차 오실 메시아를 가리킵니다. 주의 종 다니엘은 "여호와의 영 곧

심화 주석 "그날 밤에 갈대아 왕 벨사살이 죽임을 당하였고"(단 5:30). 이것은 벨사살이 기대했던 자기 인생의 끝이 아니었습니다. 그리스 역사가 헤로도토스(BC 5세기)와 크세노폰(BC 약 434~355년)에 따르면, 메대-바사의 군대는 높이가 12m, 폭이 7m(헤로도토스에 따르면, 벽의 길이 90m, 높이 106m, 폭 25m)나 되는 난공불락의 바벨론 성벽을 향해 진격하려 하지 않았습니다. 그렇다면 메대-바사의 군대는 어떻게 그 성에 들어갈 수 있었을까요? "그들은 유프라테스 강에서 바벨론 성벽 아래로 흐르는 물을 습지로 돌렸다. 수면이 낮아지자 군사들은 성벽 아래로 흐르는 물을 헤치고 들어가 성 안으로 들어갔다. 크세노폰은 바벨론 사람들이 큰 잔치를 하며 술에 잔뜩 취해 있을 때 침략을 당했다고 덧붙였다. 크세노폰은 메대-바사의 군대가 그날 밤 바벨론을 공격하기로 결정한 이유가 바로 잔치 때문이었다고 말했다." 그날이 바로 BC 539년 10월 11~12일이었습니다.[8]

지혜와 총명의 영이요 모략과 재능의 영이요 지식과 여호와를 경외하는 영이"(사 11:2) 임하실 주의 종 예수 그리스도를 예시합니다.

> 다니엘의 지혜와 능력과 지위가 요셉과 비슷하다는 점에서(창 37~50장), 그의 삶은 뒤를 돌아보게 합니다. 하지만 죄지은 인류를 위한 하나님의 지혜의 중재자라는 점에서, 그의 삶은 하나님과 인류 사이의 궁극적인 중보자이신 주 예수 그리스도(딤전 2:5)를 내다보게 합니다. 바울이 하나님으로부터 나신 "지혜"로 부르며(고전 1:30), "그 안에는 지혜와 지식의 모든 보화가 감추어져" 있다고 말했던 바로 그분입니다(골 2:3).

Leader

> "벨사살은 예수님의 비유에 나오는 어리석은 부자와 가장 딱 들어맞는 구약 인물일 것입니다. 더 많은 것을 원하는 그들의 욕망(어리석은 부자는 더 많은 부를 원했지요)을 볼 때, 그들은 절대 만족하지 못할 것입니다. 욕망을 좇느라 눈이 멀어 버려서 그들은 하나님이 '오늘 밤에 네 영혼을 도로 찾으리니 그러면 네 준비한 것이 누구의 것이 되겠느냐'(눅 12:20)라고 물으시리라는 것을 꿈에도 생각하지 못했습니다."[9]
> _싱클레어 퍼거슨

그리스도와의 연결
벽에 쓰인 글씨는 왕에 대한 하나님의 심판을 전했습니다. 예수 그리스도의 십자가는 죄에 대한 하나님의 심판을 전했습니다. 그뿐만 아니라 회개하고 하나님을 믿게 된, 자격 없는 죄인들을 향한 하나님의 사랑을 또한 확증했습니다.

하나님의 계획 우리의 사명
선교적 적용 하나님은 우리에게 주님의 경고에 주의를 기울이고, 주님 앞에 회개함으로써 스스로를 낮추며, 다른 사람들에게 하나님의 심판을 열심히 경고하라고 말씀하십니다.

1. 가까운 사람이 '세상 왕국'에서 자기 안전을 구하려고 할 때, 어떻게 대응해야 할까요? 그 '안전'이 위태로운 이유는 무엇인가요?
2. 예수 그리스도를 높이기 위해 교회/공동체가 겸손해지려면 어떻게 해야 할까요?
3. 우리 사회가 하나님의 심판에 제기하는 이의에는 어떤 것들이 있습니까? 여기에 우리는 어떻게 대응해야 할까요?

금주의 성경 읽기
왕상 7~8장; 시 11편; 대하 4~7장; 시 134편; 136편

Summary and Goal

다니엘 6장에서 다니엘은 초자연적인 도움으로 살아 있는 사자들에게서 구출됩니다. 이 사건으로 인해 열방이 다니엘의 하나님이야말로 "살아 계시는 하나님이시요 영원히 변하지 않으실 이시며 그의 나라는 멸망하지 아니할 것이요 그의 권세는 무궁할 것"(26절)이라는 사실을 알게 됩니다. 하나님의 백성으로서 우리는 어떤 상황에서도 하나님을 믿고 순종하면서 우리의 용기를 보여 주어야 합니다. 담대한 믿음의 고백은 예수님이 세상의 진정한 왕이시라는 사실을 세상에 알리는 표징입니다.

사자 굴에서 다니엘을 건지신 하나님

- **성경 본문**
  다니엘 6장

- **세션 포인트**
  1. 기도로 하나님께 헌신하십시오(단 6:1~10)
  2. 구원해 주실 하나님을 신뢰하십시오(단 6:11~18)
  3. 사명을 위해 하나님이 구원해 주십니다(단 6:19~28)

- **신학적 주제**
  하나님은 주님을 신뢰하는 사람들을 구원하심으로써 영광을 받으십니다.

- **그리스도와의 연결**
  하나님은 다니엘을 죽음에서 건지시는 능력을 보여 주셨습니다. 그리고 때가 이르자 하나님은 자기 백성을 죄에서 구원하시고, 자기 아들의 죽음과 부활을 통해 그들에게 영생을 주시는 능력을 보여 주셨습니다.

- **선교적 적용**
  하나님은 때때로 우리에게 주님께 순종하기 위해 세상에 불순종할 것을 요구하십니다.

Session Plan

도입

인도자용 도입부에 있는 성경 속 인물과 사건을 연결시키는 예시를 통해 다니엘과 사자 굴 이야기가 우리에게 익숙하다는 점을 강조하면서 이 세션을 시작하십시오. 부록 3: '다니엘의 생애'를 활용해 지혜와 정직의 사람 다니엘의 명성을 환기시켜 주십시오.

사자 굴에 던져진 다니엘의 이야기에 관해 어떤 것을 알고 있습니까?

이 이야기가 교회나 우리 문화에 널리 알려지게 된 이유는 무엇일까요?

사자와 대면했던 다니엘과 열방으로 하여금 주님을 알게 하시려는 하나님의 목적에 관한 이 세션의 내용을 요약해 주십시오.

전개

1
기도로 하나님께 헌신하십시오
(단 6:1~10)

다니엘 6장 1~10절을 읽으십시오. 다니엘의 성품이 이미 검증되었는데도, 다른 고관들이 다니엘을 질투하고 시기했음에 주목하십시오.

다니엘의 신앙은 그가 근로자와 공직자의 모범이 되는 데 어떤 영향을 주었을까요?

당신의 믿음은 당신의 일하는 방식에 어떤 영향을 줍니까?

고관들이 다니엘을 무너뜨리기 위해 어떤 음모를 세웠는지, 그리고 다니엘이 그것에 어떻게 대처했는지 설명해 주십시오. 부록 4: '믿음의 승리'에 있는 다니엘에 관한 부분을 참고해 그에게 '죄'는 기도 생활을 성실히 한 것밖에 없었으며, 그가 죽음 앞에서도 믿음을 지켰다는 사실에 주목하게 하십시오.

다니엘이 왕의 금령을 거부한 행위는 세상에 어떤 선언을 한 셈입니까?

세상의 왕보다 높으신 하나님께 기도하는 것은 우리의 절대적 헌신을 어떻게 드러냅니까?

2
구원해 주실 하나님을 신뢰하십시오
(단 6:11~18)

자원자에게 다니엘 6장 11~18절을 읽게 하십시오. 자기가 내뱉은 말을 돌이키는 데 실패한 다리오왕을 강조해 주십시오. 하나님께 신실한 다니엘의 관점에서, 사람의 성품은 역경의 순간에 빚어지는 것이 아니라 역경의 순간에 드러난다는 것을 설명해 주십시오.

이 역경은 다니엘의 신앙을 어떤 모습으로 드러냈습니까?

다니엘의 꾸준한 기도 생활은 그가 이런 사람이 되는 데 어떤 역할을 했을까요?

다리오왕의 마지막 희망은 다니엘이 살아나는 것이었습니다. 이러한 상황에서 다니엘이 어떻게 하나님의 주권에 의지했는지 설명해 주십시오. 다리오왕이 금식하며 밤을 새웠다는 것에 주목하십시오.

하나님을 의지하는 다니엘의 모습은 다리오왕에게 어떤 증거가 되었을까요?

다니엘 6장 19~28절을 읽으면서, 다니엘이 왕에게 한 답변에 주목하십시오. 부록 2: '포로기 시대의 왕들'을 참고해 다리오왕의 조서를 통해 표현된 하나님의 선교적 목적에 주목하십시오. 두세 명씩 짝을 지어 학습자용 교재에 있는 표를 완성하게 하십시오. 그러고 나서 그에 대한 생각을 물으십시오.

3
사명을 위해
하나님이 구원해 주십니다
(단 6:19~28)

하나님이 바벨론 제국의 왕 시대에 다니엘을 높이셨던 것처럼, 메대-바사의 다리오왕(바사의 고레스왕으로 알려진) 시대에도 그의 신실함을 칭찬하셨다는 것을 강조해 주십시오.

구원자 하나님을 신뢰하는 것은 우리로 하여금 어떻게 이 세상에서 하나님의 사명을 감당하게 할까요?

결론

성경 이야기들이 다니엘 같은 사람이나 사건이나 제도를 통해 장차 오실 구원자를 어떻게 가리키는지에 관해 이야기해 주십시오. 사자 굴에서 살아난 다니엘은 죽은 자 가운데서 부활하신 메시아를 가리킵니다. 이 세션에서 배운 진리를 '하나님의 계획, 우리의 사명'에서 적용해 보십시오.

4. 사자 굴에서 다니엘을 건지신 하나님

도입 옵션

"사자 크리스티앙"(Christian the Lion)이라는 제목의 동영상을 찾아서 보여 주십시오. 이 동영상은 사자와 두 사람의 유대 관계를 보여 주는 것으로, 사자 크리스티앙은 아프리카의 야생으로 돌아간 지 1년이나 지났지만 자기를 찾아온 두 사람을 알아보고 다정하게 안아 주었습니다.

• 이 동영상을 통해 다니엘이 사자 굴에서 사자들과 어떻게 상호 작용을 했는지 상상해 볼 수 있겠습니까?

도입

> Leader

인물과 사건을 연결해서 맞추는 성경 상식 게임을 해 본 적이 있습니까? 여기 몇 가지 예가 있습니다.

아담과 _____, 가인과 _____, _____ 에 있던 노아

소돔과 _____, 야곱과 _____, 삼손과 _____

다윗과 _____, _____ 에 있던 요나, _____ 에 있던 다니엘

다니엘에 해당하는 답은 무엇일까요? 대부분 '사자 굴'을 떠올릴 것입니다.

이제 우리는 다니엘서에서 가장 유명한 장면에 이르게 되었습니다. 세션 3에서 살펴본 바와 같이, 하나님의 사람 다니엘은 느부갓네살왕 시대에 "명철과 총명과 지혜"(단 5:11)로 바벨론을 다스렸습니다. 그는 "신들의 영"이 깃든 사람, "민첩한 마음"(5:12)의 소유자로 명망이 높았습니다. 사람들은 다니엘을 "명철과 총명과 비상한 지혜"(5:14)가 있는 사람이라고 평가했으며, 이는 바벨론 제국의 마지막 왕인 벨사살의 통치 때까지 이어졌습니다. 메대의 다리오왕은 바벨론 사람들과 의견을 나눈 후 다니엘을 요직에 임명했습니다.

그러나 다니엘은 큰 위기에 직면하게 됩니다. 믿음을 시험받게 된 것입니다. 신실하게 살아온 80대 노인이 그를 갈기갈기 찢으려는 굶주린 사자들이 있는 구덩이에 던져지는 모습을 보게 될 것입니다. 왜 이런 일이 일어나게 된 것일까요? 그것은 그가 기도를 멈추지 않았기 때문입니다.

Q 사자 굴에 던져진 다니엘의 이야기에 관해 어떤 것을 알고 있습니까?

Q 이 이야기가 교회나 우리 문화에 널리 알려지게 된 이유는 무엇일까요?

Session Summary

다니엘 6장에서 다니엘은 초자연적인 도움으로 살아 있는 사자들에게서 구출됩니다. 이 사건으로 인해 열방이 다니엘의 하나님이야말로 "살아 계시는 하나님이시요 영원히 변하지 않으실 이시며 그의 나라는 멸망하지 아니할 것이요 그의 권세는 무궁할 것"(26절)이라는 사실을 알게 됩니다. 하나님의 백성으로서 우리는 어떤 상황에서도 하나님을 믿고 순종하면서 우리의 용기를 보여 주어야 합니다. 담대한 믿음의 고백은 예수님이 세상의 진정한 왕이시라는 사실을 세상에 알리는 표징입니다.

"다니엘은 공직을 맡게 될 그리스도인들을 위한 기준을 세웠습니다. 그는 국정 업무에 철저했지만, 하나님의 종 된 신분을 더 중요하게 여겼고 어떤 대가를 치르더라도 하나님의 계명을 지키겠다고 결심했습니다. 우리 사회에는 다니엘 같은 정치 지도자들이 필요합니다."[1]
_조엘 벨즈

전개

1. 기도로 하나님께 헌신하십시오(단 6:1~10)

> 다니엘이 권세를 얻은 것은 그의 타고난 능력이 아니라 하나님의 역사 덕분이었습니다. 그가 하나님과 동행하는 삶을 살았기 때문입니다. 다니엘은 위로부터 오는 영적인 지혜를 소유한 사람이었습니다(약 3:17). 그는 나이가 들었음에도 여전히 하나님을 위해 결실을 맺는 사람이었습니다(시 92:12~15).
> 하지만 정상에 선다는 것은 외로운 일입니다. 성공하면 할수록 적이 늘어납니다. 의인이 누리는 복은 악인의 질투를 불러일으킵니다. 다음 구절에서 우리는 다니엘을 끌어내리려는 음모를 보게 될 것입니다.

Leader

¹다리오가 자기의 뜻대로 고관 백이십 명을 세워 전국을 통치하게 하고 ²또 그들 위에 총리 셋을 두었으니 다니엘이 그중의 하나이라 이는 고관들로 총리에게 자기의 직무를 보고하게 하여 왕에게 손해가 없게 하려 함이었더라 ³다니엘은 마음이 민첩하여 총리들과 고관들 위에 뛰어나므로 왕이 그를 세워 전국을 다스리게 하고자 한지라 ⁴이에 총리들과 고관들이 국사에 대하여 다니엘을 고발할 근거를 찾고자 하였으나 아무 근거, 아무 허물도 찾지 못하였으니 이는 그가 충성되어 아무 그릇됨도 없고 아무 허물도 없음이었더라 ⁵그들이 이르되 이 다니엘은 그 하나님의 율법에서 근거를 찾지 못하면 그를 고발할 수 없으리라 하고 ⁶이에 총리들과 고관들이 모여 왕에게 나아가서 그에게 말하되 다리오 왕이여 만수무강하옵소서 ⁷나라의 모든 총리와 지사와 총독과 법관과 관원이 의논하고 왕에게 한 법률을 세우며 한 금령을 정하실 것을 구하나이다 왕이어

심화
주석 다니엘은 자기 신앙 때문에 사자 굴에 던져졌습니다. 다니엘이 바벨론에 포로로 잡혀 왔을 때(BC 605년) 나이가 15세였습니다. 메대-바사 제국이 바벨론 제국을 정복한 지(BC 539년) 2~3년 후에 다니엘 6장의 사건이 일어났으니, 그가 사자들에게 던져졌을 때 나이는 대략 82세쯤 되었을 것입니다. … 부패한 고관들이 왕에게 다가가 '30일 동안 왕 외에 어떤 신이나 사람에게 무엇을 구하는 자는 사자 굴에 던진다'는 조서를 모든 관원이 지지했다고 거짓 주장을 했습니다. … 다리오왕의 목표는 바벨론 지역을 새로운 바사 제국의 권위 아래 통합하는 것이었습니다.

… 기도 금지령이 내려졌음에도, 다니엘은 여전히 예루살렘을 향해 창문을 열고 기도했습니다. 성전 봉헌식 때 솔로몬이 기도를 통해 알려 주었던 것처럼(왕상 8:44~49) 포로 생활을 하던 유대인들은 항상 예루살렘을 향해 기도했습니다. 이것은 오늘날까지 계속되고 있습니다. 다니엘은 왕에 대한 반역을 위해 기도한 것이 아니라, 하나님의 더 위대하신 명령에 순종하기 위해 기도했습니다. 훗날 사도들의 말처럼 "사람보다 하나님께 순종하는 것이 마땅"(행 5:29)합니다. 다니엘의 대적들도 그가 왕의 조서보다 하나님께 순종하리라는 것을 알았을 만큼, 다니엘은 하나님을 향한 대단한 헌신을 보여 주었습니다.[2]

_마이클 라이듬닉
HCSB Study Bible

그것은 곧 이제부터 삼십일 동안에 누구든지 왕 외의 어떤 신에게나 사람에게 무엇을 구하면 사자 굴에 던져 넣기로 한 것이니이다 [8]그런즉 왕이여 원하건대 금령을 세우시고 그 조서에 왕의 도장을 찍어 메대와 바사의 고치지 아니하는 규례를 따라 그것을 다시 고치지 못하게 하옵소서 하매 [9]이에 다리오왕이 조서에 왕의 도장을 찍어 금령을 내리니라 [10]다니엘이 이 조서에 왕의 도장이 찍힌 것을 알고도 자기 집에 돌아가서는 윗방에 올라가 예루살렘으로 향한 창문을 열고 전에 하던 대로 하루 세 번씩 무릎을 꿇고 기도하며 그의 하나님께 감사하였더라

본문은 다니엘이 "마음이 민첩"했을 뿐만 아니라 "충성되어 아무 그릇됨도 없고 아무 허물도" 없었다고 말합니다(3~4절). 다른 총리들과 고관들은 그를 시기하고 질투해 "국사에 대하여 다니엘을 고발할 근거를 찾고자" 했지만, 한 가지 문제가 있었습니다. "그가 충성되어 아무 그릇됨도 없고 아무 허물도 없음"으로 말미암아 "아무 근거, 아무 허물도 찾지" 못했던 것입니다(4절).

> **Leader** 다니엘은 자신이 해야 하는 일은 항상 했고, 해서는 안 되는 일은 절대로 하지 않았습니다. 그는 근로자와 공직자의 모범이었습니다.
잠언 20장 6절은 이렇게 말합니다.
"많은 사람이 각기 자기의 인자함을 자랑하나니 충성된 자를 누가 만날 수 있으랴."
다리오왕은 그런 충성된 자를 찾았고, 그가 바로 다니엘이었습니다.

Q 다니엘의 신앙은 그가 근로자와 공직자의 모범이 되는 데 어떤 영향을 주었을까요?

Q 당신의 믿음은 당신의 일하는 방식에 어떤 영향을 줍니까?

> **Leader** 하나님과 동행한 다니엘은 늘 한결같았습니다. 비상사태나 위기가 발생했을 때, 다니엘은 대처할 준비가 되어 있었습니다. 다니엘의 이러한 자질은 하나님과의 일상 교제로 만들어졌습니다. 그는 자신이 누구이며, 무엇이 필요한지 잘 알고 있었습니다.

다니엘에 대한 음모는 그의 절개를 이용해 넘어뜨리는 것으로 꾸며졌습니다. 대적들은 다리오왕을 조종해 기도 금지령을 만들게 함으로써, 다니엘이 왕에게 불순종하게 하여 궁지로 몰고자 했습니다. 그들의 목적

은 다니엘을 좌천시키려는 것만이 아니었습니다. 그들은 다니엘이 죽기를 바랐습니다.

　　기도 금지령이 내려졌다는 소식을 듣고 다니엘이 어떻게 했습니까? 그는 늘 하던 대로 행동했습니다. 다니엘은 사람이 아닌 하나님께 순종했습니다. 그는 수십 년간 그의 인생을 특징지어 온 영적 훈련 방식을 고수했습니다. 그의 이런 면을 대적들도 잘 알고 있었습니다. 다니엘은 집으로 돌아가 기도 자리가 있는 윗방으로 올라가서 예루살렘을 향해 창문을 열었습니다. 그러고는 "전에 하던 대로 하루 세 번씩 무릎을 꿇고 기도하며"(단 6:10) 하나님께 감사했습니다.

> **Leader**
> 다니엘은 자신이 지켜온 기도 생활을 멈추지 않았습니다. 그는 자신의 기도 생활을 은밀한 사생활로 숨기지 않았습니다. 다니엘은 바벨론 제국에서 사는 동안 줄곧 같은 방식으로 하나님을 경외해 왔습니다.

Ⓠ 다니엘이 왕의 금령을 거부한 행위는 세상에 어떤 선언을 한 셈입니까?

Ⓠ 세상의 왕보다 높으신 하나님께 기도하는 것은 우리의 절대적 헌신을 어떻게 드러냅니까?

2. 구원해 주실 하나님을 신뢰하십시오(단 6:11~18)

> **Leader**
> 경건한 하나님의 백성은 자신이 직면한 상황이 어떠하든, 어떤 일이 일어나든 상관없이 하나님께 늘 신실하려고 노력합니다. 이제 우리는 구원하시는 하나님을 전적으로 의지한 다니엘의 모습을 보게 될 것입니다.

11그 무리들이 모여서 다니엘이 자기 하나님 앞에 기도하며 간구하는 것을 발견하고 12이에 그들이 나아가서 왕의 금령에 관하여 왕께 아뢰되 왕이여 왕이 이미 금령에 왕의 도장을 찍어서 이제부터 삼십 일 동안에는 누구든지 왕 외의 어떤 신에게나 사람에게 구하면 사자 굴에 던져 넣기로 하지 아니하였나이까 하니 왕이 대답하여 이르되 이 일이 확실하니 메대와 바사의 고치지 못하는 규례니라 하는지라 13그들이 왕 앞에서 말하여 이르되 왕이여 사로잡혀 온 유다 자손 중에 다니엘이 왕과 왕의 도장이 찍힌 금령을 존중하지 아니하고 하루 세 번씩 기도하나이다 하니 14왕이 이 말을 듣고 그로 말미암아 심히 근심하여 다니엘을 구원하려고 마음을 쓰며 그를 건져내려고 힘을 다하다가 해가 질 때에 이

"다니엘에게 기도는 다리오의 영광 너머에 있는 하나님의 영광에 관한 공개적인 선언이었습니다. 그리고 그것은 정당한 신앙고백이었습니다. 우리 마음이 바르다면, 다니엘의 기도는 우리를 위한 것이기도 합니다."[3]
_존 파이퍼

"기도는 '더 높은 보좌가 있다'고 말하는 것입니다. 기도는 더 높은 권위에 호소하는 것입니다. 이런 점에서, 기도는 정치적인 행위입니다."[4]
_크리스토퍼 J. H. 라이트

핵심교리 99 **81. 신자의 제사장직**

인류를 향한 하나님의 목적은 단순히 제사장을 통해 나라를 세우는 것이 아니라, 우리가 곧 제사장의 나라가 되게 하는 데 있습니다. 즉 인간의 죄성과 중재자를 필요로 하는 백성들 때문에 구약 시대에 제사장 제도를 만드시긴 했지만, 하나님의 궁극적인 목적은 우리가 예수 그리스도의 중보 사역을 통해 하나님께 직접 나아가게 하는 것입니다. 그러므로 이제 다른 제사장은 필요 없게 되었습니다. 지성소에 들어가지 못하게 막던 휘장이 찢어진 것으로 예시된 바와 같이 십자가에서 그리스도께서 이루신 일로 말미암아 그리스도인들은 담대하게 하나님께 나아갈 수 있게 되었습니다 (롬 5:1~5; 히 4:14~16).

심화 주석 다니엘 6장 17절은 묘하게도 "빌라도가 이르되 너희에게 경비병이 있으니 가서 힘대로 굳게 지키라 하거늘 그들이 경비병과 함께 가서 돌을 인봉하고 무덤을 굳게 지키니라"라는 마태복음 27장 65~66절 말씀과 닮았습니다. 다니엘이 사자 굴에 갇혔던 것처럼, 그리스도께서도 무덤에 봉인되셨습니다. 어리석은 인간 지도자들은 하나님의 두 위대한 종들의 운명을 이와 같은 방식으로 봉인하려 했습니다.

두 경우 모두, 봉인되었던 이들이 하나님께 더 큰 영광을 올려 드렸습니다. 즉 하나님은 구덩이에서 다니엘을 건져 올리셨고, 무덤에서 그리스도를 일으키셨습니다. 초대 교회가 사자 굴에 갇혔던 다니엘에게서 주님 부활의 예표를 봤던 것은 놀라운 일이 아닙니다. 왜냐하면 다니엘이 권세자의 도장으로 봉인되었던 사자 굴에서 건져 올려졌던 것처럼, 권세자의 도장으로 봉인되었던 무덤에서 예수 그리스도께서 부활하셨기 때문입니다.[5]

_리곤 던컨

"다리오왕은 다니엘의 하나님을 어떻게 알았을까요? 다니엘이 모든 사람 앞에서 절개 있게 살아왔으며, 자기 신앙을 숨기지 않았기 때문입니다. 그래서 하나님이 사자 굴에 던져진 다니엘과 함께하셨고, 결국 사자들은 밤새 그의 베개가 되고 말았습니다."[6]

_토니 에반스

르렀더라 [15] 그 무리들이 또 모여 왕에게로 나아와서 왕께 말하되 왕이여 메대와 바사의 규례를 아시거니와 왕께서 세우신 금령과 법도는 고치지 못할 것이니이다 하니 [16] 이에 왕이 명령하매 다니엘을 끌어다가 사자 굴에 던져 넣는지라 왕이 다니엘에게 이르되 네가 항상 섬기는 너의 하나님이 너를 구원하시리라 하니라 [17] 이에 돌을 굴려다가 굴 어귀를 막으매 왕이 그의 도장과 귀족들의 도장으로 봉하였으니 이는 다니엘에 대한 조치를 고치지 못하게 하려 함이었더라 [18] 왕이 궁에 돌아가서는 밤이 새도록 금식하고 그 앞에 오락을 그치고 잠자기를 마다하니라

다리오왕은 신하들의 말을 듣고 "심히 근심하여" 그가 귀히 여기고 높이 평가하는 다니엘을 구할 방법을 찾고자 노력했습니다(14절). 불행히도 그는 자기 덫에 걸린 꼴이 되었습니다. 사악한 총리들이 메대와 바사의 다시 고치지 아니하는 규례에 관한 법적 구속력을 왕에게 상기시켰습니다(15절).

여기서 주목할 것은, 이 악한 사람들이 하나님께 신실한 사람인 다니엘을 믿고 의지해 왔었다는 사실입니다. 다니엘은 과거의 신실함이 현재의 신실함을 대신할 수 없음을 알았습니다. 실제로 그에게 과거란 현재와 미래를 준비하게 했을 뿐이었습니다. 사람의 성품은 역경의 순간에 빚어지는 것이 아니라 역경의 순간에 드러납니다.

Q 이 역경은 다니엘의 신앙을 어떤 모습으로 드러냈습니까?

Q 다니엘의 꾸준한 기도 생활은 그가 이런 사람이 되는 데 어떤 역할을 했을까요?

> Leader

다니엘은 그의 친구들, 즉 사드락과 메삭과 아벳느고가 불타는 풀무 불 속에서 겪은 일을 알고 있었습니다. 그는 그들과 똑같은 신념과 용기를 보이며 믿음 가운데 흔들리지 않았습니다.

"사드락과 메삭과 아벳느고가 왕에게 대답하여 이르되 느부갓네살이여 우리가 이 일에 대하여 왕에게 대답할 필요가 없나이다 왕이여 우리가 섬기는 하나님이 계시다면 우리를 맹렬히 타는 풀무 불 가운데에서 능히 건져내시겠고 왕의 손에서도 건져내시리이다 그렇게 하지 아니하실지라도 왕이여 우리가 왕의 신들을 섬기지도 아니하고 왕이 세우신 금 신상에게 절하지도 아니할 줄을 아옵소서"(단 3:16~18).

그의 친구들이 느부갓네살왕에게 하나님을 향한 그들의 충성은 모든 우상을 능

가한다고 고백했던 것처럼, 다니엘은 다리오왕에게 하나님을 향한 자신의 신실함이 논쟁이나 표결의 대상이 아님을 증명했습니다.

다리오왕은 자신이 내린 결정을 돌이킬 수 없었기에 "다니엘을 끌어다가 사자 굴에 던져" 넣으라고 명령할 수밖에 없었습니다(16절). 그 굴은 아마도 입구가 위에 있는 구덩이였던 것 같습니다. 다니엘이 구덩이에 던져지려는 순간, 왕이 그에게 "네가 항상 섬기는 너의 하나님이 너를 구원하시리라" 하고 소리쳤습니다(16절). 스티븐 밀러는 이렇게 말했습니다. "다리오의 친구를 향한 염려는 감동적입니다. … 그것은 왕의 바람을 드러낸 말입니다."[7] 그러나 다니엘은 왕의 염려나 바람에 기대지 않았습니다. 그는 오직 하나님의 섭리와 주권을 신뢰했습니다!

> **Leader**

다니엘이 사자 굴에 던져지자 "돌을 굴려다가 굴 어귀를" 막았습니다(17절). 80세 노인이라 뛰어오르지도 못했을 텐데 말입니다! "왕이 그의 도장과 귀족들의 도장으로 봉하였으니 이는 다니엘에 대한 조치를 고치지 못하게 하려 함이었더라"(17절). 절차대로 도장이 찍혔을 때, 고관들은 기뻤을 것입니다.

그러나 다리오왕은 그들과 기쁨을 나누지 못했습니다.

18절은 "왕이 궁에 돌아가서는 밤이 새도록 금식하고 그 앞에 오락을 그치고 잠자기를" 마다했다고 전합니다. 분명히 다리오의 고관들은 잔치를 벌였을 것입니다. 그러나 왕은 그들과 기쁨을 나누지 못했습니다. 자신이 고관들의 손에 놀아났다는 것과 그 대가로 자신의 충성스러운 친구를 잃게 되었다는 사실을 깨달았기 때문입니다.

Q 하나님을 의지하는 다니엘의 모습은 다리오왕에게 어떤 증거가 되었을까요?

3. 사명을 위해 하나님이 구원해 주십니다 (단 6:19~28)

> **Leader**

그러고 나서 어떤 일이 벌어졌을까요? 새벽에 동이 트자마자 다리오왕은 다니엘의 남은 시신이라도 찾기를 기대하며 굴로 달려갔습니다. 굴에 도착한 왕은 깜짝 놀라고 말았습니다.

¹⁹이튿날에 왕이 새벽에 일어나 급히 사자 굴로 가서 ²⁰다니엘이 든 굴에 가까이 이르러서 슬피 소리 질러 다니엘에게 묻되 살아 계시는 하나님의 종 다니엘아 네가 항상 섬기는 네 하나님이 사자들에게서 능히 너를 구원하셨느냐 하니라 ²¹다

심화 주석

결국 왕은 압력에 못 이겨 명령을 내렸습니다. 왕은 다니엘의 하나님이 그를 구원해 주시길 기도할 수밖에 없었습니다(참조, 단 6:16). 다니엘 6장이 앞서 살펴본 장들과 확연하게 구별되는 이유는 바로 이 기도 때문입니다. '이방인'인 열방의 왕이 희미하게나마 다니엘의 하나님께 믿음을 보였기 때문입니다. 다니엘의 기도는 기록되지 않았는데, 그는 자신의 안전에 대해서는 염려하지 않았을 것입니다. 오히려 왕이 그의 안전을 걱정해 밤이 새도록 잠을 이루지 못하고 음식과 오락을 그쳤습니다.

성경은 사자 굴에 두 개의 입구가 있었음을 암시합니다. 아마도 동물들이 들어가는 입구가 옆에 하나 있고, 먹이를 던져주는 입구가 위에 하나 있었을 것입니다. 다니엘이 옆에서 던져졌든지 위에서 던져졌든지 간에 누군가의 도움이 없이는 나갈 수 있는 방법이 없었을 것입니다. 아마도 그렇게 구출되는 것을 막기 위해 "돌을 굴려다가 굴 어귀를 막으매 왕이 그의 도장과 귀족들의 도장으로"(17절) 봉했을 것입니다. 이렇게 해서 다니엘의 탈출 가능성은 원천 봉쇄되었습니다(참조, 마 27:66).[8]

_조이스 G. 볼드윈

니엘이 왕에게 아뢰되 왕이여 원하건대 왕은 만수무강하옵소서 ²²나의 하나님이 이미 그의 천사를 보내어 사자들의 입을 봉하셨으므로 사자들이 나를 상해하지 못하였사오니 이는 나의 무죄함이 그 앞에 명백함이오며 또 왕이여 나는 왕에게도 해를 끼치지 아니하였나이다 하니라 ²³왕이 심히 기뻐서 명하여 다니엘을 굴에서 올리라 하매 그들이 다니엘을 굴에서 올린즉 그의 몸이 조금도 상하지 아니하였으니 이는 그가 자기의 하나님을 믿음이었더라 ²⁴왕이 말하여 다니엘을 참소한 사람들을 끌어오게 하고 그들을 그들의 처자들과 함께 사자 굴에 던져 넣게 하였더니 그들이 굴 바닥에 닿기도 전에 사자들이 곧 그들을 움켜서 그 뼈까지도 부서뜨렸더라 ²⁵이에 다리오왕이 온 땅에 있는 모든 백성과 나라들과 언어가 다른 모든 사람들에게 조서를 내려 이르되 원하건대 너희에게 큰 평강이 있을지어다 ²⁶내가 이제 조서를 내리노라 내 나라 관할 아래에 있는 사람들은 다 다니엘의 하나님 앞에서 떨며 두려워할지니 그는 살아 계시는 하나님이시요 영원히 변하지 않으실 이시며 그의 나라는 멸망하지 아니할 것이요 그의 권세는 무궁할 것이며 ²⁷그는 구원도 하시며 건져내기도 하시며 하늘에서든지 땅에서든지 이적과 기사를 행하시는 이로서 다니엘을 구원하여 사자의 입에서 벗어나게 하셨음이라 하였더라 ²⁸이 다니엘이 다리오왕의 시대와 바사 사람 고레스왕의 시대에 형통하였더라

다리오왕이 사자 굴에 가까이 이르러서 "슬피 소리 질러 다니엘에게 묻되 살아 계시는 하나님의 종 다니엘아 네가 항상 섬기는 네 하나님이 사자들에게서 능히 너를 구원하셨느냐" 하고 물었습니다(20절). 그는 그 안에서 저녁 식사를 마친 사자들이 만족감에 으르렁거리는 소리 외에 다른 소리가 들려오리라고는 꿈에도 생각하지 못했을 것입니다.

그런데 놀랍게도 다니엘의 목소리가 들려왔습니다(21~22절)! 6장에서 유일하게 기록된 다니엘의 목소리입니다.

> 다니엘의 말을 쉽게 풀어보면 다음과 같습니다.
>
> "왕이시여, 좋은 아침입니다. 간밤에 잘 주무셨습니까? 저는 잘 잤습니다. 사자들과 함께 있었는데, 마치 어린양과 함께 있는 것 같았습니다. 조용히 으르렁거리는 사자들의 소리를 듣다 잠이 들었는데, 사자들의 따뜻한 몸과 털이 추위로부터 저를 지켜 주었습니다. 아! 그리고 아주 특별한 분도 만났습니다. 하나님이 천사를 보내 주셔서 사자들의 입을 막아주셨습니다. 사자들은 저를 해치지 못했을 뿐만 아니라, 저의 희끗한 머리카락 한 올도 건드리지 못했습니다. 왕이시여, 저는 당신에게 잘못한 일이 없습니다. 저는 항상 그래왔듯이 하나님을 찬미했을 뿐입

Leader

심화
주석
타락하고 죄 많은 세상에서 하나님의 백성을 구원하는 데는 침울한 측면이 있습니다. 여자의 후손을 통한 구원은 뱀의 머리를 상하게 하는 것과 늘 맞물려 있습니다. 그리스도께서는 죽음의 권세를 가진 자를 멸하심으로써 일평생 죽음의 두려움에 지배받던 자들을 구원하십니다(히 2:14~15).

다니엘 구원 사건의 침울한 측면은 하나님 나라를 파괴하려고 했던 이들에게 임한 심판입니다. 대적과 온 가족, 즉 그들의 아내와 자녀들까지 사자 굴에 던져져 잡아먹혔습니다. 역사가 헤로도토스는 바사의 율법에 따라 온 가족이 심판받았다고 말했습니다. 끔찍한 결말입니다. 다니엘의 하나님은 다니엘을 구원해 주셨는데, 그들의 신은 그들을 사자에게서 구할 수 없었습니다. 다니엘 안에 계신 분은 그 어떤 자보다 강하십니다(참조, 요일 4:4). 다니엘 6장의 마지막 절은 그를 구원한 기적을 보여 줄 뿐만 아니라, 다니엘서의 첫 부분에 적절한 클라이맥스를 제공합니다. 다리오왕은 그의 영적 상태와 상관없이 '다니엘의 하나님'을 가장 높으신 분으로 고백했습니다(25절).⁹

_싱클레어 퍼거슨

니다. 저는 모든 상황을 하나님의 손에 맡겼고, 하나님이 저를 지켜 주셨습니다. 저는 하나님을 믿기로 결정했고, 살아 있는 한 계속해서 그럴 것입니다. 왕이시여, 저와 함께 하나님을 믿지 않으시겠습니까?"

다니엘은 사자 굴 밖으로 나오고, 다니엘을 "참소한 사람들"은 그의 가족과 함께 사자 굴에 던져졌는데, 굴 바닥에 닿기도 전에 모두 잡아먹혔습니다(24절).

다니엘을 기적적으로 구원하신 하나님을 경험한 다리오는 "온 땅에 있는 모든 백성과 나라들과 언어가 다른 모든 사람들에게" 살아계신 하나님에 관한 조서를 내렸습니다(25절). 그 내용은 시편, 특히 2편을 연상케 합니다. 또한 다니엘의 말은 요한계시록 5장과 7장의 영광스러운 선교적 약속을 떠올리게 합니다.

> Leader

조서는 "너희에게 큰 평강이 있을지어다"(25절)라는 축복의 말로 시작해서, "내나라 관할 아래에 있는 사람들은 다 다니엘의 하나님 앞에서 떨며 두려워할지니"(26절)라는 명령 또는 경고로 이어졌습니다. 이것은 적어도 두 가지 중요한 목적을 달성했습니다. 첫째, 이스라엘의 하나님의 위대성과 우월성을 인정했습니다. 둘째, 다니엘 6장 6~9절의 "고치지 아니하는 규례"를 취소했습니다.[10]

다시 한 번, 잠언 21장 1절의 진리를 되새기게 됩니다. "왕의 마음이 여호와의 손에 있음이 마치 봇물과 같아서 그가 임의로 인도하시느니라."

"그런즉 군왕들아 너희는 지혜를 얻으며 세상의 재판관들아 너희는 교훈을 받을지어다 여호와를 경외함으로 섬기고 떨며 즐거워할지어다 그의 아들에게 입맞추라 그렇지 아니하면 진노하심으로 너희가 길에서 망하리니 그의 진노가 급하심이라 여호와께 피하는 모든 사람은 다 복이 있도다"(시 2:10~12).

"그들이 새 노래를 불러 이르되 두루마리를 가지고 그 인봉을 떼기에 합당하시도다 일찍이 죽임을 당하사 각 족속과 방언과 백성과 나라 가운데에서 사람들을 피로 사서 하나님께 드리시고 그들로 우리 하나님 앞에서 나라와 제사장들을 삼으셨으니 그들이 땅에서 왕 노릇 하리로다 하더라"(계 5:9~10).

"이 일 후에 내가 보니 각 나라와 족속과 백성과 방언에서 아무도 능히 셀 수 없는 큰 무리가 나와 흰옷을 입고 손에 종려 가지를 들고 보좌 앞과 어린양 앞에 서서 큰 소리로 외쳐 이르되 구원하심이 보좌에 앉으신 우리 하나님과 어린양에게 있도다 하니"(계 7:9~10).

> "하나님을 믿는 신앙은 주님을 위해 살려는 용기로 우리를 가득 채워야 합니다."[11]
> _브라이언 채플

심화주석 메대의 다리오왕과 고레스왕이 같은 인물일 가능성이 있습니다. 고레스가 바벨론을 정복한 이래로, 이러한 견해는 다니엘 5~6장의 맥락과 일치합니다. 그리고 고레스의 어머니는 메대인이었고, 그의 아버지는 바사인이었습니다. 바벨론이 메대에 의해 멸망할 것이라는 이사야(13:17)와 예레미야(51:11, 28~29)의 예언 때문에 고레스가 메대의 혈통이라는 사실은 유대인들에게 특별한 관심사였습니다. 유대인들은 혼혈아의 조상을 대개 모계로 생각했기 때문입니다.

다니엘 6장 28절에서 다리오왕의 시대와 고레스왕의 시대를 동시에 언급한 데서 접속사 '와'로 번역된 히브리어 단어는 '즉'으로 번역될 수 있습니다. 이는 '고레스'가 '다리오'에 관한 부가적인 정의로 쓰였다는 것을 의미합니다. 이는 독자들로 하여금 이 왕의 정체성에 관해 실수하지 않게 하려는 의도일 것입니다. 이와 똑같은 구조를 역대상 5장 26절에서 볼 수 있습니다. "앗수르 왕 불의 마음을 일으키시며 앗수르 왕 디글랏빌레셀의 마음을 일으키시매." 앗수르의 기록은 불과 디글랏 빌레셋을 동일 인물로 나타냅니다.[12]

_앨런 모즐리
Biblical Illustrator

> "나는 의심의 여지없이 당신이 당신을 신뢰하는 모든 자에게 신실하신 하나님이심을 압니다. 내가 흑암 중에 있을 때, 당신은 나의 빛이 되십니다. 내가 감옥에 갇힐 때 당신은 나와 함께하십니다. 내가 버림받을 때, 당신은 나의 위로가 되십니다. 내가 죽을 때, 당신은 나의 생명이 되십니다."[13]
> _메노 시몬스

다리오왕의 조서에 기록된 하나님의 속성들을 열거해 보십시오.	온 열방에서 영광과 존경을 받게 될 하나님의 궁극적인 사역이 조서에 어떻게 반영되었습니까?

> Leader

하나님은 자기 영광을 선포하기 위해 불신자를 사용하실 수 있습니다. 조서의 내용은 다니엘 6장 26~27절에 있습니다. 그것은 하나님의 위대하심을 우주적으로 (26절), 그리고 개인적으로(27절) 나타내는 신학적인 찬가입니다.

하나님은 살아계시고 영원하신 주님입니다. 하나님께 주권이 있으므로, 그분의 나라는 멸망하거나 끝나지 않을 것입니다(26절). 이 세상에는 하나님과 비교하거나 필적할 자가 없습니다. 개인적 차원에서 하나님은 구원하시고 건지시는 분입니다. 하나님은 공간적인 제한을 받지 않으시므로 초자연적인 이적과 기사를 "하늘에서든지 땅에서든지" 전능하게 행하시는 분입니다. 가장 근접한 예로 다니엘을 보면, 하나님은 "다니엘을 구원하여 사자의 입에서 벗어나게" 하셨습니다(27절).

하나님은 다시 한 번 자신의 신실한 종을 영예롭게 하셨습니다. 하나님이 바벨론 제국의 느부갓네살왕과 벨사살왕 시대에 다니엘에게 복을 주시고 영광스럽게 하셨던 것처럼, 메대-바사의 다리오왕 시대(바사의 고레스왕 시대, 28절)에도 또다시 그렇게 하셨습니다. 야고보서 4장 10절의 "주 앞에서 낮추라 그리하면 주께서 너희를 높이시리라"라는 진리가 울려 퍼집니다.

 구원자 하나님을 신뢰하는 것은 우리로 하여금 어떻게 이 세상에서 하나님의 사명을 감당하게 할까요?

결론

성경의 전체 이야기는 창세기 3장 15절의 원복음을 성취하실 구원자가 오실 것을 알려 줍니다. 우리는 출애굽기 12장의 유월절 같은 사건들이 예수님을 가리키는 것을 볼 수 있습니다. 때로는 성전이나 희생 제사 같은 제도들이 그리스도를 가리키기도 합니다. 때로는 아담이나 아브라함이나 모세나 다윗이나 다니엘 같은 사람들이 장차 오실 왕을 예표하기도 합니다.

메시아를 예언한 시편 22편에서 의로우신 고난의 왕은 21절에서 "나를 사자의 입에서 구하소서" 하고 부르짖습니다. 하나님은 부활절 아침에 예수님을 죽은 자 가운데서 살리심으로써, 메시아인 예수님을 "사자의 입"에서 구하셨습니다. 부활하신 구세주를 따르는 우리에게 용기를 주시는 하나님을 찬양합시다!

> Leader
>
> "내가 너로 여자와 원수가 되게 하고 네 후손도 여자의 후손과 원수가 되게 하리니 여자의 후손은 네 머리를 상하게 할 것이요 너는 그의 발꿈치를 상하게 할 것이니라 하시고"(창 3:15).
>
> "내가 애굽 땅을 칠 때에 그 피가 너희가 사는 집에 있어서 너희를 위하여 표적이 될지라 내가 피를 볼 때에 너희를 넘어가리니 재앙이 너희에게 내려 멸하지 아니하리라"(출 12:13).
>
> "나를 사자의 입에서 구하소서 주께서 내게 응답하시고 들소의 뿔에서 구원하셨나이다"(시 22:21).
>
> "그리스도께서는 참 것의 그림자인 손으로 만든 성소에 들어가지 아니하시고 바로 그 하늘에 들어가사 이제 우리를 위하여 하나님 앞에 나타나시고"(히 9:24).

그리스도와의 연결
하나님은 다니엘을 죽음에서 건지시는 능력을 보여 주셨습니다. 그리고 때가 이르자 하나님은 자기 백성을 죄에서 구원하시고, 자기 아들의 죽음과 부활을 통해 그들에게 영생을 주시는 능력을 보여 주셨습니다.

하나님의 계획 우리의 사명

선교적 적용 하나님은 때때로 우리에게 주님께 순종하기 위해 세상에 불순종할 것을 요구하십니다.

1. 당신은 역경에 부딪혔을 때, 하나님을 신뢰하는 모습을 어떻게 보여 줍니까?

2. 어떻게 하면 이 세상에 하나님이 어떤 분이며, 우리를 위해 무엇을 하셨는지를 분명히 드러낼 수 있을까요?

3. 결과에 상관없이 주님께 순종하는 사람이 되도록 도와주실 것을 구하는 기도문을 작성해 보십시오.

금주의 성경 읽기
시 146~150편;
왕상 9장; 대하 8장;
잠 25~26장

Summary and Goal

이 세션에서 우리는 하나님이 자기 백성을 포로 생활에서 건져 내어 약속의 땅으로 돌아가게 하겠다는 약속을 어떻게 지키셨는지를 볼 것입니다. 하나님의 백성이 예루살렘에 모였을 때, 그들은 하나님을 예배하는 것을 최우선으로 삼고, 행동으로 하나님의 신실하심을 선포했습니다. 그리스도인으로서 우리는 예배를 통해 죄와 죽음이라는 포로 생활에서 우리를 건지신 하나님께 감사합니다. 또한 우리는 예배를 통해 다른 사람들이 하나님의 선하심을 맛보아 알 수 있도록 주님의 선하심을 선포합니다.

자기 백성을 고향으로 인도하시는 하나님

- **성경 본문**
  에스라 1:1~8, 3:1~13

- **세션 포인트**
  1. 하나님은 자기 백성을 고향으로 돌아오게 하겠다는 약속을 지키십니다 (스 1:1~8)
  2. 하나님의 백성은 예배를 최우선으로 삼습니다(스 3:1~7)
  3. 하나님의 백성은 주님의 선하심을 선포합니다(스 3:8~13)

- **신학적 주제**
  하나님을 예배하는 것이 하나님의 백성에게는 가장 중요한 일입니다.

- **그리스도와의 연결**
  하나님은 바벨론의 포로가 된 자기 백성을 구해 고향으로 돌아오게 하겠다는 약속을 지키셨고, 하나님을 예배할 수 있도록 자유를 되찾아 주셨습니다. 모든 인간은 아담과 하와의 죄로 인해 에덴동산에서 쫓겨나 세상의 포로가 된 상태이기에 구원이 필요합니다. 예수님은 자기 백성의 포로 생활을 끝내기 위해 오셨고, 그들을 고향으로 돌아오게 하여 하나님께 예배할 자유를 회복시켜 주십니다.

- **선교적 적용**
  하나님은 우리에게 예배를 최우선으로 삼음으로써 다른 사람들에게 하나님의 선하심을 보이라고 말씀하십니다.

**Session
Plan**

도입

귀환한 유대인들에게 예배 장소가 얼마나 중요했는지를 강조하기 위해 '띤 플레이스'(Thin Place)에 관한 이야기로 시작하십시오.

하나님을 영적으로 강렬하게 경험했던 곳의 이름을 지어 보십시오(위치나 건물을 떠올려 보세요). 지금 그곳은 당신에게 어떤 의미입니까?

하나님이 자기 백성을 고향으로 돌아오게 하겠다는 약속을 어떻게 지키셨는지, 그리고 백성들은 하나님을 예배하는 일을 어떻게 최우선으로 삼았는지를 강조하면서 이 세션을 요약해 주십시오.

전개

1
하나님은 자기 백성을 고향으로 돌아오게 하겠다는 약속을 지키십니다
(스 1:1~8)

에스라 1~6장에 관한 개요를 들려준 후 에스라 1장 1~8절을 읽으십시오. 이스라엘 백성을 예루살렘으로 돌려보내기로 결정한 고레스의 조서가 예레미야의 예언을 어떻게 성취하고 있는지 설명해 주십시오. 포로 생활에서 돌아오는 이스라엘의 관점에서 예레미야 29장 10~11절의 상황을 이야기해 주십시오.

에스라 1장 1~8절에 따르면 하나님은 포로가 된 백성의 귀환을 위해 사건들을 어떻게 조율하셨습니까?

하나님이 자기 목적을 성취하기 위해 불신자들을 사용하신 것을 본 적 있습니까? 하나님은 그들을 어떻게 사용하셨습니까?

고레스왕이 백성들에게 '기쁘게' 예물을 드리라고 명령한 것에 주목하십시오. 이런 상황에서 '기쁘게' 예물을 드리는 것이 하나님의 백성에게는 자연스러운 반응이라는 것에 주목하십시오. 예배와 청지기 정신의 관계를 볼 수 있도록 도우십시오.

모든 것이 주님의 것이며 그분의 목적을 위해 사용되어야 함을 인정한다면, 당신의 청지기적 삶은 어떻게 바뀌어야 할까요?

2
하나님의 백성은 예배를 최우선으로 삼습니다
(스 3:1~7)

50여 년간 예루살렘에서 하나님이 예배를 받지 못했던 이유를 간단히 설명해 주십시오. 그리고 나서 자원자에게 에스라 3장 1~7절을 읽게 하십시오. 이스라엘 달력에서 일곱 번째 달의 중요성을 분명하게 이야기해 주십시오. 모세의 율법에 따라 예배하는 것이 어떻게 이스라엘을 주변 나라들과 구별되게 했는지 가르쳐 주십시오.

기독교 예배와 다른 종교들의 예배는 어떤 면에서 다릅니까?

기독교가 주변 문화와 섞이지 않는 것이 왜 중요할까요?

하나님께 봉헌할 때, 하나님의 백성들이 기뻐한 것에 관해 이야기해 주십시오. 만약 예배할 때 봉헌하는 것을 힘들어한다면, 아마도 하나님보다 그분이 주시는 선물을 더 소중히 여기기 때문일 것입니다.

예배에서 봉헌은 하나님을 향한 사랑과 헌신에 관해 무엇을 보여 줍니까?

어떨 때 예배 전통이 예배의 대상이신 하나님보다 더 우선시됩니까?

에스라 3장 8~13절을 읽으십시오. 예배의 다양한 측면과 어떻게 다양한 방식으로 예배에 참여하게 되는지 설명해 주십시오.

다른 예배 스타일을 우습게 여긴 적이 있습니까?

나와는 다른 방식으로 예배드리는 사람들에게서 무엇을 배울 수 있습니까?

삶의 여러 정황이 다양한 예배 방식을 만들 수는 있지만, 본질적으로 하나님을 예배하는 방식은 선교 중심이어야 함을 지적해 주십시오.

하나님은 어떤 식으로 당신과 당신의 교회에 선하게 역사하셨습니까?

············ **3**
하나님의 백성은 주님의
선하심을 선포합니다
(스 3:8~13)

결론

에스라서가 예수님의 십자가와 재림을 어떻게 기대하고 있는지 설명해 주십시오. '띤 플레이스'라는 비유를 하나님의 영이 내주하고 계시는 그리스도인들과 연결해 결론을 맺어 주십시오. 이 세션에서 배운 진리를 '하나님의 계획, 우리의 사명'에서 적용해 보십시오.

Session Content

5. 자기 백성을 고향으로 인도하시는 하나님

심화토론

어떤 사람들은 자연에 있는 '띤 플레이스'(Thin Place)에서 하나님을 예배하는 것이 좋으니 교회가 더는 필요 없다고 말합니다.

- 하나님의 백성과 함께 모이는 자리로부터 예배를 분리시켜서는 안 되는 이유는 무엇입니까?
- 하나님의 성경 계시와 예배를 분리해서는 안 되는 이유는 무엇입니까?

"우리가 교회에 모이는 가장 근본적인 이유는 하나님께 영광을 돌려드리기 위해서입니다. 하나님께 당연히 드려야 할 예배를 공동 예배로 함께 드리기 위해 모이는 것입니다."[3]
_매트 보즈웰

도입

아일랜드 신화에서 웨스트미스주의 위스니치 언덕은 아일랜드의 중심으로 여겨지며, 아일랜드 시골에 있는 성지로 '띤 플레이스'(Thin Place)로 알려져 있습니다. '띤 플레이스'란 영원한 세계와 물리적 세계가 만나는 지점을 가리킵니다.[1] 이 개념은 5세기경 켈트 문화에서 그 기원을 찾을 수 있습니다. 세계 곳곳에서 신비를 찾는 여행자들이 신을 만나길 기대하며 이 언덕을 찾아옵니다.

> Leader
>
> 위스니치 언덕은 주변을 둘러싸고 있는 구불구불한 언덕들과 달리 풍경 속에 잘 녹아들어 있어 큰 주목을 끌지 않습니다. 아일랜드의 여행가이드 민디 버고인은 위스니치 언덕은 간판이 없으면 쉽게 지나칠 수도 있지만, 위스니치에서 보는 전망은 숨이 멎을 만큼 아름답다고 설명합니다. 또한 이 언덕은 에이레(Eire, 아일랜드 공화국의 옛 이름 - 역주) 또는 아일랜드라는 이름이 파생된 여신 에리우(Eriu)의 묘지로도 알려져 있습니다.[2]

그리스도인인 우리는 여신의 무덤에서 뿜어져 나오는 신비로운 신성한 힘을 믿지 않습니다. 하지만 하나님이 예배 가운데 우리 가까이 오신다는 사실은 믿습니다.

포로 생활을 마치고 예루살렘으로 귀환하는 유대 백성들의 이야기는 당시 유대인들에게 특정한 장소에서 예배드리는 것이 얼마나 중요했는지를 상기시켜 줍니다.

Q 하나님을 영적으로 강렬하게 경험했던 곳의 이름을 지어 보십시오(위치나 건물을 떠올려 보세요). 지금 그곳은 당신에게 어떤 의미입니까?

Session Summary

　　이 세션에서 우리는 하나님이 자기 백성을 포로 생활에서 건져 내어 약속의 땅으로 돌아가게 하겠다는 약속을 어떻게 지키셨는지를 볼 것입니다. 하나님의 백성이 예루살렘에 모였을 때, 그들은 하나님을 예배하는 것을 최우선으로 삼고, 행동으로 하나님의 신실하심을 선포했습니다. 그리스도인으로서 우리는 예배를 통해 죄와 죽음이라는 포로 생활에서 우리를 건지신 하나님께 감사합니다. 또한 우리는 예배를 통해 다른 사람들이 하나님의 선하심을 맛보아 알 수 있도록 주님의 선하심을 선포합니다.

전개

1. 하나님은 자기 백성을 고향으로 돌아오게 하겠다는 약속을 지키십니다(스 1:1~8)

> **Leader**
> 에스라 1~6장은 자기 백성을 보존하시는 하나님의 주권을 강조합니다. 하나님은 자기 백성 이스라엘을 약속의 땅으로 다시 인도하시기 위해 바사 제국의 지도자를 사용하셨습니다. 하나님이 친히 고레스의 마음과 자기 백성의 마음을 움직이셨습니다(5절). 백성들이 유배지를 떠나 성전 재건을 위해 예루살렘으로 돌아갈 수 있도록 말입니다. [4]

[1]바사 왕 고레스 원년에 여호와께서 예레미야의 입을 통하여 하신 말씀을 이루게 하시려고 바사 왕 고레스의 마음을 감동시키시매 그가 온 나라에 공포도 하고 조서도 내려 이르되 [2]바사 왕 고레스는 말하노니 하늘의 하나님 여호와께서 세상 모든 나라를 내게 주셨고 나에게 명령하사 유다 예루살렘에 성전을 건축하라 하셨나니 [3]이스라엘의 하나님은 참 신이시라 너희 중에 그의 백성 된 자는 다 유다 예루살렘으로 올라가서 이스라엘의 하나님 여호와의 성전을 건축하라 그는 예루살렘에 계신 하나님이시라 [4]그 남아 있는 백성이 어느 곳에 머물러 살든지 그곳 사람들이 마땅히 은과 금과 그 밖의 물건과 짐승으로 도와주고 그 외에도 예루살렘에 세울 하나님의 성전을 위하여 예물을 기쁘게 드릴지니라 하였더라 [5]이에 유다와 베냐민 족장들과 제사장들과 레위 사람들과 그 마음이 하나님께 감동을 받고 올라가서 예루살렘에 여호와의 성전을 건축하고자 하는 자가 다 일어나니 [6]그 사면 사람들이 은 그릇과 금과 물품들과 짐승과 보물로 돕고

심화주석 고레스는 마르둑의 뜻을 운운하며 자신의 승리를 선전하기 위해 바벨론의 불안정한 사회 상황을 기회로 삼았습니다. 히브리인들에게는 마르둑이 아닌 여호와만이 한 분 참 하나님이시며 역사의 주인이셨습니다. 마르둑이 아닌 여호와께서 고레스에게 바벨론을 전복시킬 힘을 주셨고, 바로 그분이 결국 그를 세상 권력을 거머쥔 지도자가 되게 하셨습니다. 여호와의 지시에 따라, 고레스는 바벨론에 유배된 히브리인들을 해방시켰고, 유다로 돌아가서 성전을 재건하도록 허락했습니다. 유대인들에게 고레스의 패권은 약 2세기 전에 이사야 선지자가 예언했던 바의 성취였습니다. 이사야 44장 24~28절에서 선지자는 성전 재건과 함께 예루살렘의 완전한 회복을 예언했습니다. 여호와께서는 고레스를 '나의 목자'로 부르시며 히브리인들을 하나님의 양 떼로 묘사하셨습니다. 하나님은 자기 양 떼를 그의 목자인 고레스를 통해 돌보실 것입니다. 예언은 하나님이 이 모든 일이 일어나도록 만드실 것임을 분명하게 드러내고 있는데, 하나님은 고레스를 통해 그 일들을 이루실 것입니다. [5]

_웨인 반 혼_
Biblical Illustrator

그 외에도 예물을 기쁘게 드렸더라 [7]고레스왕이 또 여호와의 성전 그릇을 꺼내니 옛적에 느부갓네살이 예루살렘에서 옮겨다가 자기 신들의 신당에 두었던 것이라 [8]바사 왕 고레스가 창고지기 미드르닷에게 명령하여 그 그릇들을 꺼내어 세어서 유다 총독 세스바살에게 넘겨주니

1절에 언급된 것처럼 예레미야 선지자의 예언은 고레스에 의해 성취되었는데, 그것은 다음 구절에서 비롯된 것입니다.

"여호와께서 이와 같이 말씀하시니라 바벨론에서 칠십 년이 차면 내가 너희를 돌보고 나의 선한 말을 너희에게 성취하여 너희를 이곳으로 돌아오게 하리라 여호와의 말씀이니라 너희를 향한 나의 생각을 내가 아나니 평안이요 재앙이 아니니라 너희에게 미래와 희망을 주는 것이니라" (렘 29:10~11. 참조, 렘 25:11~14).

> **Leader**
> "이 모든 땅이 폐허가 되어 놀랄 일이 될 것이며 이 민족들은 칠십 년 동안 바벨론의 왕을 섬기리라 여호와의 말씀이니라 칠십 년이 끝나면 내가 바벨론의 왕과 그의 나라와 갈대아인의 땅을 그 죄악으로 말미암아 벌하여 영원히 폐허가 되게 하되 내가 그 땅을 향하여 선언한 바 곧 예레미야가 모든 민족을 향하여 예언하고 이 책에 기록한 나의 모든 말을 그 땅에 임하게 하리라 그리하여 여러 민족과 큰 왕들이 그들로 자기들을 섬기게 할 것이나 나는 그들의 행위와 그들의 손이 행한 대로 갚으리라"(렘 25:11~14).

오늘날 위의 구절은 하나님의 주권적인 손길이 그들의 미래를 쥐고 계신다는 것을 알림으로써 성도 개개인을 격려할 때 사용되곤 합니다. 그러나 문맥상 이 구절은 단순히 개인을 위한 메시지라기보다 온 이스라엘 공동체를 향한 하나님의 신실하심을 묘사하기에 훨씬 더 중요한 의미가 있습니다.

여기서 하나님의 계획은 궁극적으로 메시아를 가리키며, 그의 부활을 통해 창세기 3장의 타락으로 말미암아 잃었던 모든 것을 구원하실 것입니다. 이스라엘과의 약속을 지키셨던 하나님이 우리의 미래를 지켜 주고 계십니다.

Q 에스라 1장 1~8절에 따르면 하나님은 포로가 된 백성의 귀환을 위해 사건들을 어떻게 조율하셨습니까?

Q 하나님이 자기 목적을 성취하기 위해 불신자들을 사용하신 것을 본 적 있습니까? 하나님은 그들을 어떻게 사용하셨습니까?

> Leader

1절은 "조서를 내려"라는 표현에서 절정을 이룹니다. 이것은 고대 근동에서는 특히 중요한 것이었습니다. 왜냐하면, 율법, 법령, 영수증, 계약 등 중요한 것들은 모두 토판에 글로 쓰였기 때문입니다.[6]

고레스는 하나님이 자기 백성을 예루살렘으로 돌아오게 하시는 일의 중요성을 알았습니다. 그는 성전 재건의 필요성뿐 아니라, 그에 따른 물자들이 필요하다는 것도 알았습니다. 그래서 강제로 헌물하라고 명령하는 대신 하나님께 자발적으로 기쁘게 드리라고 명령했습니다(4절). 고레스는 하나님의 백성은 아니었지만, 하나님의 신실하심이 백성들의 마음을 너그럽게 만들 것이라고 생각했습니다. 그 생각은 오늘날 우리에게도 유익합니다.

본문은 약속을 성취하시는 하나님을 향한 백성의 자연스러운 반응은 자기 소유를 기쁘게 드리는 것이라고 기록하고 있습니다(5~8절). 에스라 1장에 기록된 백성의 반응은 하나님께 첫 소산을 드리는 성경적인 사상과 맞닿아 있습니다. 즉 땅과 땅에서 난 모든 것이 하나님께 속했다는 사실과 우리는 청지기에 불과하다는 진리를 보여 주는 것입니다. 모든 것이 하나님의 것임을 아는 청지기로서, 하나님의 백성은 하나님 나라의 사명을 위해 필요한 자원을 기쁘게 드려야 합니다.

> Leader

예배와 청지기 정신의 긴밀한 관계는 단지 돈에만 국한된 것이 아닙니다. 그리스도인이 자기 재정을 청지기 정신으로 관리해야 하는 것은 당연한 일입니다. 하나님은 자기 백성이 장차 올 하나님 나라에 대한 표징으로서 인류가 영적으로나 신체적으로 번성하는 데 자신에게 부여된 다양한 영역의 은사를 활용하기를 원하십니다.

"주께서 이르시되 지혜 있고 진실한 청지기가 되어 주인에게 그 집 종들을 맡아 때를 따라 양식을 나누어 줄 자가 누구냐"(눅 12:42).

"각각 은사를 받은 대로 하나님의 여러 가지 은혜를 맡은 선한 청지기같이 서로 봉사하라"(벧전 4:10).

Q 모든 것이 주님의 것이며 그분의 목적을 위해 사용되어야 함을 인정한다면, 당신의 청지기적 삶은 어떻게 바뀌어야 할까요?

"그들 속에 있는 물리적인 하나님의 처소는 그들 각자의 삶에서 더욱 깊고 개인적이며 친밀한 하나님의 처소를 가리키는 것이어야 합니다."[7]
_마이클 윌리엄스

"십자가의 궁극적인 목적이 보이기 시작하는 때는 우리와 함께하시려는 하나님의 불굴의 열망을 깨달을 때뿐입니다. 십자가는 우리를 죽음에서 건지시는 수단 그 이상입니다. 우리를 생명의 주 되신 분의 품에 안기게 하기 때문입니다."[8]
_스카이 제서니

청지기직

성경적 청지기직은 언제나 다른 이들의 물건을 관리하는 것에 관한 것이 핵심입니다. 그래서 핵심 질문은 "누구를 위해 관리자로 임명되었는가?"입니다. 성경은 창조와 구원에 있어서, 우리는 하나님의 목적을 성취하기 위한 통치자로 위임받은 관리자라고 말합니다(창 1:26). 창조주께서 자기를 위해 구속을 목적으로 자기 자원을 관리하실 수 있었음에도 불구하고, 그분은 우리에게 두 번째 지위를 주시며 그 사역을 우리에게 맡기셨습니다.[9]

심화주석

'일곱 번째 달'(스 3:1)은 BC 537년 9월과 10월 사이였습니다. 요사닥의 아들 예수아가 올바른 제사 제도를 회복하는 일을 이끌었습니다. 에스라서와 느헤미야서에는 없지만, 학개서에 예수아가 여호수아로 언급되었고, 거의 대부분 그를 대제사장으로 부르고 있습니다. 예전에 여호수아가 백성들을 이끌고 약속의 땅에 들어갔던 당시 모세의 율법 책에 기록된 대로 여호와께 드리는 제단을 지었듯이 약속의 땅으로 돌아온 자들도 같은 방식으로, 즉 쇠 연장을 대지 않고 다듬지 아니한 돌들로 '제단'을 지었습니다 (신 27:5~6). …

'번제'는 새 제단을 정결케 하는 의식의 일부였습니다. 이스라엘 역사에서 매일 드리는 번제는 불경한 왕들로 인해 중단되었는데, 딱 두 번 재개된 적이 있습니다. 바로 요아스 때(대하 24:14)와 히스기야 때(대하 29:7, 27~29)였습니다. 그런데 이제는 매일 번제를 드리고 있습니다. …

제사 제도가 바르게 정착된 다음에 해야 할 일은 성전을 건축할 '자재'를 확보하는 것이었습니다. 시돈 사람과 두로 사람에게 돈을 주어 레바논의 유명한 백향목을 벌목했고, 그 나무를 욥바(지금의 텔아비브) 해변까지 운송해 육로로 예루살렘까지 옮겼습니다. 이를 위해 석수들이 고용되었습니다. 솔로몬은 첫 번째 성전을 지을 때 석수를 팔만 명이나 동원했습니다. 그러나 이번에는 첫 번째 성전의 잔해에서 나온 석재를 재사용할 수 있었기 때문에 그때만큼 많은 인원은 필요하지 않습니다(대하 2:18).[11]

_칼 R. 앤더슨
HCSB Study Bible_

2. 하나님의 백성은 예배를 최우선으로 삼습니다(스 3:1~7)

> BC 586년에 예루살렘성이 멸망한 후로, 약 50년간 하나님은 예루살렘에서 예배를 받지 못하셨습니다. 그러므로 성전이 아직 건축되지 않았음에도 불구하고, 귀환한 공동체의 최우선 관심사가 하나님의 이름을 높이는 것이었다는 사실은 그리 놀라운 일이 아닙니다. 어떤 일이 일어났는지 함께 살펴봅시다.

[1]이스라엘 자손이 각자의 성읍에 살았더니 일곱째 달에 이르러 일제히 예루살렘에 모인지라 [2]요사닥의 아들 예수아와 그의 형제 제사장들과 스알디엘의 아들 스룹바벨과 그의 형제들이 다 일어나 이스라엘 하나님의 제단을 만들고 하나님의 사람 모세의 율법에 기록한 대로 번제를 그 위에서 드리려 할 새 [3]무리가 모든 나라 백성을 두려워하여 제단을 그 터에 세우고 그 위에서 아침저녁으로 여호와께 번제를 드리며 [4]기록된 규례대로 초막절을 지켜 번제를 매일 정수대로 날마다 드리고 [5]그 후에는 항상 드리는 번제와 초하루와 여호와의 모든 거룩한 절기의 번제와 사람이 여호와께 기쁘게 드리는 예물을 드리되 [6]일곱째 달 초하루부터 비로소 여호와께 번제를 드렸으나 그때에 여호와의 성전 지대는 미처 놓지 못한지라 [7]이에 석수와 목수에게 돈을 주고 또 시돈 사람과 두로 사람에게 먹을 것과 마실 것과 기름을 주고 바사 왕 고레스의 명령대로 백향목을 레바논에서 욥바 해변까지 운송하게 하였더라

> 이스라엘에서 일곱 번째 달은 일 년 중에 하나님을 예배하는 데 가장 중요한 달이었습니다. '티스리'(Tishri)라고 하는 이달은 9월에서 10월에 이르는 기간입니다. 그 달 첫째 날에 나팔절을 기념했습니다(레 23:23~25). 에스라서에는 언급되지 않았지만, 일곱째 날은 속죄일이었고(레 23:26~32), 15일째 날부터 21일째 날까지는 장막절 또는 초막절을 지켰습니다(레 23:33~36). 이 절기는 큰 기쁨의 시간이었습니다. 흥미롭게도 솔로몬이 백성들과 함께 첫 번째 성전을 봉헌했던 날이 바로 일곱 번째 달 초막절이었습니다(왕상 8:2).[10]

귀환한 이스라엘 백성은 모세의 율법을 따라 예배했습니다(2절). 율법(모세오경)은 하나님의 백성에게 하나님을 예배할 때 이웃 나라에서 자기 신들을 예배하는 것처럼 하지 말라고 분명히 경고합니다(참조, 신 12:30~31).

> "너는 스스로 삼가 네 앞에서 멸망한 그들의 자취를 밟아 올무에 걸리지 말라 또 그들의 신을 탐구하여 이르기를 이 민족들은 그 신들을 어떻게 섬겼는고 나도 그와 같이 하겠다 하지 말라 네 하나님 여호와께는 네가 그와 같이 행하지 못할 것

이라 그들은 여호와께서 꺼리시며 가증히 여기시는 일을 그들의 신들에게 행하여 심지어 자기들의 자녀를 불살라 그들의 신들에게 드렸느니라"(신 12:30~31).

하나님이 율법을 지키게 하신 한 가지 목적은 이스라엘을 이웃 나라 사람들과 구별된 공동체로 만들기 위함이었습니다. 그러한 구별은 이웃과 불편한 관계를 만들고자 한 것이 아니라 주님의 길이 더 좋음을 보여 주시기 위함이었습니다.

> 이스라엘의 독특함은 예배에서도 드러납니다. 가장 큰 예가 바로 '자녀 희생제사'입니다. 하나님은 자녀를 희생제물로 바치는 행위를 절대 금하셨습니다.

"너는 결단코 자녀를 몰렉에게 주어 불로 통과하게 함으로 네 하나님의 이름을 욕되게 하지 말라 나는 여호와이니라"(레 18:21).

율법은 사랑으로 자녀를 가르치고 지도하라는 훈계로 가득합니다. 왜냐하면 아이들은 복이며 아브라함에게 하신 하나님의 약속이 온전히 성취되는 것이었기 때문입니다(창 12:1~3; 출 22:22~23; 신 4:9~10, 40; 6:5~7; 12:28; 29:29).

"너는 과부나 고아를 해롭게 하지 말라 네가 만일 그들을 해롭게 하므로 그들이 내게 부르짖으면 내가 반드시 그 부르짖음을 들으리라"(출 22:22~23).

"너는 마음을 다하고 뜻을 다하고 힘을 다하여 네 하나님 여호와를 사랑하라 오늘 내가 네게 명하는 이 말씀을 너는 마음에 새기고 네 자녀에게 부지런히 가르치며 집에 앉았을 때에든지 길을 갈 때에든지 누워 있을 때에든지 일어날 때에든지 이 말씀을 강론할 것이며"(신 6:5~7).

"내가 네게 명령하는 이 모든 말을 너는 듣고 지키라 네 하나님 여호와의 목전에 선과 의를 행하면 너와 네 후손에게 영구히 복이 있으리라"(신 12:28).

"감추어진 일은 우리 하나님 여호와께 속하였거니와 나타난 일은 영원히 우리와 우리 자손에게 속하였나니 이는 우리에게 이 율법의 모든 말씀을 행하게 하심이니라"(신 29:29).

이스라엘 백성이 나라의 흥망성쇠에도 불구하고, 또한 수십 년간 바벨론에서 지내면서 영향을 받았을 텐데도 불구하고, 율법의 요구를 충실히 따른 점은 인정할 만합니다.

사탄은 하나님의 백성이 그분께 신실하지 못하도록 더욱 악랄하게 역사합니다. 주의를 기울이지 않으면, 주변을 둘러싼 문화와 어우러져 하나님 나라의 가치를 서서히 왜곡할 수 있습니다. 하나님을 예배하는 데 계속해서 신실할 수 있도록, 하나님의 방식과 계획에 따라 우리의 생각을 끊임없이 새롭게 해야 합니다.

핵심교리 99 **8. 성경의 보존**

하나님은 영감을 불어넣어 오류가 없게 하신 성경 본문을 통해 인류에게 자신을 계시하기로 결정하셨습니다. 또한 하나님은 성경 본문이 미래 세대를 위해 충실히 보존될 수 있도록 역사 흐름 속에서 섭리하셨습니다. 정경의 형성 과정과 수 세기에 걸친 사본들의 충실한 전달 과정이 성경 보존에 관한 믿음을 뒷받침해 줍니다.

"하나님을 부르는 '해', '방패', '산성',
'피난처', '분깃' 등의 칭호는 사실상
약속을 의미합니다. 그리스도의
칭호는 '세상의 빛', '생명의 떡',
'길', '진리', '생명' 등이며, 성령의
칭호는 '진리의 영', '거룩한 영',
'영광의 영', '은혜의 영', '간구의
영', '확정하고 증거하는 영'
등입니다. 따라서 믿음은 약속
못지않게 이러한 하나님의 이름에
근거해서 세워집니다."[14]
_데이비드 클락슨

> **Q** 기독교 예배와 다른 종교들의 예배는 어떤 면에서 다릅니까?
> **Q** 기독교가 주변 문화와 섞이지 않는 것이 왜 중요할까요?

에스라 1장 1~8절의 주제와 일치하는 3장 5~7절은 주님께 드리는 하나님 백성의 넘치는 기쁨을 그리고 있습니다. 진정한 예배자는 하나님을 예배할 때 인색하지 않습니다.[12]

> **Leader** 이 구절에서 보이는 하나님의 백성들은 "값없이는 내 하나님 여호와께 번제를 드리지 아니하리라"(삼하 24:24)라고 했던 다윗과 많이 닮았습니다.

봉헌을 예배의 필수 요소로 받아들이기 어렵다면, 아마도 하나님보다 하나님이 주시는 선물을 더 소중히 여기기 때문일 것입니다.

마찬가지로 우리는 하나님보다 예배의 절차나 의식에 치중하는 경향이 있습니다. 본문을 보면, 성전이 아직 완공되지 않은 상태에서 제사가 다시 드려지고 있습니다.

> **Leader** 근 400년간 이스라엘은 예배와 성전을 연결해 생각했습니다. 그 결과 하나님의 백성은 하나님보다 성전을 더욱 의존하게 되었습니다(렘 7장).[13]

성전이 파괴된 탓에, 그들은 항상 계시는 하나님의 성품과 예배의 수단으로서 성전의 가치를 재발견할 수 있었습니다.

> **Q** 예배에서 봉헌은 하나님을 향한 사랑과 헌신에 관해 무엇을 보여 줍니까?
> **Q** 어떨 때 예배 전통이 예배의 대상이신 하나님보다 더 우선시됩니까?

3. 하나님의 백성은 주님의 선하심을 선포합니다(스 3:8~13)

> **Leader** 예배는 신앙 공동체 생활의 핵심입니다. 예루살렘으로 돌아온 유대인들의 경우, 그들의 예배는 약속대로(신 30:1~5) 성전을 재건하게 하신 자기 백성을 향한 하나님의 선하심을 강조했습니다. 하나님을 높여 드렸던 그들 예배의 다양한 특성에 주목해 보십시오.

[8]예루살렘에 있는 하나님의 성전에 이른 지 이 년 둘째 달에 스알디엘의 아들 스룹바벨과 요사닥의 아들 예수아와 다른 형제 제사장들과 레위 사람들과 무릇 사로잡혔다가 예루살렘에 돌아온 자들이 공사를 시작하고 이십 세 이상의 레위 사람들을 세워 여호와의 성전 공사를 감독하게 하매 [9]이에 예수아와 그의

아들들과 그의 형제들과 갓미엘과 그의 아들들과 유다 자손과 헤나닷 자손과 그의 형제 레위 사람들이 일제히 일어나 하나님의 성전 일꾼들을 감독하니라 ¹⁰건축자가 여호와의 성전의 기초를 놓을 때에 제사장들은 예복을 입고 나팔을 들고 아삽 자손 레위 사람들은 제금을 들고 서서 이스라엘 왕 다윗의 규례대로 여호와를 찬송하되 ¹¹찬양으로 화답하며 여호와께 감사하여 이르되 주는 지극히 선하시므로 그의 인자하심이 이스라엘에게 영원하시도다 하니 모든 백성이 여호와의 성전 기초가 놓임을 보고 여호와를 찬송하며 큰 소리로 즐거이 부르며 ¹²제사장들과 레위 사람들과 나이 많은 족장들은 첫 성전을 보았으므로 이제 이 성전의 기초가 놓임을 보고 대성통곡하였으나 여러 사람은 기쁨으로 크게 함성을 지르니 ¹³백성이 크게 외치는 소리가 멀리 들리므로 즐거이 부르는 소리와 통곡하는 소리를 백성들이 분간하지 못하였더라

이 장면에서 다양한 예배 형식을 볼 수 있습니다. 즉 예식을 통해 하나님의 선하심을 선포하고(11절), 악기들을 연주하며(10절), 큰 소리로 찬양하고(11~13절), 감격에 젖어 우는 모습을 볼 수 있습니다(12~13절).

본문 속 예배 형식은 인간 존재의 다양한 부분이 각기 다른 방식으로 예배에 참여하고 있음을 보여 줍니다. 교회 생활에서 성도들은 다양한 방식으로 성경적 예배에 참여하는 이들로부터 자신을 분리시켜 차단하는 경향이 있습니다. 일반적으로 지역 교회 단체들은 각기 특정한 예배 유형을 선호하며, 자기와 다른 방식으로 예배하는 이들을 우습게 보는 경향이 있습니다.

> 예를 들어, 하나님을 향한 헌신을 깊은 묵상으로 표현하는 사람들은 기쁨으로 소리치는 사람들이 아무 생각 없이 하나님을 찬양한다고 생각하게 하는 유혹을 받곤 합니다. 반면에 소리치며 예배하는 사람들은 엄숙하게 예배하는 사람들이 하나님의 선하심을 진짜로 경험한 것인지 궁금해하는 경향이 있습니다.

Leader

사람의 몸이 아름다운 이유는 몸의 각 기관이 서로 다르지만 하나 되어 조화를 이루기 때문입니다. 하나님을 향한 사랑도 마찬가지입니다. 하나님을 향한 사랑의 방식이 비록 다를지라도 서로의 방식을 이해하고 배우며 하나 되어 조화를 이루면, 하나님을 향해 더욱 아름다운 사랑을 표현할 수 있게 됩니다.

Q 다른 예배 스타일을 우습게 여긴 적이 있습니까?

Q 나와는 다른 방식으로 예배드리는 사람들에게서 무엇을 배울 수 있습니까?

심화 주석 에스라 3장은 절정을 향해 달려가다가 마지막에 이상하게 끝이 납니다. 솔로몬의 봉헌식을 의식해서 모방한 듯한 모습이 나옵니다. 물론 대조되는 모습들도 있습니다. 이번에는 법궤도 없고, 눈에 보이는 영광도, 심지어 성전도 없습니다. 단지 작은 시작만 있을 뿐입니다. 하지만 하나님은 이스라엘의 찬양 위에 좌정해 계시고, 이는 솔로몬의 성전 때만큼이나 영광스럽습니다. 어쩌면 더 영광스러웠다고 할 수 있습니다. 악기와 찬양은 예전과 같았지만(대하 5:13), 그들의 상황은 그들로 하여금 더욱 겸손하게 찬양하고, 굳은 믿음으로 예배하게 했을 것이기 때문입니다.

12~13절은 실제로 예기치 못한 일을 설명하고 있습니다. 기념식 중에 현재 모습에 실망하여 대성통곡하는 사람들이 있었습니다. 이것은 앞으로 있을 많은 일을 예고했습니다. 학개 선지자가 현재 모습에 실망하는 것이 잘못되었음을 지적할 것입니다(학 2:3 이하). 스가랴 선지자도 "작은 일의 날이라고 멸시하는 자"(슥 4:10)에게 이의를 제기할 것입니다. 두 선지자는 이러한 분위기에 대응해 답해야 했기에 이런 말을 했지만, 우리는 이 말로 인해 감사할 수 있습니다.¹⁵

_데릭 키드너

"분명히 하나님은 우리가 홀로
조용히 있을 때 특별한 방법으로
주님의 임재를 경험하게 하십니다.
그러나 또한 하나님은 그분의
이름으로 노숙자를 위한 집을 지을
때도, 주일학교 선생님이 소란스러운
남자아이들을 사랑할 때도, 어려운
시기를 보내고 있는 동료에게 따뜻한
말 한마디를 전할 때도, 일을 망쳐
버린 직원을 품어 줄 때도 주님의
임재를 경험하게 하십니다."[17]
_마크 D. 로버츠

"그들은 억류에서 놓임 받아
자유롭게 되었고, 성전을 회복할
권위를 얻었기에 매우 기뻤습니다.
그러나 그들은 크고 아름다웠던
첫 번째 성전이 자신들의 악함으로
인해 파괴되었다는 사실을
깨닫고 크게 울었습니다."[18]
_비드

예배의 다양성을 증진하는 또 다른 촉매는 하나님이 다른 환경에서 살아가는 다양한 사람들을 주님께로 이끄신다는 사실입니다. 12~13절은 전 세대가 모여서 예배드리는 장면을 그리면서, 성전의 기초가 놓인 것을 보고 각 세대가 보인 반응을 묘사합니다.

> **Leader**
> 장로들은 그동안 있었던 모진 풍파에도 불구하고 하나님의 성전이 다시 한 번 올라가는 모습을 보고 감동해서 눈물을 흘렸습니다. 나이 든 사람들은 새로운 성전이 이전 성전의 영광에 미치지 못함을 보고 슬퍼하며 눈물을 흘렸습니다.[16] 반면에 젊은 사람들은 성전 재건의 소망이 현실화되었다는 사실에 기뻐하며 소리쳤습니다.

젊은이와 노인이 다 함께 하나님께 찬양을 올려 드렸습니다. 그들은 서로 다른 삶의 정황 속에서 다양한 모습으로 표현했지만, 한목소리로 주님께 영광을 돌렸습니다. 멀리서도 그 소리를 들을 수 있을 정도였습니다 (13절). 하나님께 드리는 예배는 본질적으로 사명에 초점이 맞춰져 있습니다. 다양한 모습과 목소리를 가진 하나님의 백성이 하나 되어 각기 다른 방식으로 하나님의 신실하심을 기념했으며, 이스라엘 주변 나라 사람들에게 영향을 미쳤습니다. 하나님의 선하심을 선포하는 데 하나 된 하나님의 백성은 세상을 향한 강력한 증인입니다.

Q 하나님은 어떤 식으로 당신과 당신의 교회에 선하게 역사하셨습니까?

결론

에스라 3장의 기록 목적은 성전 재건에 관한 이야기를 들려주는 데 있지만, 그 내용이 의미하는 바는 그리스도의 십자가와 예수님 재림의 예시입니다. 하나님은 바벨론의 포로가 된 자기 백성을 구해 돌아오게 하겠다는 약속을 지키셨고, 하나님을 예배할 수 있도록 자유를 되찾아 주셨습니다. 모든 인간은 아담과 하와의 죄로 인해 에덴동산에서 쫓겨나 세상의 포로가 된 상태이기에 구원이 필요합니다. 예수님은 자기 백성의 포로 생활을 끝내기 위해 오셨고, 그들을 고향으로 돌아오게 하여 하나님께 예배할 자유를 회복시켜 주십니다. 이것이 우리로 하여금 궁극적으로 주님이 홀로 나라를 통치하며 다스리실 그때에 관심을 기울이게 합니다.

> **Leader** : 앞서 살펴본 것처럼, 하나님의 임재를 경험하거나 하나님을 예배하는 것은 지리적인 위치에 제한을 받지 않습니다. 이러한 사실은 신약성경에서 더욱 강조됩니다. 그리스도를 따르는 자들은 성령님이 그들 안에 내주하심으로써 그들이 바로 하나님의 성전 그 자체가 되기 때문입니다(고전 3:16~17; 엡 4:30).

예배는 하나님을 사랑하고, 하나님의 선하심을 드러냄으로써 이웃을 사랑하라고 하신 그리스도인의 이중 소명이 교차하는 지점에 있습니다. 하나님은 우리에게 어디로 보내지든지, 어떤 대가를 치르든지 상관없이 예배를 최우선으로 여기라고 말씀하십니다. 이를 통해 다른 이들이 주 예수 그리스도의 선하심을 보게 되고, 하나님을 예배하는 자리에 동참하게 될 것입니다.

하나님이 자기 백성에게 주신 약속들이 있습니다. 이 세상에서 그리스도인으로서 하나님의 사명을 위해 살아가도록 힘을 주는 약속들입니다.
1) 하나님의 날개 그늘 아래로 피할 수 있습니다(시 36:7).
2) 그리스도를 사랑하는 모든 이에게 생명의 면류관이 예비되어 있습니다(딤후 4:8).
3) 하나님은 악에서 우리를 건져 주시고, 하나님 나라로 인도하십니다(딤후 4:18).
4) 하나님은 세상 끝날까지 우리와 항상 함께하십니다(마 28:20).
5) 이 세상의 모든 것은 언젠가는 다 사라져 버릴 테지만, 하나님의 뜻을 행하는 자는 영원할 것입니다(요일 2:17).

그리스도와의 연결

하나님은 바벨론의 포로가 된 자기 백성을 구해 고향으로 돌아오게 하겠다는 약속을 지키셨고, 하나님을 예배할 수 있도록 자유를 되찾아 주셨습니다. 모든 인간은 아담과 하와의 죄로 인해 에덴동산에서 쫓겨나 세상의 포로가 된 상태이기에 구원이 필요합니다. 예수님은 자기 백성의 포로 생활을 끝내기 위해 오셨고, 그들을 고향으로 돌아오게 하여 하나님께 예배할 자유를 회복시켜 주십니다.

하나님의 계획 우리의 사명

선교적 적용 하나님은 우리에게 예배를 최우선으로 삼음으로써 다른 사람들에게 하나님의 선하심을 보이라고 말씀하십니다.

1. 하나님은 청지기인 우리에게 무엇을 주셨습니까? 예수님을 알리는 하나님의 구속 사역에 그 자원들을 어떻게 활용하면 좋을까요?

2. 개개인이 하나님의 선하심을 증거하는 데 도움이 될 수 있도록 교회/공동체는 구체적으로 어떻게 기도할 수 있을까요?

3. 어떻게 하면 교회/공동체에서 하나님이 베푸신 복을 찬양하고, 감사하는 시간을 정기적으로 가질 수 있을까요?

금주의 성경 읽기
잠 27~29장;
전 1~6장

Summary and Goal

하나님의 백성들이 바벨론에서 고향으로 돌아오긴 했지만, 그것은 재건의 시작에 불과했습니다. 하나님께 순종해 성전을 재건할 때, 그들은 반대에 부딪혔고 역경에 직면했습니다. 이때 그들은 저항에 굴복하지 않고 하나님의 말씀에 귀를 기울이기로 선택했습니다. 그 결과 그들은 하나님께 부름받은 사역을 완성할 수 있었고, 그들을 통해 이루신 하나님의 사역을 기념할 수 있었습니다. 오늘날 하나님의 백성인 우리는 우리 앞에 놓인 사명을 신실하게 감당하도록 부름받았습니다. 하나님은 우리에게 어떤 역경을 만나든지 마음과 삶을 변화시키시는 주님을 신뢰하라고 말씀하십니다.

**역경을
통해
살리시는
하나님**

6

- **성경 본문**
  에스라 4:1~7; 5:1~5; 6:13~22

- **세션 포인트**
  1. 하나님께 순종할 때, 반대에 부딪힐 수 있습니다(스 4:1~7)
  2. 대적의 말을 듣지 말고, 하나님의 말씀을 들으십시오(스 5:1~5)
  3. 마음을 바꾸게 하시는 하나님을 찬양하십시오(스 6:13~22)

....

- **신학적 주제**
  하나님은 역경을 통해 자기 백성을 살리실 것이며, 대적자들로 하여금 태도를 바꾸게 하여 자기 뜻을 이루실 것입니다.

- **그리스도와의 연결**
  순종함으로 하나님께 예배드리려는 하나님의 백성이 반대에 직면했듯이 예수님도 만사에 성부 하나님께 순종할 때마다 유혹과 반대에 직면하셨습니다. 예수님이 인내하며 사역하신 데서, 우리도 어떠한 상황에서도 하나님께 순종할 힘을 얻습니다.

- **선교적 적용**
  하나님은 우리가 대적이 어떤 말을 하든지 상관없이 계속해서 순종하며, 하나님이 우리 믿음과 주님께 대적하는 자들의 마음과 생각을 바꾸어 주실 것을 신뢰하라고 말씀하십니다.

Session Plan

도입

가치 있는 무언가를 만드는 일과 관련해 일반적으로 맞닥뜨릴 수 있는 난관들에 관해 생각해 볼 수 있도록 보스턴의 '중심동맥 프로젝트' 이야기를 들려주십시오.

건물이나 회사를 세우는 일에 참여해 본 적이 있습니까? 그 과정에서 어떤 문제들에 부딪혔습니까?

하나님의 백성이 예루살렘 성전을 재건하려 했을 때 직면했던 저항에 관해 이야기하면서 이 세션을 요약해 주십시오.

전개

1
**하나님께 순종할 때,
반대에 부딪힐 수 있습니다**
(스 4:1~7)

에스라 4장 1~7절을 읽으십시오. 성전을 재건하려 했을 때, 저항이 어떻게 시작되었는지 그리고 유대인들이 건축을 도와주겠다는 주변 백성들의 제안을 거부한 이유가 무엇인지 설명해 주십시오. 오늘날 사회에서 하나님만 예배하는 것의 적절성과 중요성을 강조해 주십시오.

오늘날 순종하는 그리스도인들이 겪게 되는 반대나 역경에는 어떤 것들이 있습니까?

대적의 반대에 맞선 유대인들의 모습에서 무엇을 배울 수 있습니까?

종교의 순수성을 지키려는 이스라엘 백성의 입장 때문에 일어난 파급 효과에 주목하십시오. 하나님의 백성이 이 세상에서 시련을 겪을 때 붙들어야 하는 다음 두 가지 생각에 관해 토론하게 하십시오.

첫째, 지금 이 세상은 우리의 진짜 집이 아닙니다.
둘째, 우리는 이 세상에서 화평의 대사입니다.

오늘날 그리스도인의 신앙을 흔드는 반대나 역경에는 어떤 것들이 있습니까?

2
**대적의 말을 듣지 말고,
하나님의 말씀을 들으십시오**
(스 5:1~5)

자원자에게 에스라 5장 1~5절을 읽게 하십시오. 격려가 필요한 하나님의 백성을 권면하기 위해 하나님이 학개와 스가랴를 어떻게 사용하셨는지 이야기해 주십시오. 두 선지자가 백성의 우선순위에 대해 비판했다는 사실에 주목하십시오.

영적 무관심을 보여 주는 징후는 무엇입니까?

성경은 우리 삶에서 이루어지는 하나님의 부르심을 어떤 식으로 일깨워 주며, 우선순위를 재조정하는 데 어떤 역할을 합니까?

실망할 수 있는 상황에서도 하나님의 말씀에 집중하는 훈련이 중요하다는 사실을 강조해 주십시오. 하나님이 유대 장로들로 하여금 어떻게 계속 일하게 하셨는지 설명해 주십시오.

오늘날 세계에서 그리스도인들이 공통적으로 경험하는 반대에는 어떤 것들이 있을까요? 유독 우리 문화에서만 그리스도인들이 경험하는 반대에는 어떤 것들이 있나요?

성경은 우리로 하여금 반대를 이겨낼 수 있도록 어떻게 힘을 줍니까?

3
마음을 바꾸게 하시는 하나님을 찬양하십시오
(스 6:13~22)

에스라 6장 13~22절을 읽으십시오. 성전 건축 후 이어진 기념식을 강조하면서, 이러한 종류의 일들이 하나님의 백성에게 필수적인 이유를 설명해 주십시오.

자신의 기념일에 기독교 신앙을 접목해 보려고 한 적이 있습니까?

자신의 인생에서 하나님이 보여 주신 선하심의 증거로 어떤 것을 기념해 본 적이 있습니까?

에스라 6장의 절정은 유월절을 다시 지키게 된 것임을 강조해 주십시오. 유대인들의 진정한 예배는 많은 사람이 이스라엘의 한 분 참 하나님을 예배하러 돌아오게 만들었습니다.

기념행사는 복음 전도에 어떤 역할을 하나요?

결론

하나님은 항상 자기 계획이 열매를 맺는 것을 지켜보시며, 반대에 부딪히거나 역경에 직면하는 일에서 물러나 계시는 분이 아니라는 진리로 격려해 주십시오. 예수님도 많은 반대에 직면하셨습니다. 이 세션에서 배운 진리를 '하나님의 계획, 우리의 사명'에서 적용해 보십시오.

Session Content

6. 역경을 통해 살리시는 하나님

도입 옵션

모임 전에 자기 집을 건축해 본 경험이 있는 성도를 찾아 섭외한 후 그에게 집을 어떻게 지었는지, 그 절차에 관해 잠시 설명해 달라고 부탁하십시오. 그의 발표가 끝난 후 그에게 다음 질문에 답하게 하십시오.

• 집을 지을 때 어떤 어려움 또는 난관이 있었습니까?

• 역경을 극복하면서 집에 대한 애착이나 소유 의식이 어떻게 달라졌나요?

도입

매사추세츠주의 보스턴은 1630년에 세워져, 자동차용 도로가 설계되지 않았습니다. 정돈되지 않은 길로 인해 발생하는 교통 체증을 해결하기 위해, 보스턴은 '중심동맥 프로젝트'(the Central Artery/Tunnel Project)를 계획해 1982년에 착수했습니다.

> **Leader :....** 매사추세츠 공공사업부는 보스턴의 시내를 관통하고, 주변 전역을 달리는 고속도로 시스템을 제안했습니다. 이후 고속도로 건설을 위한 초기 철거 작업을 끝냈지만, 주민의 반대에 부딪혀 1972년까지 프로젝트가 중단되기도 했습니다.

일명 '빅 딕'(Big Dig)이라고도 하는 이 공사는 미국 역사상 가장 큰 비용이 든 고속도로 건설 프로젝트였습니다. 프로젝트의 과정은 순탄치 않았습니다. 기준 미달 재료 사용, 설계 결함, 터널 내 누수 발생, 추가 비용 발생, 법정 문제에 이르기까지 많은 난관이 있었습니다. 그러나 도시계획 담당자들은 이 프로젝트를 둘러싼 정치·사회·경제적 어려움에도 불구하고, '보스턴의 교통 혼잡 해결'이라는 주목적을 이루기 위해 최선을 다했습니다. 그리고 마침내 막대한 비용이 들긴 했지만 프로젝트가 완성되었습니다.

대도시 보스턴의 '교통 위기'를 타개하기 위한 노력은 가치 있는 무언가를 만들기 위해 일하는 것이 얼마나 힘든 일인지를 잘 보여 줍니다. 이런 일들에는 문제나 걸림돌이 자주 발생하기 때문입니다.

Q 건물이나 회사를 세우는 일에 참여해 본 적이 있습니까? 그 과정에서 어떤 문제들에 부딪혔습니까?

Session Summary

하나님의 백성들이 바벨론에서 고향으로 돌아오긴 했지만, 그것은 재건의 시작에 불과했습니다. 하나님께 순종해 성전을 재건할 때, 그들은 반대에 부딪혔고 역경에 직면했습니다. 이때 그들은 저항에 굴복하지 않고 하나님의 말씀에 귀를 기울이기로 선택했습니다. 그 결과 그들은 하나님께 부름받은 사역을 완성할 수 있었고, 그들을 통해 이루신 하나님의 사역을 기념할 수 있었습니다. 오늘날 하나님의 백성인 우리는 우리 앞에 놓인 사명을 신실하게 감당하도록 부름받았습니다. 하나님은 우리에게 어떤 역경을 만나든지 마음과 삶을 변화시키시는 주님을 신뢰하라고 말씀하십니다.

> "선한 사람은 한순간의 성공에 자만하지 않을 뿐만 아니라 역경으로 인해 무너지지도 않습니다. 고난의 파도는 선을 시험하고 정결하게 하며 향상시키지만 악은 때리고 부수어 깨끗이 씻어 버릴 것입니다."[1]
> _어거스틴

전개

1. 하나님께 순종할 때, 반대에 부딪힐 수 있습니다(스 4:1~7)

> Leader :.... 유대인들은 예루살렘성과 하나님의 성전을 재건할 수 있는 허가를 받았습니다. 하지만 그들은 여전히 반대에 부딪혔습니다. 이 반대는 계획을 노골적으로 반대하고 교묘하게 약화시키는 두 가지 모습으로 나타났습니다.

[1]사로잡혔던 자들의 자손이 이스라엘의 하나님 여호와의 성전을 건축한다 함을 유다와 베냐민의 대적이 듣고 [2]스룹바벨과 족장들에게 나아와 이르되 우리도 너희와 함께 건축하게 하라 우리도 너희같이 너희 하나님을 찾노라 앗수르 왕 에살핫돈이 우리를 이리로 오게 한 날부터 우리가 하나님께 제사를 드리노라 하니 [3]스룹바벨과 예수아와 기타 이스라엘 족장들이 이르되 우리 하나님의 성전을 건축하는 데 너희는 우리와 상관이 없느니라 바사 왕 고레스가 우리에게 명령하신 대로 우리가 이스라엘의 하나님 여호와를 위하여 홀로 건축하리라 하였더니 [4]이로부터 그 땅 백성이 유다 백성의 손을 약하게 하여 그 건축을 방해하되 [5]바사 왕 고레스의 시대부터 바사 왕 다리오가 즉위할 때까지 관리들에게 뇌물을 주어 그 계획을 막았으며 [6]또 아하수에로가 즉위할 때에 그들이 글을 올려 유다와 예루살렘 주민을 고발하니라 [7]아닥사스다 때에 비슬람과 미드르닷과 다브엘과 그의 동료들이 바사 왕 아닥사스다에게 글을 올렸으니 그 글은 아람 문자와 아람 방언으로 써서 진술하였더라

**심화
주석**
유대와 베냐민의 대적이 제안한 것(스 4:1~2)은 일종의 전술입니다. 그들이 "앗수르 왕이 우리를 이곳에 오게 한"(스 4:2) 것이라고 언급한 것은 그들과 그들의 종교에 관한 측면을 보여 줍니다. 즉 그들은 사마리아가 몰락한 후 이스라엘에 인구가 줄어든 지역에 강제로 정착하게 된 이방 공동체였습니다. "그 땅의 신의 법"을 가르치기 위해 이스라엘 제사장들이 그들에게 파송되었지만(왕하 17:27), 결국 종교가 혼합되고 말았습니다. 그들은 하나님을 경외했지만 또한 그들의 원래 신들도 섬겼습니다(왕하 17:33). "그들이 오늘까지 이전 풍속대로 행하여 여호와를 경외하지 아니하며…"(왕하 17:34)라는 구절은 그들의 상태를 잘 보여 줍니다.

"그렇다면 우리도 너희같이 너희 하나님을 찾노라"(스 4:2)라는 제안이 종교 다원주의로 제시되었을 때, 그 구절(왕하 17:34)은 그들의 제안에 관한 성경의 단호한 평가입니다. 이것이 바로 유대인들의 거절 의사 기저에 흐르는 근본적인 이유입니다. 유대인들이 솔직하게 분명한 이유를 언급하지는 않았지만 말입니다.[2]

_데릭 키드너

"우리의 좌우명은 계속해서 '인내'여야 합니다. 그리고 나는 전능하신 하나님이 결국 우리 수고에 성공으로 면류관을 씌워 주시리라 믿습니다."[3]
_윌리엄 윌버포스

> **Leader**
> :....
1절에 등장하는 유대인의 대적들은 에스라 3장 3절과 4장 4절에서 언급된 주변 사람들, 즉 유대인을 협박하고 낙담하게 만들었던 사람들입니다. 이들의 반대가 어떻게 시작되었는지에 주목하십시오.

대적들이 연합해서 유대인들이 성전을 건축하지 못하도록 방해했습니다. 우리는 '대적'들이 처음에는 선한 의도로 유대인들을 도와주려 했다는 사실을 알아야 합니다. "우리도 너희같이 너희 하나님을 찾노라"(2절)라는 그들의 말은 사실이었습니다. 하지만 그것은 자기들 만신전에서 거짓 신들과 함께 하나님을 예배하겠다는 뜻이었습니다. 다시 말해서, 그들은 지역의 모든 거짓 신과 더불어 하나님을 모시겠노라고 주장했던 것입니다.

> **Leader**
> :....
이스라엘 지도자들이 그들의 도움을 단호하게 거부했던 것은 하나님으로부터 멀어지게 되었던 그들의 역사 때문이었을 것입니다. 약속의 땅에서 살았던 초기 시대부터(삿 3:6) 역사 전반에 걸쳐서(왕하 17:7~17) 이방인과의 동맹은 이스라엘 백성들을 우상 숭배와 혼합주의로 빠뜨렸고, 급기야 그 땅을 떠나 포로 생활을 하게 만들었습니다(왕하 17:18~23). "이스라엘아 들으라 우리 하나님 여호와는 오직 유일한 여호와이시니"(신 6:4)라는 쉐마의 말씀이 율법(모세오경)을 따르는 그들의 귓전에 강하게 울렸습니다.

유대인들끼리 성전을 건축하겠다는 주장은 주님만이 홀로 하나님이시며 새로운 성전에 다른 어떤 '신'도 들일 수 없다는 선언입니다(스 4:3). 이는 그리스도인들이 "예수를 주로 시인"(롬 10:9; 빌 2:11)하는 것과 같은 주장입니다.

관용과 개방을 절대적인 가치로 여기는 사회에서 그리스도인들은 '타협'이라는 위험에 직면합니다. 사회는 마치 모든 종교적 신념이 근본적으로 똑같다는 듯이, 기독교와 다른 종교의 차이를 최소로 줄이라고 강요합니다. 그러나 사회의 이 혼란스러운 사상은 그리스도인들에게 동시에 두 가지 일을 할 기회를 제공해 줍니다. 첫째, 분명한 성경적 가르침을 지키는 것과 둘째, 잘못 생각하는 이들에게 사랑을 표현하는 것입니다.

Q 오늘날 순종하는 그리스도인들이 겪게 되는 반대나 역경에는 어떤 것들이 있습니까?

Q 대적의 반대에 맞선 유대인들의 모습에서 무엇을 배울 수 있습니까?

이스라엘 백성이 신앙의 순수성을 지키려 하자, 대적들이 방해 공작을 펼쳤습니다(스 4:4~7). 개인의 좌절과 두려움이 제도적인 억압으로 이어지는 파급 효과에 주목하십시오. 대적들은 관리들에게 뇌물을 주면서까지 성전 건축을 막았습니다.

하나님의 백성은 이 세상에서 시련을 겪을 때 두 가지 생각을 붙들어야만 합니다. 첫째, 지금 이 세상은 우리의 진짜 집이 아닙니다(벧전 2:11). 둘째, 우리는 이 세상에서 화평의 대사입니다. 그리스도께서 타락으로 깨어진 세상을 결국 회복하시리라는(창 3장; 계 21:1~2) 약속은 세상에서 물러나 있어도 좋다는 '청신호'가 아닙니다. 그리스도의 대사로서 우리는 하나님 나라를 신실하게 증거해야만 합니다.

> **Leader** 어떻게 해야 하나님 나라를 신실하게 증거할 수 있을까요? 사랑으로 진리를 말함으로써 가능합니다. 하나님의 백성이 다른 이들을 사랑한다고 말하면서, 한편으로 그들이 거룩하게 되는 것을 보고 싶어 하지 않는다면 구원의 메시지를 전할 동기가 없는 것입니다. 사랑 없이 다른 이들의 생각이나 행동을 교정하려 하면 들을 귀 없는 이들에게 진리의 메시지를 들이붓는 셈이 됩니다. 하나님 백성의 사명은 거룩함을 향한 사랑의 외침을 일으키는 것입니다. 그러므로 의로운 삶은 오직 예수 그리스도를 믿는 믿음을 통해 은혜로만 가능합니다.

Q 오늘날 그리스도인의 신앙을 흔드는 반대나 역경에는 어떤 것들이 있습니까?

2. 대적의 말을 듣지 말고, 하나님의 말씀을 들으십시오(스 5:1~5)

대적들의 방해로 성전 재건이 약 16년 동안이나 중단되었습니다.

> **Leader** 한 구약성경 학자는 "하나님 말씀의 담대한 선포 속에는 항상 낙심에 대한 적절한 답을 제시하고 있다"[4]고 말합니다. 아브라함 시대부터 사도행전에 이르기까지 있었던 하나님의 행하심이 늘 그러했듯이 성전 회복은 선지자를 통해 하나님이 주시는 말씀으로 점화되어 시작된 것이었습니다.

[1] 선지자들 곧 선지자 학개와 잇도의 손자 스가랴가 이스라엘의 하나님의 이름으로 유다와 예루살렘에 거주하는 유다 사람들에게 예언하였더니 [2] 이에 스알디엘의 아들 스룹바벨과 요사닥의 아들 예수아가 일어나 예루살렘에 있던 하나님의 성전을 다시 건축하기 시작하매 하나님의 선지자들이 함께 있어 그들을 돕더니 [3] 그때에 유브라데강 건너편 총독 닷드내와 스달보스내와 그들의 동관들이 다 나아와 그들에게 이르되 누가 너희에게 명령하여 이 성전을 건축하고

"하나님은 자기 자녀를 안전한 길로 인도해 세상과 함께 그들이 정죄받지 않게 하십니다. 또한 세상이 그들을 정죄하도록 허용해 하나님의 자녀가 세상을 사랑하지 않게 하십니다. 즉 세상이 그들을 미워하므로 하나님의 자녀는 세상을 사랑하지 않습니다."[5]

_리차드 십스

심화주석 학개 선지자는 '이스라엘의 하나님의 이름으로' 하나님의 집, 즉 성전을 소홀히 하는 백성들을 책망했습니다. 백성들은 대적의 방해를 핑곗거리로 삼아 자기 집에만 집중하고 있었습니다. 그들은 두려움(스 3:3)과 낙심(스 4:4~5)에 굴복했고, 자기들의 육체적인 필요를 채우기에 급급했습니다. 공동체의 영적 필요와 하나님이 그들에게 맡기신 사역은 옆으로 제쳐 놓았습니다.

'하나님의 눈'은 세밀히 살피시는 하나님의 섭리를 의미합니다. 왕들은 보통 정보원이 있었는데, 바사 백성들은 이를 '왕의 눈' 혹은 '왕의 귀'라고 불렀습니다. 하지만 하나님의 백성들은 하나님의 첩보 시스템이 세상 어느 왕의 것보다 더 우수할 뿐만 아니라 전지하심을 확신할 수 있었을 것입니다(대하 16:9; 시 33:18~19; 34:15; 슥 4:10).[6]

_머빈 브레느먼

"어떤 영적인 훈련도 하나님의 말씀을 섭취하는 것보다 중요하지 않습니다. 어떤 것도 하나님의 말씀을 대체할 수 없습니다. 성경이라는 식탁을 빼고서 건강한 그리스도인의 삶은 결코 있을 수 없습니다."[7]

_도널드 휘트니

미국이나 상대적으로 삶의 수준이 높은 나라에서는 하나님을 경외하는 삶의 수준을 결정할 때, 또는 수입보다 과도한 탐닉의 유혹을 느낄 때, "얼마나 많아야 많은 것인가?"라는 질문을 종종 제기합니다. 예를 들어, "자동차를 구입하는 데 2만 달러 이상은 지출하지 말라"라는 구체적인 기준을 갖고 싶어 합니다.

그러나 성경은 이러한 일에 관해 구체적인 기준을 제시하지 않습니다. 탐욕을 진단할 수 있는 초간단 리트머스 테스트는 없지만, 다음 질문으로 자가 진단을 해 볼 수는 있습니다. "나는 하나님의 사명을 따라 살아가는가? 아니면 물욕을 따라 살아가는가?" 다양한 사회·경제적 수준에 있는 그리스도인들에게 조언을 구하는 것도 이 질문에 대한 답을 찾는 데 도움이 될 것입니다.

핵심교리 99

4. 성경의 무오성

'성경의 무오성'이란 성경의 모든 가르침이 전적으로 진실하며, 어떤 오류도 없음을 믿는 것을 가리킵니다. 성경의 무오성은 성경 저자들이 인간 관찰자로서 관찰한 기록과 어림수들, 특이한 문법 구조나 특정한 사건에 관한 다양한 시각을 성경 본문에 넣었을 가능성을 배제하지 않습니다. 하지만 성경은 구원의 확실한 안내서이며, 성경이 전하는 것은 모두 진리임을 믿습니다(마 5:18; 요 10:35; 딤 1:2; 히 6:18).

이 성곽을 마치게 하였느냐 하기로 ⁴우리가 이 건축하는 자의 이름을 아뢰었으나 ⁵하나님이 유다 장로들을 돌보셨으므로 그들이 능히 공사를 막지 못하고 이 일을 다리오에게 아뢰고 그 답장이 오기를 기다렸더라

하나님은 학개와 스가랴 두 선지자를 통해 격려가 절실한 하나님의 백성들을 꾸짖으며 권면하셨습니다. 선지자의 사명은 "영적 갱신을 불러일으키고, 주님을 제대로 예배하도록 하나님의 백성에게 동기를 부여하는 것"이었습니다.[8]

> 예언의 메시지는 간단명료했습니다. 하나님의 백성이 하나님과 하나님의 사역을 소홀히 하면, 하나님이 그분의 복을 옮겨 백성이 영적으로 곤비하게 된다는 것입니다. 그 결과는 영적 무관심입니다. 성경을 묵상하지 않고, 성경의 능력에서 비롯되는 유익을 누리지 못하는 것입니다. 이는 하나님의 백성이 모이는 것과 기도의 능력을 포기하게 만듭니다.[9]

선지자들은 백성들의 우선순위에 대해 엄중히 비판했습니다. 학개 선지자는 백성들의 관심이 하나님에서 개개인의 행복으로 옮겨짐으로써 하나님의 성전 짓기를 게을리하고 있다고 책망했습니다. 백성들이 성전은 폐허 상태로 내버려둔 채, 자신들은 좋은 집에서 살고 있다고 한탄한 것입니다(학 1:3~6). 영적 무관심이 시작되면, 하나님의 사명을 감당하려는 열정을 가지고 하나님을 기리는 성전을 짓는 일을 추구하는 것에서 안락함을 얻기 위해 불건전한 일을 추구하는 것으로 관심이 옮겨지게 마련입니다.

Q 영적 무관심을 보여 주는 징후는 무엇입니까?

Q 성경은 우리 삶에서 이루어지는 하나님의 부르심을 어떤 식으로 일깨워 주며, 우선순위를 재조정하는 데 어떤 역할을 합니까?

에스라 5장 3~5절에 기록된 유대인들을 향한 반대를 보면, 낙담하게 하는 말을 들을 때 하나님의 말씀에 친숙한 것이 얼마나 중요한지를 알게 됩니다. 대적의 말이 아닌 하나님의 말씀에 초점을 맞추는 훈련을 해야 합니다.

다리오왕에게 성전을 건축하는 자들의 명단이 보내진 위험한 상황에서도 하나님은 계속해서 신실하게 역사하셨습니다(5절, 다리오에게 간단한 서신이 전달되는 데 약 4~5개월이 걸렸습니다). 닷드내가 왕에게서 답장을 받기까지 성전 건축을 중단시킬 수도 있었지만, 에스라는 건축을 계속하게 하시는 하나님의 간섭하심을 강조했습니다.

Q 오늘날 세계에서 그리스도인들이 공통적으로 경험하는 반대에는 어떤 것들이 있을까요? 유독 우리 문화에서만 그리스도인들이 경험하는 반대에는 어떤 것들이 있나요?

Q 성경은 우리로 하여금 반대를 이겨낼 수 있도록 어떻게 힘을 줍니까?

3. 마음을 바꾸게 하시는 하나님을 찬양하십시오(스 6:13~22)

> 에스라 6장은 기념식에서 최고조를 이룹니다. 그전에 다리오왕은 총독들에게 이스라엘이 성전을 건축하는 것을 막지 말라고 명령했을 뿐만 아니라, 건축 비용을 왕실에서 지원하라고 명령했습니다. 유대인들의 일을 방해하려는 자들을 사전에 차단하려 한 것입니다. 하나님은 선지자들의 선포, 왕의 조서, 백성의 자원하는 마음을 통해 자기 뜻을 이루어 가셨습니다.

Leader

¹³다리오왕의 조서가 내리매 유브라데강 건너편 총독 닷드내와 스달보스내와 그들의 동관들이 신속히 준행하니라 ¹⁴유다 사람의 장로들이 선지자 학개와 잇도의 손자 스가랴의 권면을 따랐으므로 성전 건축하는 일이 형통한지라 이스라엘 하나님의 명령과 바사 왕 고레스와 다리오와 아닥사스다의 조서를 따라 성전을 건축하며 일을 끝내되 ¹⁵다리오왕 제육년 아달월 삼일에 성전 일을 끝내니라 ¹⁶이스라엘 자손과 제사장들과 레위 사람들과 기타 사로잡혔던 자의 자손이 즐거이 하나님의 성전 봉헌식을 행하니 ¹⁷하나님의 성전 봉헌식을 행할 때에 수소 백 마리와 숫양 이백 마리와 어린양 사백 마리를 드리고 또 이스라엘 지파의 수를 따라 숫염소 열두 마리로 이스라엘 전체를 위하여 속죄제를 드리고 ¹⁸제사장을 그 분반대로, 레위 사람을 그 순차대로 세워 예루살렘에서 하나님을 섬기게 하되 모세의 책에 기록된 대로 하게 하니라 ¹⁹사로잡혔던 자의 자손이 첫째 달 십사일에 유월절을 지키되 ²⁰제사장들과 레위 사람들이 일제히 몸을 정결하게 하여 다 정결하매 사로잡혔던 자들의 모든 자손과 자기 형제 제사장들과 자기를 위하여 유월절 양을 잡으니 ²¹사로잡혔다가 돌아온 이스라엘 자손과 자기 땅에 사는 이방 사람의 더러운 것으로부터 스스로를 구별한 모든 이스라엘 사람들에게 속하여 이스라엘의 하나님 여호와를 찾는 자들이 다 먹고 ²²즐거움으로 이레 동안 무교절을 지켰으니 이는 여호와께서 그들을 즐겁게

심화 주석 닷드내와 그의 바사인 동료들은 왕의 명령에 불순종하는 것이 얼마나 위험한 일인지 잘 알고 있었습니다. 성전 건축은 고레스, 다리오, 아닥사스다왕의 조서에 따라 실행되었습니다. …

구약의 율법에는 백성들이 기쁨으로 예배하고, 절기들을 기념해야 한다고 명시되어 있습니다(신 12:7, 12, 18; 16:11, 14). 첫 번째 성전 봉헌식 때 사람들이 기쁨으로 즐거워했던 것처럼(왕상 8:66), 그리고 히스기야 시대에 유월절을 회복하고 성전을 재봉헌하면서 기뻐했던 것처럼, 두 번째 성전 봉헌에 사람들은 기쁨으로 반응했습니다. …

첫 번째 성전이 파괴된 BC 586년의 재앙 이전에 행해졌던 제사가 두 번째 성전에서 온전하게 집행되었습니다. BC 515년 4월 21일경에 유월절을 기념했는데, 이것은 하나님의 백성이 자기들의 조상이 애굽에서 구원받은 것과 자기 자신들이 포로 생활에서 해방된 것을 기념하는 중대한 행사였을 것입니다. 구약의 법은 이방인이 할례를 받았다면, 그들도 유월절에 참여해 기념하게 했습니다(출 12:48~49). "스스로를 구별한"(스 6:21) 사람들에는 개종자가 포함되어 있었습니다. 그리고 포로로 끌려가지 않고, 그 땅에 남아서 계속 이스라엘의 하나님을 예배했던 사람들도 포함되어 있었습니다."[10]

_칼 R. 앤더슨
HCSB Study Bible

"사람은 무엇을 기념하는가에 따라 달라집니다. … 사람들의 마음은 자신이 필수적으로 여기는 것에 집중하는 행사나 조직에 끌리기 마련입니다."[13]

_에드 스테처

하시고 또 앗수르 왕의 마음을 그들에게로 돌려 이스라엘의 하나님이신 하나님의 성전 건축하는 손을 힘 있게 하도록 하셨음이었더라

BC 515년 3월 12일, 기념식이 시작되었습니다. 건축이 재개된 지 4년 만이고(학 1:15), 성전 재건이 시작된 지 20년 만이었습니다(스 3:8). BC 586년에 솔로몬 성전이 파괴된 후 정확히 70년이 지나고서야 두 번째 성전이 완공되었습니다.

성전을 완공하고 기념식을 드리는 것은 하나님 백성의 삶에서 매우 중요한 부분입니다. 하나님의 백성이 서로 교제하고, 예배하며, 하나님께 영광을 돌려드리는 행사이기 때문입니다. 이러한 행사를 통해 이스라엘 공동체는 결속을 다지고, 그들의 역사와 목적을 이해할 수 있었습니다.[11] 근본적으로 이러한 기념일들은 하나님의 백성이 여러 세대에 걸친 하나님의 구원 역사를 기억하는 데 도움이 되었습니다.

> **Leader**
>
> 창조주 하나님은 인간의 기억력이 얼마나 짧은지 잘 알고 계셨습니다. 그래서 여러 기념일과 하나님이 이스라엘과 함께하신다는 사실을 상기시키는 실제적인 것들을 제정하셨습니다. 예를 들어, 이스라엘 자손이 요단강을 건너자마자 하나님은 열두 지파에서 한 사람씩 뽑아 강바닥의 돌을 한 개씩 가져다가 그 강을 마른 상태로 건넜음을 기억할 수 있는 장소에 세워두라고 명령하셨습니다.
>
> "너희의 하나님 여호와께서 요단 물을 너희 앞에서 마르게 하사 너희를 건너게 하신 것이 너희의 하나님 여호와께서 우리 앞에 홍해를 말리시고 우리를 건너게 하심과 같았나니 이는 땅의 모든 백성에게 여호와의 손이 강하신 것을 알게 하며 너희가 너희의 하나님 여호와를 항상 경외하게 하려 하심이라 하라"(수 4:23~24).

Q 자신의 기념일에 기독교 신앙을 접목해 보려고 한 적이 있습니까?

Q 자신의 인생에서 하나님이 보여 주신 선하심의 증거로 어떤 것을 기념해 본 적이 있습니까?

> **Leader**
>
> 성전이 완공되자 봉헌식이 거행되었습니다(스 6:16~18). 첫 번째 봉헌식에서는 소 2만 2천 마리, 양과 염소 12만 마리를 제물로 바쳤는데(왕상 8:63), 이번 봉헌식에서는 수소 100마리, 숫양 200마리, 어린양 400마리, 숫염소 12마리가 제물로 바쳐졌습니다. 첫 번째 봉헌식에 비해 상대적으로 제물의 수가 적고 소규모였지만, 하나님이 보시기에는 이번 봉헌식도 첫 번째만큼이나 웅장했을 것입니다. 실제로 바벨론에서 돌아온 백성의 수가 적어 제물의 수가 백성의 수보다 훨씬 많

았습니다.[12] 여기서 중요한 것은 하나님이 제물보다는 죄를 회개하는 마음으로 하나님의 선하심을 기뻐하는 자기 백성에게 더 마음을 쓰신다는 사실입니다.

에스라 6장의 절정은 유월절을 다시 지키게 된 것입니다(스 6:19). 주님을 제대로 예배하면, 기념식을 통해서도 방관자들이 예배자가 되는 효과가 일어납니다. 21절은 바벨론에 붙잡혀 가지 않고 유다에 남아 살고 있던 유대인들이 있었음을 보여 줍니다. 이들은 하나님을 믿지 않는 비유대적 문화에 동화되어 있었습니다. 그러나 귀환한 백성들이 축하하며 열광하자 그들도 이스라엘의 한 분 참 하나님을 예배하기 위해 다시 돌아왔습니다.

유다에 남아 있던 유대인들이 "자기 땅에 사는 이방 사람의 더러운 것으로부터 스스로를 구별"하며 주님을 찾기 시작한 것입니다(21절). 귀환한 이스라엘 백성들은 성전 완공뿐 아니라 하나님이 다리오왕을 통해 이루신 변화와 방탕했던 이들이 하나님을 바르게 예배하게 된 것을 축하했습니다.

Q 기념행사는 복음 전도에 어떤 역할을 하나요?

결론

그리스도인은 하나님이 자기 계획을 성취하시리라는 진리를 신뢰할 수 있습니다. 하나님은 역경 가운데서도 자기 백성을 살리실 것입니다. 나아가 하나님은 반대에 부딪히거나 역경에 직면하는 일에서 물러나 계시는 분이 아닙니다. 그리스도께서는 만사에 성부 하나님께 순종할 때마다 유혹과 반대에 직면하셨습니다.

우리는 그리스도의 모범을 통해, 그리고 성령님의 능력에 의지해 우리가 처한 상황이 어떠하든지 하나님께 순종할 힘을 얻습니다. 하나님은 우리에게 대적이 어떤 말을 하든지 신경 쓰지 말고 계속해서 순종하며, 하나님이 우리의 믿음뿐 아니라 대적들의 마음까지 바꾸어 주실 것을 신뢰하라고 말씀하십니다.

"사자를 지켜 줘야 한다고 생각하는 사람들이 있다고 가정해 봅시다. 사자는 우리에 갇혀 있고, 사람들은 사자를 지키기 위해 싸울 준비를 합니다. 내가 그들에게 제안할 수 있는 것은 살며시 뒤로 물러나 문을 열고 사자가 나가도록 해 주라는 것입니다. 그것이 사자를 지키는 최선의 방법이라고 믿기 때문입니다. 그리고 복음을 위한 최선의 '변호'는 복음을 놓아 풀어 주는 것입니다."[14]
_찰스 스펄전

그리스도와의 연결
순종함으로 하나님께 예배드리려는 하나님의 백성이 반대에 직면했듯이 예수님도 만사에 성부 하나님께 순종할 때마다 유혹과 반대에 직면하셨습니다. 예수님이 인내하며 사역하신 데서, 우리도 어떠한 상황에서도 하나님께 순종할 힘을 얻습니다.

하나님의 계획 우리의 사명

선교적 적용　하나님은 우리가 대적이 어떤 말을 하든지 상관없이 계속해서 순종하며, 하나님이 우리 믿음과 주님께 대적하는 자들의 마음과 생각을 바꾸어 주실 것을 신뢰하라고 말씀하십니다.

1. 지역 사회나 세상에서 반대에 직면했을 때, 어떻게 하면 교회/공동체가 서로 돕도록 지원할 수 있을까요?

2. 반대와 저항에 직면하는 가운데서도 그리스도를 세상에 잘 드러내기 위해 어떻게 해야 할까요(참조, 벧전 3:8~18)?

3. 사람들을 주님께로 이끄는 방식으로 역사하시는 하나님의 사역 기준을 어떻게 기념할 수 있을까요?

금주의 성경 읽기
전 7~12장;
왕상 10~11장;
대하 9장;
잠 30~31장

Summary and Goal

이 세션에서는 에스더 이야기의 앞부분을 살펴볼 것입니다. 에스더를 통해 우리는 하나님의 섭리가 보이지 않는 상황에서도 하나님을 찾는 법을 배우게 될 것입니다. 또한 세상을 위한 하나님의 주권적인 계획에서 우리도 어떤 역할을 감당하고 있음을 깨닫게 될 것입니다. 그래서 어떤 대가를 치르더라도 하나님을 따르는 위험을 감수하는 용기를 얻게 될 것입니다. 하나님의 백성으로서 우리는 하나님이 우리를 어떻게 쓰고자 하시는지 그 목적을 발견하고 성취해야만 합니다. 하나님은 땅끝까지 구원을 펼치시는 자신의 위대한 계획에 우리가 동참하기를 원하십니다.

이때를 위함이 아닌가

7

● **성경 본문**
에스더 4장

● **세션 포인트**
1. 하나님이 숨어 버리신 것처럼 느껴질 때도 하나님을 구하십시오(에 4:1~7)
2. 하나님의 주권적 계획에 나의 역할도 있음을 아십시오(에 4:8~14)
3. 쓰임받기에 필요한 위기라면 감수하십시오(에 4:15~17)

● **신학적 주제**
하나님은 우리 눈에 보이지 않으실지라도 자기 계획을 이루고 계십니다.

● **그리스도와의 연결**
유대인을 모두 죽이라는 명령은 아브라함의 복을 세상에 전할 왕이신 메시아가 오시리라는 하나님의 약속 성취에 위협이 되었습니다. 에스더 이야기에서 하나님의 간섭하심이 보이지 않는 것 같아도, 하나님은 자기 백성을 구하고, 자기 아들이 올 수 있는 기초를 마련하는 계획을 수립하고 실행하면서 역사하고 계셨습니다.

● **선교적 적용**
하나님은 땅끝까지 구원을 이루실 주님의 위대한 계획 속에서 우리의 목적을 발견하고 성취하라고 말씀하십니다.

Session Plan

도입

비극적인 일이나 실패나 슬픔이 닥쳤을 때, 하나님의 선하심에 의문을 제기하는 우리의 모습을 솔직하게 나누면서 이 세션을 시작하십시오.

하나님이 이 세상을 돌보며 도우신다는 것을 의심하게 만들었던 비극적인 사건에는 어떤 것들이 있습니까?

어떤 상황에서 그런 의심을 하게 되었습니까?

에스더서에서 하나님의 백성이 직면했던 억압적인 상황과 하나님의 성품에 의문을 제기하는 경향을 연결해 이 세션을 요약해 주십시오.

전개

1
하나님이 숨어 버리신 것처럼 느껴질 때도 하나님을 구하십시오
(에 4:1~7)

바사 제국 시대에 에스더가 자신의 배경과 유대인이라는 정체성을 숨겨야만 했던 이유를 설명해 주십시오. 유대인들을 미워해 음모를 꾸몄던 하만에 주목하게 하십시오. 그리고 나서 에스더 4장 1~7절을 읽으십시오. 파멸이 확실시되는 상황임에도 불구하고, 모르드개와 에스더와 유대인들이 하나님의 계획에서 어떤 역할을 했는지 설명해 주십시오.

주님이 안 계신 것처럼 보이는 상황에서도 하나님의 백성이 하나님을 찾고 있음을 보여주는 징후는 무엇입니까?

버려진 것처럼 느껴질 때조차 하나님을 찾는 노력은 무엇을 의미합니까?

삶을 압도하는 혼란스럽고 힘든 상황 속에서도 자신이 혼자가 아니며 하나님이 함께 계심을 믿는 것이 구체적으로 어떤 것인지 에스더가 우리에게 보여 주고 있음을 이야기해 주십시오.

에스더의 삶은 어떤 면에서 오늘날 그리스도인의 삶과 닮았습니까?

2
하나님의 주권적 계획에 나의 역할도 있음을 아십시오
(에 4:8~14)

에스더 4장 8~14절을 읽으십시오. 에스더와 모르드개가 그 지위를 우연히 획득한 것이 아니라는 것을 강조하면서 이야기의 줄거리를 설명해 주십시오. 그리고 나서 약속된 메시아가 오실 가능성 또한 위기에 처했음을 지적해 주십시오.

역사 속에서 자기 상황이나 지위로 세상을 변화시켰던 인물들을 찾아봅시다.

하나님의 뜻을 이루기 위해 바로 '이때' 그 자리에 있음을 느껴 본 적이 있습니까?

자기 백성을 보존하겠다는 하나님의 약속이 에스더의 손에 달려 있는 것은 아니었지만, 그녀가 기꺼이 행동했다는 사실을 명확히 설명해 주십시오. 하나님은 우리를 하나님 나라를 위해 쓰려고 우리 삶에 일어나는 여러 가지 사건을 이용해 준비시키시고, 우리를 특별한 상황과 지위에 두기도 하신다는 진리를 가지고 격려해 주십시오.

당신의 과거 상황과 현재 위치는 하나님께 영광을 돌리는 데 어떤 역할을 합니까?

하나님은 당신이 주님을 더 잘 섬기게 하기 위해 당신의 과거 가운데 어떤 면을 사용하셨나요?

자원자에게 에스더 4장 15~17절을 읽게 하십시오. 에스더가 자기 생명을 걸고 믿음으로 행동했다는 사실을 지적해 주십시오. 하나님은 자기 계획을 이루시기 위해 우리를 사용하고자 하신다는 사실을 설명해 주십시오. 부록 4: '믿음의 승리'에서 에스더의 위치에 주목하십시오. 요셉, 모세, 다윗처럼 하나님을 믿는 믿음을 위해 모든 것을 걸었던 성경의 인물들을 떠올려 보게 하십시오.

3
쓰임받기에 필요한 위기라면 감당하십시오
(에 4:15~17)

그리스도를 따르기 위해 위험을 감수했던 사람들의 이야기를 찾아봅시다.

하나님이 명령하신 일로 인해 평안했던 삶이 위태로워졌던 적이 있습니까?

결론

다음 세션에서는 에스더와 모르드개에게 일어난 일을 살펴볼 것임을 알려 주십시오. 부록 1: '포로와 귀환에서 예수님 바라보기'에 있는 에스더를 언급하면서, 에스더 이야기를 쓰신 작가는 훗날 때가 차매 '이때'를 위해, 세상을 구원하기 위해 목숨을 바칠 자기 아들을 보내신 바로 그분, 하나님이심을 강조해 주십시오. 이 세션에서 배운 진리를 '하나님의 계획, 우리의 사명'에서 적용해 보십시오.

Session Content

7. 이때를 위함이 아닌가

크세르크세스

부림절 사건의 시기: BC 483~473년

크세르크세스(히브리어 이름인 아하수에로의 헬라식 이름)는 페르시아(바사) 제국의 황제로 BC 486~464년에 통치했습니다. 당시 크세르크세스의 제국은 3개 대륙(유럽, 아시아, 아프리카)에 뻗어 있었고, 751만km²에 이르렀으며, 인구는 당시 세계 인구의 44% 정도 되는 5000만 명에 달했습니다. 그는 〈왕과 함께한 하룻밤〉(One Night with the King), 〈300〉 등을 포함해 수많은 영화, 연극, 뮤지컬 작품에서 묘사되었는데, 폭력적이고 자기도취적이며 변덕스러운 사람으로 알려져 있습니다. 이 사람이 바로 에스더가 결혼한 남자였습니다.

도입

하나님이 계시지 않은 것처럼 느껴졌던 때가 있습니까? 하나님의 음성이 들리지 않았던 때가 있습니까? 주님을 필요로 할 때, 주님이 나를 버리시거나 잊으신 것처럼 느껴졌던 때는 없습니까? 비극적인 일이나 실패나 슬픔이 닥쳤을 때, 하나님의 선하심에 의문을 가져본 적은 없나요?

> **Leader**
> 살다 보면 때때로 하나님이 정말 계신지 의문이 들 때가 있습니다. 과거의 경험, 감정적인 혼란, 신학적인 의문들, 어려운 상황 등이 하나님을 이해하기 힘든 분으로 만듭니다.

뉴스만 봐도 과연 하나님이 여전히 역사하시며 세상을 다스리고 계신 것인지 의문이 들 수 있습니다. 뉴스 속 세상에는 학대, 빈곤, 억압, 불의가 가득하기 때문입니다. 그 속에서 하나님을 찾을 수 없다고 생각할 수 있습니다.

Q 하나님이 이 세상을 돌보며 도우신다는 것을 의심하게 만들었던 비극적인 사건에는 어떤 것들이 있습니까?

Q 어떤 상황에서 그런 의심을 하게 되었습니까?

> **Leader**
> 수천 년 전에 기록된 에스더서는 오늘날 고통받고 있는 사람들이 품고 있는 동일한 질문을 제기하면서 하나님의 백성이 억압받으며 살았던 때의 이야기를 들려줍니다. 그 이야기는 할리우드 영화의 모든 요소, 즉 정치적 음모, 폭력, 섹스 그리고 결국에는 이길 가능성이 없는 약자가 모든 역경을 극복해 '승리'하는 내용을 포함하고 있습니다. 하지만 에스더서는 단순한 역사적 교훈 그 이상을 전합니다. 하나님이 계시지 않는 것처럼 보이는 상황에서도 하나님은 자기 백성을 돌보고 계신다는 사실을 일깨워 줍니다.

Session Summary

이 세션에서는 에스더 이야기의 앞부분을 살펴볼 것입니다. 에스더를 통해 우리는 하나님의 섭리가 보이지 않는 상황에서도 하나님을 찾는 법을 배우게 될 것입니다. 또한 세상을 위한 하나님의 주권적인 계획에서 우리도 어떤 역할을 감당하고 있음을 깨닫게 될 것입니다. 그래서 어떤 대가를 치르더라도 하나님을 따르는 위험을 감수하는 용기를 얻게 될 것입니다. 하나님의 백성으로서 우리는 하나님이 우리를 어떻게 쓰고자 하시는지 그 목적을 발견하고 성취해야만 합니다. 하나님은 땅끝까지 구원을 펼치시는 자신의 위대한 계획에 우리가 동참하기를 원하십니다.

전개

1. 하나님이 숨어 버리신 것처럼 느껴질 때도 하나님을 구하십시오(에 4:1~7)

> 지난 세션들에서 우리는 앗수르 제국과 바벨론 제국이 어떻게 하나님의 백성을 포로로 잡아갔는지 살펴봤습니다. 이제 바사 제국이 전 세계를 다스리게 되었습니다. 이로써 하나님의 백성은 유대인의 정체성을 유지하기가 더욱 어려워졌습니다. 이 시대에 많은 유대인이 자기 신앙에 의문을 제기하거나 신앙을 버렸습니다. 하지만 하나님은 자기 백성의 남은 자들을 보존하겠다고 분명히 약속하셨습니다. 그래서 신실한 유대인들은 그들의 신앙을 새로운 세대의 자녀들에게 전수했습니다.

에스더는 고아였습니다. 사촌 오빠인 모르드개가 그녀를 키웠습니다. 불우한 가정사에 이민 가정에서 자란 탓에 인종적, 종교적, 문화적으로 소수 집단에 속할 수밖에 없었습니다. 당시는 유대인들에게 비호의적인 문화가 지배적이었기 때문에 모르드개는 에스더의 배경과 정체성을 숨길 필요가 있었습니다(에 2:10). 에스더는 외부인이 된다는 것이 무엇을 의미하는지 잘 알고 있었습니다.

모르드개는 에스더를 궁으로 데려갔습니다. 어리고 고운 외모를 가진 그녀는 난폭한 남자와 억지로 결혼을 하게 되었습니다. 아하수에로왕은 세상에서 가장 강력한 통치자였고, 신랑 신부의 나이 차이가 컸으므로 아하수에로와 에스더의 관계는 하늘과 땅과 같았습니다.

> "하나님의 은혜로 용기를 얻은 많은 여성이 영웅적인 일을 성취해 내곤 했습니다. … 에스더는 위험을 무릅쓰고 절대 군주에게 간청했고, 그는 그녀의 영혼에 온유함이 깃든 것을 보고, 그녀의 부탁대로 백성들을 구해 주었습니다."[1]
>
> _로마의 클레멘트

심화 주석 구약성경 전체에서 하나님은 죄의 저주를 깨뜨려 죄인을 주님과 화해시키시고, 세상 모든 사람에게 복을 주시고, 선하고 공의롭고 영원한 나라를 세우시며, 깨어진 세상을 회복시킬 메시아/구원자/구세주를 일으키실 것을 약속하셨습니다. 아담, 노아, 아브라함, 모세, 다윗에게 하셨던 바로 그 약속입니다. 그에 따르면, 메시아는 이스라엘을 통해서만 올 수 있습니다. 사탄이 하나님의 구원 계획을 무너뜨리는 가장 확실한 방법은 메시아가 태어날 가능성을 제거하는 것입니다.

에스더 이야기는 사탄이 하나님의 구원 계획을 좌절시키려 한 최초의 사건이 아닙니다. 아하수에로보다 수백 년 전에, 애굽의 바로는 모든 이스라엘 남자아이를 죽임으로써 유대인들을 대량 학살하려고 했습니다. 아하수에로보다 수백 년 후에, 팔레스타인의 헤롯왕은 막 태어난 메시아, 예수님을 죽이기 위해 베들레헴에서 태어난 수많은 남자 아기를 죽였습니다. 에스더서에는 사탄이 명백하게 언급되진 않지만, 하나님의 약속과 계획을 무너뜨리기 위해 무대 뒤에서 음흉하게 계획을 세우는 사탄을 볼 수 있습니다.

심화 주석 왕의 조서에 관한 모르드개의 반응은 그의 문화에서는 전형적인 모습이었습니다. … 모든 사람이 그가 우는 모습을 봤고, 그의 슬픔을 알았습니다. 그가 "크게 애통하여 … 울며 부르짖"(스 4:3, 문자적으로, '큰 울음으로 크게 울다')었기 때문입니다. '울부짖다'(히브리어로 '자아크')라는 단어는 구약성경에서 불의(창 18:20)나 개인적인 비극(삼하 13:19)이나 국가적 비극(겔 9:8)으로 가슴이 미어지게 울부짖는 것을 묘사하는 데 자주 사용되었습니다. 모르드개는 굵은 베옷을 입고 통곡하여 대궐 문에 들어가지 못했고, 왕의 관심도 받지 못했습니다. 그러나 에스더의 관심은 얻을 수 있었습니다(에 4:4). 애통하는 자가 왕궁에 들어오는 것을 금하는 법을 고대 자료에서 찾을 수는 없습니다. 그러나 느헤미야는 왕이 "어찌하여 얼굴에 수심이 있느냐"라고 물었을 때 그가 "크게 두려워"(느 2:2)했다고 말합니다. 모르드개는 혼자만 슬퍼한 것이 아니었습니다. 각지의 유대인들이 크게 애통하며 굵은 베옷을 입고 재에 누웠습니다. 여러 면에서 모르드개는 유대인 전체를 상징하는 모범이었습니다.[2]

_ 칼 R. 앤더슨
HCSB Study Bible

왕의 측근 중 하나인 하만은 모르드개를 미워했습니다. 그로 인해 유대인들까지 미워하게 되었는데, 유대인의 문화와 민족성과 종교적 신념을 싫어했습니다. 하만은 왕에게 바사의 문화에 완전히 동화되기를 거부하는 일부 유대인이 바사 제국에 위협이 된다고 말했습니다. 그는 왕과 가까운 관계를 이용해 바사 제국 전역에 사는 유대인들을 진멸하라는 조서에 왕의 반지를 찍도록 왕을 부추겼습니다. 정해진 날이 되면, 바사의 군대와 시민들이 각지의 유대인들을 죽이는 데 동원될 것입니다(에 3:8~13).

¹모르드개가 이 모든 일을 알고 자기의 옷을 찢고 굵은 베옷을 입고 재를 뒤집어쓰고 성중에 나가서 대성통곡하며 ²대궐 문 앞까지 이르렀으니 굵은 베옷을 입은 자는 대궐 문에 들어가지 못함이라 ³왕의 명령과 조서가 각 지방에 이르매 유다인이 크게 애통하여 금식하며 울며 부르짖고 굵은 베옷을 입고 재에 누운 자가 무수하더라 ⁴에스더의 시녀와 내시가 나아와 전하니 왕후가 매우 근심하여 입을 의복을 모르드개에게 보내어 그 굵은 베옷을 벗기고자 하나 모르드개가 받지 아니하는지라 ⁵에스더가 왕의 어명으로 자기에게 가까이 있는 내시 하닥을 불러 명령하여 모르드개에게 가서 이것이 무슨 일이며 무엇 때문인가 알아보라 하매 ⁶하닥이 대궐 문 앞 성 중 광장에 있는 모르드개에게 이르니 ⁷모르드개가 자기가 당한 모든 일과 하만이 유다인을 멸하려고 왕의 금고에 바치기로 한 은의 정확한 액수를 하닥에게 말하고

모르드개와 에스더를 비롯한 유대인들은 파멸에 직면했습니다. 빠져나갈 수도 없고, 상황이 달라질 기미도 보이지 않았습니다. 그들은 자신과 유대인들을 위해 비통해하며 고뇌했습니다. 그러나 하나님은 그들을 위한 계획을 가지고 계셨고, 그들 모두 그 계획을 위해 해야 할 역할이 있었습니다.

> **Leader**
>
> 모르드개가 유대인들을 진멸하라는 왕의 명령에 관한 소식을 들었을 때, 어떤 기분이었을까요? 성경은 위기, 고통, 슬픔, 두려움에 관해 얼버무리지 않습니다. 모르드개는 믿음의 사람이었으므로 그와 그 백성이 처한 위험한 상황을 외면하지 않았습니다. 대학살에 관한 소식이 퍼지기 시작했고, 바사 전역에 있던 유대인들은 엄청난 위험이 다가오고 있음을 깨달았습니다.
>
> 바사 제국의 수도 수산 근처에 사는 유대인들은 이스라엘에 가 본 적이 없을 가능성이 높습니다. 그들은 성전을 본 적도 없고, 약속의 땅에 발을 디뎌 본 적도 없었습니다. 하지만 신실한 믿음의 사람들은 하나님을 향한 신앙을 지키려고 했습니다. 이러한 상황에서 하나님의 백성은 자신들이 바라봐야 할 곳이 어디인지 알

:..... 고 있었습니다. 그들은 "크게 애통하여 금식하며 울며 부르짖었습니다"(3절).

'기도'나 '하나님'이란 말이 구체적으로 언급되지는 않았지만, 유대인
들은 주님을 바라봤습니다. 하나님을 찾고 신뢰하기 어려운 상황이었음에
도 모르드개와 신실한 백성들은 하나님을 바라보고 그분께 도움을 구했
습니다.

Q 주님이 안 계신 것처럼 보이는 상황에서도 하나님의 백성이 하나님을 찾고 있
음을 보여주는 징후는 무엇입니까?

Q 버려진 것처럼 느껴질 때조차 하나님을 찾는 노력은 무엇을 의미합니까?

아마도 끔찍한 상황에 압도되거나 비탄에 빠져 본 적이 있을 것입니
다. 하나님의 일하심을 볼 수 없을 때, 하나님이 우리에게 관심이 있기는 하
신 건지 의심이 들 수 있습니다. 그러나 하나님은 바로 거기에 계십니다. 의
심에 사로잡혀 있기보다는 하나님의 임재를 더욱 신뢰하는 편이 현명합니
다. 하나님이 숨어 버리신 것 같을 때조차 우리는 우리가 가진 작은 믿음이
라도 붙잡아야 하며, 위대하신 하나님이 거기에 계심을 믿고 부르짖어야
합니다.

> 에스더서는 명시적으로 신학적인 내용으로 분류할 것이 거의 없습니다. 이야기
> 는 복잡하게 얽혀 있고, 하나님의 이름도 언급되지 않았습니다. 기도, 율법, 성전,
> 천사에 관한 명백한 언급도 없습니다. 하나님이 보여 주시는 환상을 본 사람도
> 없습니다. 극적이고 초자연적인 기적도 없습니다. 에스더는 다른 성경 어디에서
> 도 언급된 적이 없고, 다른 성경 저자가 에스더서를 인용한 적도 없습니다.
>
> 그럼에도 불구하고, 에스더서는 하나님이 '무대 뒤에서' 일하고 계시는 그때에도,
> 하나님은 여전히 자기 약속을 지키시는 분이라는 중요한 통찰력을 우리에게 줍
> 니다. 에스더서의 저자는 능숙하게 이야기를 엮어서 한 번도 명백하게 언급되지
> 않은 하나님이 모든 장면, 모든 지면에 존재하게 했습니다. 하나님은 '숨어' 계실
> 지 모르지만, 분명히 거기에 계십니다.

에스더의 삶은 여러 면에서 우리 삶과 닮았습니다. 우리 삶에서는 아
브라함이나 모세가 하나님을 만난 기적 같은 일은 짐작하기도 어렵습니다.
엘리야처럼 하늘에서 떨어지는 불을 본 적도 없습니다. 다윗처럼 전투에
서 거인을 죽여 본 적도 없습니다. 하지만 우리 가운데 많은 사람이 에스더
처럼 소외된 듯한 기분을 느껴 본 적이 있습니다. 일부는 학대받고 천대받
은 적이 있습니다. 대부분은 하나님이 우리를 위해 정말 오실 것인지 의심

*"그리스도를 모르는 사람은 고난
중에 숨어 계시는 하나님을 알지
못합니다. 하나님은 오직 고난과
십자가에서만 찾을 수 있습니다."[3]*
_마르틴 루터

*"하나님의 손길을 더듬어 찾지
못하는 곳에서도 우리는 하나님의
마음을 신뢰할 수 있습니다."[4]*
_아드리안 로저스

심화토론

• 비극적인 상황에서 슬퍼하고 한탄
하는 것이 적절한 반응인 이유는
무엇일까요?
• 위기 중에 있을 때, 하나님을 부인
하지 않고 여전히 신뢰하고 있음을
어떻게 보여 줄 수 있을까요?

The Gospel Project

심화 주석 모르드개의 주장에는 세 가지 줄기가 있습니다.

1) 에스더도 조서로 인해 죽임을 당하는 것을 피할 수 없으므로 그녀의 생명도 위험한 상황입니다.

2) 모르드개는 하나님이 자기 백성이 멸절되는 것을 허락하지 않으신다는 확신을 드러냅니다. 에스더가 거부하더라도 하나님은 유대 백성을 구원할 다른 방법을 찾으실 것입니다. 그러나 에스더와 그녀의 가족은 멸망할 것입니다. 하나님의 인도하심을 거절한다면 결국 자기 목숨도 잃게 된다는 것입니다.

3) 에스더의 결정은 결과에 지대한 영향을 미칠 것입니다. 지금이 그녀의 인생에서 가장 중요한 시점입니다.

모르드개가 어떻게 이런 확신을 가지게 되었는지는 드러나지 않지만, 그는 자신이 믿는 하나님이 개개인의 삶을 인도하시는 분이며, 권세를 가진 사람이 하나님을 인정하든 하지 않든 세상의 정치적 사건들을 조정하시는 분임을 믿는다는 사실을 드러냈습니다. 물론 이것은 이스라엘 선지자들이 계속해서 선언해 왔던 것입니다(참조, 사 10:8; 45:1; 렘 1:15; 겔 7:24). BC 538년에 바벨론에서 예루살렘으로 귀환한 사건이나 그 후의 여러 사건의 관점에서 볼 때, 그리 놀라운 일은 아닙니다. 유대인들은 구원의 역사 속에서 인도하고 보호하시는 하나님의 손길을 경험해 왔습니다.[5]

_조이스 볼드윈

하곤 합니다.

우리는 엉망진창인 세상에서 살고 있고, 많은 사람이 골치 아픈 삶을 살아가고 있습니다. 에스더는 혼란스럽고 힘들고 저항하기 힘든 상황 가운데서도 자신이 혼자가 아니라는 사실을 믿는 것이 어떤 것인지를 보여 줍니다. 하나님은 능력과 계획을 갖고 계시며, 우리는 해야 할 역할이 있습니다.

Q 에스더의 삶은 어떤 면에서 오늘날 그리스도인의 삶과 닮았습니까?

2. 하나님의 주권적 계획에 나의 역할도 있음을 아십시오
(에 4:8~14)

> **Leader** 이야기가 계속됩니다. 이제 모르드개는 에스더가 자기 백성을 보호하기 위해 왕비의 지위를 활용할 것을 기대합니다. 모르드개는 자기 백성을 보존하시는 하나님의 계획에서 자신의 역할을 깨달았고, 에스더도 자신에게 주어진 역할이 있음을 깨달았습니다.

[8]또 유다인을 진멸하라고 수산 궁에서 내린 조서 초본을 하닥에게 주어 에스더에게 보여 알게 하고 또 그에게 부탁하여 왕에게 나아가서 그 앞에서 자기 민족을 위하여 간절히 구하라 하니 [9]하닥이 돌아와 모르드개의 말을 에스더에게 알리매 [10]에스더가 하닥에게 이르되 너는 모르드개에게 전하기를 [11]왕의 신하들과 왕의 각 지방 백성이 다 알거니와 남녀를 막론하고 부름을 받지 아니하고 안뜰에 들어가서 왕에게 나가면 오직 죽이는 법이요 왕이 그자에게 금 규를 내밀어야 살 것이라 이제 내가 부름을 입어 왕에게 나가지 못한 지가 이미 삼십 일이라 하라 하니라 [12]그가 에스더의 말을 모르드개에게 전하매 [13]모르드개가 그를 시켜 에스더에게 회답하되 너는 왕궁에 있으니 모든 유다인 중에 홀로 목숨을 건지리라 생각하지 말라 [14]이때에 네가 만일 잠잠하여 말이 없으면 유다인은 다른 데로 말미암아 놓임과 구원을 얻으려니와 너와 네 아버지 집은 멸망하리라 네가 왕후의 자리를 얻은 것이 이때를 위함이 아닌지 누가 알겠느냐 하니

> **Leader** 에스더서의 배후에는 하나님의 계획과 하나님의 백성을 위해 역사하시는 하나님의 주권적인 뜻이 흐르고 있습니다. 성경 전체에서 하나님의 목적을 이루려는 사람의 의미 있는 선택을 통해 하나님이 주권적으로 일하심을 볼 수 있습니다.

102

에스더 이야기가 그리는 포물선은 에스더와 모르드개가 정치적 권력에 접근할 수 있는 지위를 우연히 얻은 것이 아님을 보여 줍니다. 하나님이 뜻 가운데 그들을 거기 두셨던 것입니다. 그러나 하나님이 에스더를 선택해 바사 제국의 왕비로 세우시긴 했지만, 에스더 자신이 하나님의 계획에서 자기 역할을 감당하기 위해 믿음과 용기를 내는 결단을 해야만 했습니다.

지금이 바로 그녀 인생의 '결정적 순간'이며, 그 선택은 그녀가 상상할 수도 없는 엄청난 결과를 가져올 것입니다. 에스더의 목숨만이 아니라 각 지방에 있는 유대인의 운명이 위태로운 상황이었습니다. 더 심각한 문제는 약속된 메시아의 탄생 여부가 불확실해졌다는 것입니다. 14절에서 모르드개가 상황의 중요성을 도발적인 말로 분명하게 지적했습니다. "네가 왕후의 자리를 얻은 것이 이때를 위함이 아닌지 누가 알겠느냐?"

Q 역사 속에서 자기 상황이나 지위로 세상을 변화시켰던 인물들을 찾아봅시다.

Q 하나님의 뜻을 이루기 위해 바로 '이때' 그 자리에 있음을 느껴 본 적이 있습니까?

> **Leader**

에스더가 이 테스트를 통과하지 못했다면 어떤 일이 벌어졌을까요? 에스더의 불순종이 자기 백성을 위한 구원 계획을 실행하시는 하나님의 능력과 계획에 심각한 타격을 입혔을까요? 그렇지는 않습니다. 왜냐하면 자기 백성을 보존하시는 하나님의 약속은 에스더에 의존하는 것이 아니기 때문입니다. 이것이 바로 모르드개가 에스더가 자원하지 않는다고 하면, 또 다른 방법을 하나님이 사용하실 것이라고 믿었던 이유입니다. 그러나 다행히 에스더는 물러서지 않았습니다. 에스더는 테스트를 통과했고, 하나님은 그녀를 자신의 계획에 사용하셨습니다.

자신을 하찮게 느껴 본 적이 있습니까? 하나님이 과연 나를 써 주실지 의심해 본 적이 있습니까? 에스더가 그랬을 것입니다. 그러나 하나님은 그녀의 삶에 일어난 사건들을 세심히 조율하셨습니다. 슬프고 비극적이고 끔찍하기까지 한 순간들조차 사용하셨습니다. 그리하여 에스더는 하나님의 뜻을 이루기 위해 변화를 가져올 자리에 서게 되었습니다.

성경은 하나님이 우리 삶의 모든 영역에서 그와 똑같이 일하고 계신다고 말합니다. 하나님은 우리 삶에 일어나는 사건들, 심지어 힘들고 아픈 부분들까지도 엮어서 우리를 준비시키시고, 하나님 나라를 위해 쓰임받는 자리에 두십니다. 그러나 정말로 중요한 선택은 스스로 해야 합니다. 인생

핵심교리 99 / 28. 하나님의 섭리

'하나님의 섭리'란 하나님이 피조 세계에서 계속해서 역사하시고 개입하시는 것을 가리킵니다. 하나님은 창조 질서의 보존, 주권적 통치, 자기 백성을 돌보심 등 다방면에서 섭리하십니다(골 1:17; 히 1:3; 창 8:21~22). 그리스도인은 세상과 우주의 운행이 하나님의 뜻에 달려 있으며, 하나님 없이는 존재할 수 없다고 믿습니다. 또한 하나님이 피조 세계에 간섭하지 않으신다는 세상 이론과 달리, 하나님이 세상에 친히 개입하신다고 믿습니다. 자연 질서뿐 아니라, 개개인과 역사의 사건들에도 영향을 미치신다고 믿는 것입니다.

"결코 죽지 않는 왕은 예수님이십니다. 에스더처럼 역사의 바로 그 순간, 곧 '이때'를 위해 또는 사도 바울이 '때가 차매'라고 한 것처럼(갈 4:4), 바로 그 순간에 살아나셨습니다(롬 5:6; 갈 4:4)."[6]
_엘리제 피츠패트릭

심화 주석 에스더는 왕에게 나아가기 전에 3일 금식을 결단하며 모르드개에게도 다른 유대인들과 함께 자신을 위해 금식에 동참할 것을 요구합니다. 그녀가 주도적으로 무언가를 요구하는 모습을 보인 것은 이번이 처음입니다. 에스더에게는 자신이 하나님의 백성이라는 사실을 밝히는 바로 이때가 그녀 인생의 결정적 순간이기 때문입니다.

에스더서 저자가 하나님, 언약, 기도 등과 같은 유대인의 종교적 행위에 관해 철저하게 침묵하는 것은 하나님의 섭리적 메시지, 심지어 이방 사람들의 일상적인 결정을 통해서도 일하시는 하나님의 능력을 강조하기 위한 의도적인 선택인 것 같습니다. 하나님의 언약 백성이라는 자기 정체성을 드러내려는 에스더의 결정은 모든 세대에서 따라야 할 모범입니다. 저자는 그녀의 결정으로 일어난 모든 좋은 일들을 보여 줌으로써 독자로 하여금 하나님과의 관계를 다시금 생각해 보게 합니다.[7]

_캐런 좁스
NIV Zondervan Study Bible_

의 결정적인 순간을 순종하는 마음으로 신실하게 붙잡고자 결단한다면, 상상을 초월하는 파급 효과와 결과를 얻게 될 것입니다.

Q 당신의 과거 상황과 현재 위치는 하나님께 영광을 돌리는 데 어떤 역할을 합니까?

Q 하나님은 당신이 주님을 더 잘 섬기게 하기 위해 당신의 과거 가운데 어떤 면을 사용하셨나요?

3. 쓰임받기에 필요한 위기라면 감수하십시오(에 4:15~17)

> 에스더는 어떤 선택을 했습니까? 그녀는 모르드개에게 다음과 같은 답변을 보냈습니다.

[15]에스더가 모르드개에게 회답하여 이르되 [16]당신은 가서 수산에 있는 유다인을 다 모으고 나를 위하여 금식하되 밤낮 삼 일을 먹지도 말고 마시지도 마소서 나도 나의 시녀와 더불어 이렇게 금식한 후에 규례를 어기고 왕에게 나아가리니 죽으면 죽으리이다 하니라 [17]모르드개가 가서 에스더가 명령한 대로 다 행하니라

> 에스더에게는 하나님이 자기를 버렸다고 생각할 수 있는 많은 이유가 있었습니다. 그녀는 자신의 민족적, 문화적 정체성을 숨겨야 하는 이민자였고, 나이 많은 사촌을 가장 가까운 친척으로 가진 고아였으며, 참을성 없는 이교도 왕의 젊고 비밀스러운 유대인 아내였습니다. 에스더처럼 어린 소녀들이 고통스러운 상황에서 자기 신앙을 지키기 위해 애쓰는 모습을 볼 수 있습니다. 에스더의 관점에서 보면, 하나님은 확실히 숨어 계신 것만 같습니다.

에스더는 자기 백성을 위해 모든 위험을 감수했습니다. 우리는 하나님의 백성은 늘 승리한다고 생각합니다.

> 다윗은 위험을 감수했기에 하나님이 그를 도우셔서 골리앗을 이길 수 있었습니다. 엘리야도 생명을 걸었기에 하나님이 나타나셔서 바알의 거짓 선지자들을 부끄럽게 하셨습니다. 삼손, 여호사밧, 다니엘, 드보라, 기드온 등 수많은 위대한 성경 인물들이 위험을 감수했습니다. 그리고 그들 모두 승리자가 되었습니다.

우리는 하나님이 그렇게 하신 것을 알고 난 후에야 그런 이야기를 하는 것을 좋아합니다. 하지만 그 사람들이 직면했던 실제 상황은 어떻습니까? 그들은 이야기의 끝을 모른 채 싸웠습니다. 두려움, 의심, 흔들리는 믿음, 돌아가고 싶은 충동 등 이러한 감정은 오늘날 우리가 느끼는 것처럼 그들에게도 있었습니다.

그러나 하나님께 모든 것을 걸었다면, 즉 어떤 대가를 치르더라도 하나님을 믿고 따르기로 결단했다면, 모든 것을 잃을 수도 있다는 것 또한 받아들여야 합니다.

> 우리는 성경에서 돌에 맞아 순교한 스데반 집사, 무시와 소외와 죽임까지 당했던 선지자들, 박해받아 감옥에 가고 순교했던 제자들, 그리고 십자가에 달려 죽으신 예수님을 보게 됩니다.

에스더처럼 많은 사람이 힘든 일을 겪었습니다. 어떤 이들은 비극적인 사건에 휘말리기도 했습니다. 또 어떤 이들은 어리석은 선택의 결과를 평생 짊어지고 살아야 합니다. 그러나 하나님은 우리가 가진 모든 것을 받으시고, 모든 것에서 구원해 주시는 분입니다. 우리의 성격, 경험, 은사와 재능, 믿음, 소망, 슬픔까지 모두 말입니다. 예수님은 십자가에서 죽으시고, 죽은 자 가운데서 살아나셨습니다. 하나님은 우리처럼 깨어진 사람들을 택하셔서 주님을 위해 쓸모 있는 자로 만드십니다. 우리의 배경이나 현재 처한 상황이 하나님의 주권적인 권세 밖에 있지 않음을 알 수 있습니다. 우리가 주님을 볼 수 없을 때조차 주님은 우리 가운데 역사하고 계십니다(롬 8:28).

하나님이 모든 약속을 반드시 지키시리라는 믿음이 있다면, 우리에게는 세상과 사람들을 위한 하나님의 구원 계획에 참여할 책임이 있습니다. 순종이 중요합니다. 하나님은 우리 도움 없이도 자기 목적을 이루실 수 있지만, 그렇게 하지 않으십니다. 우리를 통해 그 계획을 성취하기로 선택하신 것입니다(엡 2:10).

하나님과 복음에 신실하면, 엄청난 위험을 감수해야 할 수도 있습니다. 하지만 그만한 가치가 있습니다. 걱정할 필요도 없고, 두려워할 필요도 없습니다. 하나님이 이 세상을 다스리고 계시기 때문입니다. 우리에게는 해야 할 역할이 있고, 결국 우리가 승리할 것입니다.

Q 그리스도를 따르기 위해 위험을 감수했던 사람들의 이야기를 찾아봅시다.

Q 하나님이 명령하신 일로 인해 평안했던 삶이 위태로워졌던 적이 있습니까?

"우리는 모두 하나님이 무슨 목적으로 우리를 그 자리에 두시는가를 진지하게 생각해 봐야 합니다. 그리고 하나님과 우리 세대를 섬길 기회가 주어지면, 그것이 수포로 돌아가지 않도록 주의해야 합니다."[8]
_존 웨슬리

심화 주석 에스더는 바사 제국의 왕비 역할을 잘 수행했을까요? 그녀는 바사의 여성 지도자의 전형적인 모델에 적합했습니다. 그 역할을 수행하는 데 많은 제약이 있었지만, 신중하게 행동했습니다. 그러나 그녀는 하나님을 믿었기에 하나님 백성의 목숨이 위태로워지자, 바사의 왕비로서 예상되는 행동 패턴에서 벗어나는 과감한 행동을 보여 주었습니다.

에스더는 모르드개의 가르침과 자기 경험에 비추어 하나님이 자기 삶의 모든 상황을 섭리하고 계심을 깨달았습니다. 왕비의 자리가 하나님의 계획 속에 있음을 깨달았을 때, 에스더는 용감하게 행동했습니다. 왕비 에스더는 하나님께 신실한 자는 하나님의 백성에게도 신실하게 대한다는 것을 증명했습니다. 그 결과 에스더는 자기 이름의 의미에 충실하게, 암흑시대에 자기 백성을 위해 빛나는 '별'이 되었습니다.[9]

_재니스 마이어
Biblical Illustrator

결론

다음 세션에서는 에스더와 모르드개에게 일어난 일을 살펴볼 것입니다. 비록 에스더서에는 하나님이 분명하게 언급되지 않았지만, 하나님은 그들의 특별한 인생을 통해 이야기를 하나로 엮어 가는 훌륭한 작가이십니다. 에스더 이야기를 쓰신 작가는 "훗날 때가 차매" "이때"를 위해 세상을 구원하기 위해서 목숨을 바칠 자기 아들을 보내신 바로 그분입니다.

자기 아들을 보내신 그 작가가 지금 성령님으로 우리 속에 살고 계십니다. 주님은 우리의 과거와 현재를 모두 엮어서 주님의 원대한 계획의 일부가 되게 하십니다. 각 족속과 방언과 나라에서 나온 백성들이 그리스도 안에서 함께 주님의 보좌로 나아오게 하는 계획 말입니다.

그리스도와의 연결

유대인을 모두 죽이라는 명령은 아브라함의 복을 세상에 전할 왕이신 메시아가 오시리라는 하나님의 약속 성취에 위협이 되었습니다. 에스더 이야기에서 하나님의 간섭하심이 보이지 않는 것 같아도, 하나님은 자기 백성을 구하고, 자기 아들이 올 수 있는 기초를 마련하는 계획을 수립하고 실행하면서 역사하고 계셨습니다.

하나님의 계획 우리의 사명

선교적 적용 하나님은 땅끝까지 구원을 이루실 주님의 위대한 계획 속에서 우리의 목적을 발견하고 성취하라고 말씀하십니다.

1. 하나님의 섭리의 손길이 보이지 않을 때, 교회/공동체는 주님을 찾도록 서로 어떻게 격려할 수 있을까요?

2. "이때를 위함이 아닌가" 하는 마음가짐은 주변 사람들에게 복음을 전하는 데 어떤 영향을 미칠까요?

3. 예수 그리스도의 복음을 전하기 위해 교회/공동체는 어떤 식으로 위험을 감수하고 희생할 수 있을까요?

금주의 성경 읽기
**왕상 12~14장;
대하 10~12장**

Summary and Goal

이 세션에서는 에스더 이야기를 계속 이어 가면서 자기 백성을 위한 하나님의 선하신 목적이 어떻게 극적인 반전을 이끌었는지를 볼 것입니다. 겸손한 자는 높아졌고, 정죄 받던 자는 구원을 얻었고, 패배할 것 같던 자는 승리를 거두었습니다. 우리는 에스더 이야기를 통해 하나님은 사람들이 깨닫지 못하는 중에도 자기 목적을 이루기 위해 일 하고 계신다는 사실을 알 수 있습니다. 하나님은 우리에게 세상의 겉모습과 영향력을 보지 말고 그 너머를 바라보며, 최후 승리를 위해 하나님을 예배하고 신뢰하라고 말씀 하십니다.

에스더를 통해 펼쳐지는 위대한 반전

8

- **성경 본문**
  에스더 6:6~11; 7:3~10; 9:1~2

- **세션 포인트**
  1. 첫 번째 반전, 겸손한 자를 높이십니다(에 6:6~11)
  2. 두 번째 반전, 심판하시고 구원하십니다(에 7:3~10)
  3. 세 번째 반전, 승리하게 하시고 패배하게 하십니다(에 9:1~2)

....

- **신학적 주제**
  하나님은 자기 백성을 구원하기 위해 대적과의 형세를 역전시키십니다.

- **그리스도와의 연결**
  창세기 3장 15절에서 하나님은 여자의 후손을 물려던 뱀이 거꾸로 상하게 되리 라고 약속하십니다. 에스더서에서 우리는 하나님의 백성을 치려던 하만의 계 획이 역효과를 내어 거꾸로 하만 자신이 파멸되는 결말을 보았습니다. 마찬가 지로 예수님의 십자가와 부활을 통해 우리는 그리스도에게 행해졌던 악이 거 꾸로 파멸되는 것을 보게 됩니다.

- **선교적 적용**
  하나님은 우리가 세상의 겉모습과 영향력 너머를 보고, 최후 승리를 위해 하나 님을 예배하며 신뢰하기를 원하십니다.

포로 생활 중   불로   벽에 쓰인   구원받은   고향으로 가는   성전 재건
신실하기   시험받다   손글씨   다니엘   여정

Session Plan

도입

인생의 다양한 상황은 하나님의 섭리를 신뢰할 수 있는 엄청난 기회를 제공한다는 사실을 에스더 이야기와 연결해 설명하면서 이 세션을 시작하십시오.

자기 삶을 돌아보고, 하나님이 실수하신 것은 아닐까 하고 느껴 본 적이 있습니까? 만약 있다면, 그 심정을 어떻게 해결했습니까?

하나님의 지혜를 더욱 신뢰하게 만든 사건이 있다면, 언제 어떤 일이었습니까?

자기 백성을 위한 하나님의 선한 목적이 어떻게 이루어지는지를 보여 주는 이 세션의 내용을 요약해 주십시오.

전개

1
**첫 번째 반전,
겸손한 자를 높이십시오**
(에 6:6~11)

에스더서에서 하나님을 명백하게 언급한 곳은 없지만, 사건이 전개될수록 우연의 일치라고 보기 어려운 그 이상의 무언가가 있음을 알려 주십시오. 유대 백성이 직면한 상황이 얼마나 급박했는지 설명해 주십시오.

상황 가운데 임하시는 하나님의 섭리의 손길을 찾지 못하거나, 하나님을 소홀히 여기면서 스스로 해결하려고 드는 이유는 무엇일까요?

에스더 6장 6~11절을 읽으십시오. 이야기에서 보이는 극적인 전환이 그 상황에 개입하시는 하나님의 섭리를 어떻게 보여 주는지 설명해 주십시오. 왕이 모르드개를 존귀하게 여기기로 한 결정은 하만의 악한 음모를 무너뜨리고 하나님의 백성들을 임박한 죽음에서 구하는 방향으로 이끕니다.

자기를 높이는 자를 낮추시는 하나님과 관련된 주제가 성경의 다른 이야기에서는 어떻게 나타납니까?

성경에서 이러한 주제가 자주 등장하는 이유는 무엇일까요?

2
**두 번째 반전,
심판하시고 구원하십시오**
(에 7:3~10)

에스더 7장 3~10절을 읽으십시오. 에스더가 유대 백성을 살리기 위해 자신이 유대인임을 밝히며 죽음도 각오했다는 것을 설명해 주십시오. 그리고 그녀가 왕 앞에서 하만을 어떻게 반역자로 고발했는지도 설명해 주십시오.

"악인은 자기의 악에 걸리며 그 죄의 줄에 매이나니"라는 잠언 5장 22절의 말씀은 성결하게 살아가는 데 어떤 도움을 줍니까?

이 진리는 하나님을 믿는 우리 신앙이 성장하는 데 어떤 도움을 줍니까?

모르드개를 달기 위해 세워 둔 나무에 하만이 매달리게 되는 것을 통해 드러나는 하나님의 공의를 강조하십시오. 두세 명씩 짝지어 겸손한 자를 높이시고, 낮은 자를 높은 지위에 올리시는 하나님을 보여 주는 성경의 다른 이야기들을 찾아보게 하십시오. 몇 사람의 발표를 듣고, 인도자용 자료에 있는 내용으로 보충해 주십시오. 우리 죄로 인해 나무에 달려야 할 우리가 예수님으로 인해 구원받게 된 좋은 소식을 들려주십시오.

하나님이 위대한 일을 행하시는 데 낮고 천한 사람을 사용하시는 이유는 무엇일까요?

예수 그리스도께서 우리 죄를 짊어지고 십자가에서 수치를 당하셨다는 진리가 우리에게 어떻게 위안이 됩니까?

에스더 이야기가 예수님의 복음을 어떻게 미리 보여 주는지, 그리고 하만의 죽음이 죄를 회개하는 자들에게 어떻게 경고가 되는지에 관해 나누게 하십시오.

자원자에게 에스더 9장 1~2절을 읽게 하십시오. 유대 백성의 승리는 궁극적으로 하나님의 승리라는 것을 강조해 주십시오.

3

**세 번째 반전,
승리하게 하시고
패배하게 하십니다**
(에 9:1~2)

영원의 관점은 우리가 고통스러운 상황에 처했을 때 하나님을 신뢰하고 인내하는 데 어떤 도움을 줍니까?

복음의 위대한 반전을 강조하십시오. 우리에게는 죽음과 패배가 당연한 것이었지만, 그리스도 안에서 우리는 생명과 승리를 얻었습니다.

미래 승리에 대한 약속은 오늘의 실패를 대하는 데 어떤 도움을 줍니까?

결론

하나님의 섭리적 손길은 우리 눈에 잘 보이지 않지만, 우리 삶의 여정과 역사 전체에 하나님 손길의 흔적이 고스란히 남아 있음을 말해 주십시오. 이 세션에서 배운 진리를 '하나님의 계획, 우리의 사명'에서 적용해 보십시오.

Session Content

8. 에스더를 통해 펼쳐지는 위대한 반전

도입 옵션

모임 전에 칠판이나 큰 종이에, "나의 인생에서 가장 힘들었던 순간"이라는 제목을 써 놓으십시오. 그리고 그 아래 자기가 힘들었던 순간을 적게 하십시오. 하나님을 더욱 신뢰할 수 있는 기회임을 언급한 후, 적은 내용을 가지고 함께 이야기를 나누십시오.

도입

> Leader

하나님의 뜻을 이루기 위해 배후에서 일하고 계시는 하나님을 깨달았던 적이 있습니까? 하나님이 여러 가지 사건들을 이용해 결국에는 모든 것을 합력해 선을 이루고 계심을 깨달은 적이 있을 것입니다(롬 8:28). 또한 괴로운 사건이나 고통스러운 일들이 주님의 영광을 위한 목적을 이루기 위해 하나님의 은혜를 우리에게 부어주시려는 수단에 불과했음을 깨달은 적이 있을 것입니다(고후 12:8~9).

우리가 인생에서 겪는 다양한 사건과 상황은 하나님의 섭리를 더욱 신뢰하게 하는 기회를 제공합니다. 또한 하나님의 섭리를 보여 주는 성경 이야기는 우리가 보지 못하는 이면에서 하나님이 자기 뜻을 이루기 위해 역사하고 계신다는 사실을 일깨워 줍니다. 앞서 살펴봤던 에스더서 내용이 바로 그것입니다.

Q 자기 삶을 돌아보고, 하나님이 실수하신 것은 아닐까 하고 느껴 본 적이 있습니까? 만약 있다면, 그 심정을 어떻게 해결했습니까?

Q 하나님의 지혜를 더욱 신뢰하게 만든 사건이 있다면, 언제 어떤 일이었습니까?

Session Summary

이 세션에서는 에스더 이야기를 계속 이어 가면서 자기 백성을 위한 하나님의 선하신 목적이 어떻게 극적인 반전을 이끌었는지를 볼 것입니다. 겸손한 자는 높아졌고, 정죄받던 자는 구원을 얻었고, 패배할 것 같던 자는 승리를 거두었습니다. 우리는 에스더 이야기를 통해 하나님은 사람들이 깨닫지 못하는 중에도 자기 목적을 이루기 위해 일하고 계신다는 사실을 알 수 있습니다. 하나님은 우리에게 세상의 겉모습과 영향력을 보지 말고 그 너머를 바라보며, 최후 승리를 위해 하나님을 예배하고 신뢰하라고 말씀하십니다.

전개

1. 첫 번째 반전, 겸손한 자를 높이십니다(에 6:6~11)

에스더서에는 '하나님'이 언급되지 않습니다. 그래서 이야기 속 사건들은 그저 놀라운 우연의 일치인 듯 보입니다. 그러나 6장으로 들어가면, 하나님의 손길이 주님의 뜻을 이루기 위해 자기 백성을 대신해 분명히 움직이고 있음을 발견하게 됩니다.

> Leader
>
> 창세기 41장에서 요셉이 고귀하게 되었던 것처럼, 고아 출신의 유대인 처녀 에스더는 바사 제국의 왕비라는 높은 지위에 올라 고귀한 신분이 되었습니다(에 2:1~18). 에스더의 사촌이자 그녀를 키워 준 유대인 모르드개는 하나님의 섭리로 아하수에로왕을 암살하려는 음모를 차단한 바 있습니다. 상황은 유대인들에게 호의적으로 흘러가는 듯 보였습니다.
>
> 하지만 왕의 고관인 하만이 품고 있던 악한 계획, 즉 유대인을 진멸하려는 계획(에 3:1~15)으로 인해 유대인의 앞날에 어두운 그늘이 드리우기 시작했습니다. 팽팽한 긴장감 속에 전개되는 이 이야기의 결말은 어떻게 될까요? 독자는 의자 끝에 걸쳐 앉아 다음에 무슨 일이 일어날지 궁금해할 것입니다.

독자는 이야기 속에 긴장감 넘치는 상황이 발생해도, 제3자로서 태연하게 대할 수 있습니다. 그러나 자기 삶 속에 긴장감 넘치는 상황이 발생할 때는 제3자로서 태연하게 보고만 있을 수가 없습니다. 상황의 무게에 짓눌려 버텨 내기 어려울 때도 있습니다. 빠져나갈 길이 보이지 않는 힘든 상황에 놓여 본 적이 있습니까? 어떻게 해야 할지 알 수 없는 위험천만한 상황에 처한 적이 있습니까?

Q 상황 가운데 임하시는 하나님의 섭리의 손길을 찾지 못하거나, 하나님을 소홀히 여기면서 스스로 해결하려고 드는 이유는 무엇일까요?

이야기로 돌아가서, 모르드개에게 굴욕감을 주고자 했던 하만이 그를 존귀하게 높일 수밖에 없게 된 상황을 살펴봅시다.

"하나님은 주권적이십니다. 주권자로서 행하십니다. 권력과 지혜에 있어서 주권적입니다. 그분은 너무나 지혜로워서 실수가 없으시고, 너무나 선해서 무정하실 수가 없습니다. 나는 그분의 주권에 굴복합니다. 나는 그분을 이해할 수 없고, 그분의 목적의 이러저러한 이유를 알지 못하지만, 하나님의 모든 목적은 무한한 지혜와 긍휼과 공의에 의해 움직인다는 사실을 분명히 알고 있습니다. 그분은 나의 주권자이십니다. 나는 그분의 뜻에 완전히 동의합니다. 그 뜻이 삶이든 죽음이든 상관없이 말입니다."[1]

_다니엘 윌슨

심화 주석 에스더 6장의 아이러니는 여러 차원의 다양한 목적을 보입니다. 그 아이러니는 가시적으로 일어났으며, 그 명백함에서 이전 이야기에서 보였던 감지하기 힘든 징조와 느낌과 대조됩니다. 이야기가 끝나는 장면은 터무니없어 보이기까지 합니다. 잘 짜여 있지만 설명되지 않는 우연의 일치로 벌어졌기 때문입니다.

그 아이러니는 유대 백성을 대표하는 모르드개에게 권한을 주고, 그들의 원수 하만이 굴욕을 당하게 함으로써 유대 백성에게 호의적인 반전의 연속이 시작됨을 보여 줍니다. 아이러니는 사건에 얽혀 있는 오해와 혼란에 의존하지만, 결국 결론에서 해결됩니다. 왕이 의도한 것은 아니었지만, 하만은 굴욕을 당하게 되고 모르드개는 존귀한 신분으로 올라가게 되었습니다. 이 일은 '자만하다가는 낭패 보기 쉽다'는 옛 격언을 떠올리게 하며, 이후 결과를 예상할 수 있게 합니다.

독자는 에스더의 두 번째 연회를 기다리고 있습니다. 긴장감이 지속되고 있지만, 괴로움이 지속되는 것은 아닙니다. 에스더가 다시 소개될 즈음 유대 백성에게 주어질 긍정적인 결과가 이미 눈에 보이기 시작합니다.[2]

_데브라 레이드

---

⁶하만이 들어오거늘 왕이 묻되 왕이 존귀하게 하기를 원하는 사람에게 어떻게 하여야 하겠느냐 하만이 심중에 이르되 왕이 존귀하게 하기를 원하시는 자는 나 외에 누구리요 하고 ⁷왕께 아뢰되 왕께서 사람을 존귀하게 하시려면 ⁸왕께서 입으시는 왕복과 왕께서 타시는 말과 머리에 쓰시는 왕관을 가져다가 ⁹그 왕복과 말을 왕의 신하 중 가장 존귀한 자의 손에 맡겨서 왕이 존귀하게 하시기를 원하시는 사람에게 옷을 입히고 말을 태워서 성 중 거리로 다니며 그 앞에서 반포하여 이르기를 왕이 존귀하게 하기를 원하시는 사람에게는 이같이 할 것이라 하게 하소서 하니라 ¹⁰이에 왕이 하만에게 이르되 너는 네 말대로 속히 왕복과 말을 가져다가 대궐 문에 앉은 유다 사람 모르드개에게 행하되 무릇 네가 말한 것에서 조금도 빠짐이 없이 하라 ¹¹하만이 왕복과 말을 가져다가 모르드개에게 옷을 입히고 말을 태워 성 중 거리로 다니며 그 앞에서 반포하되 왕이 존귀하게 하시기를 원하시는 사람에게는 이같이 할 것이라 하니라

> 놀랍게도 이야기가 에스더와 모르드개에게 호의적인 방향으로 진행됩니다. 그들의 상황에 개입하시는 하나님의 섭리가 불가피하게 된 것입니다. 6장의 도입부에서 왕이 때마침 잠이 오지 않았던 것은 우연의 일치 그 이상을 보여 주는 강력한 신호였습니다(5절).

Leader

아하수에로왕은 자기를 암살하려던 음모(참조, 에 2:19~22)를 막아 주었던 모르드개에게 감사를 표하지 않았음을 깨닫고, 그에게 상을 내리기로 결정했습니다. 때마침 살기등등한 하만이 왕궁 뜰에 이르렀습니다. 모르드개를 나무에 매달기 위해 왕의 허락을 구하러 온 것이었습니다. 하지만 하나님은 그의 계획을 무산시키시고, 그의 손에서 유대인들을 구원하실 것입니다.

> 잠언 16장 33절이 알려 주는 것처럼, 하나님은 모든 상황을 확실하게 통제하고 계셨습니다.

Leader

"제비는 사람이 뽑으나 모든 일을 작정하기는 여호와께 있느니라."

눈에 보이는 것이 전부가 아닙니다. 힘든 상황에 처했을 때, 아주 유익한 말씀입니다.

하만은 왕이 자기를 존귀하게 해 주고 싶어 한다고 제멋대로 생각했습니다. "왕이 존귀하게 하기를 원하시는 자는 나 외에 누구리요?"(6:6하). 하만은 재빨리 대답하기를, 왕이 존귀하게 하기를 원하는 사람에게 왕복을 입히고, 왕의 말에 태워서 성 중 거리를 다니게 하라고 했습니다. 자신의 대적 모르드개가 바로 그 사람임을 알았을 때, 그의 기분이 어땠을까요?

한순간에 그것도 하룻밤 사이에 모든 것이 역전되었습니다. 하만의 사악한 계획은 꼬이기 시작했고, 죽음 앞에 서 있던 하나님의 백성에게는 구원의 빛이 비추기 시작했습니다.

당신은 불가능한 상황 속에서 역사하시는 하나님의 상상할 수 없는 능력을 돌아보며 얼마나 자주 놀라곤 합니까? 힘든 상황 중에도 멈추어 서서 오늘도 여전히 섭리로 우리를 돌보시는 하나님을 얼마나 자주 기억합니까?

Q 자기를 높이는 자를 낮추시는 하나님과 관련된 주제가 성경의 다른 이야기에서는 어떻게 나타납니까?

Q 성경에서 이러한 주제가 자주 등장하는 이유는 무엇일까요?

2. 두 번째 반전, 심판하시고 구원하십니다 (에 7:3~10)

> **Leader :** 앞에서는 하만과 모르드개 사이에 벌어진 낮아짐과 높아짐의 반전을 봤습니다. 이제부터는 에스더가 왕에게 담대하게 요청함으로써 벌어지는 심판과 구원의 반전을 보게 될 것입니다.

[3]왕후 에스더가 대답하여 이르되 왕이여 내가 만일 왕의 목전에서 은혜를 입었으며 왕이 좋게 여기시면 내 소청대로 내 생명을 내게 주시고 내 요구대로 내 민족을 내게 주소서 [4]나와 내 민족이 팔려서 죽임과 도륙함과 진멸함을 당하게 되었나이다 만일 우리가 노비로 팔렸더라면 내가 잠잠

하였으리이다 그래도 대적이 왕의 손해를 보충하지 못하였으리이다 하니 [5]아하수에로왕이 왕후 에스더에게 말하여 이르되 감히 이런 일을 심중에 품은 자가 누구며 그가 어디 있느냐 하니 [6]에스더가 이르되 대적과 원수는 이 악한 하만이니이다 하니 하만이 왕과 왕후 앞에서 두려워하거늘 [7]왕이 노하여 일어나서 잔치 자리를 떠나 왕궁 후원으로 들어가니라 하만이 일어서서 왕후 에스더에게 생명을 구하니 이는 왕이 자기에게 벌을 내리기로 결심한 줄 앎이더라 [8]왕이 후

"모르드개는 악한 하만에게서 핍박을 받았습니다. 예수님은 반역하는 백성들로 인해 핍박을 받으셨습니다. 모르드개는 기도로 자기 백성을 하만의 손에서 건졌습니다. 예수님은 기도로 자기 백성을 사탄의 손에서 건지셨습니다. 모르드개가 굵은 베옷을 입고 앉았기에 에스더와 그 백성을 칼에서 구원할 수 있었습니다. 예수님은 몸을 입고 조명을 받으셨기에 교회와 성도들을 죽음에서 구원하실 수 있었습니다."[3]
_아프라하트

"물이 가장 낮은 곳을 찾아 채우듯이, 하나님이 멸시받고 가진 것 없는 사람을 찾으시는 순간이 오면, 하나님의 영광과 능력이 그에게 흘러가 그를 높이고 복되게 할 것입니다."[4]
_앤드류 머레이

심화토론
• 왜 우리는 겸손한 태도로 살아가는 것이 어렵다고 생각할까요?
• 야고보서 4장 6절 "하나님이 교만한 자를 물리치시고 겸손한 자에게 은혜를 주신다"는 말씀은 겸손히 사는 사람에게 어떻게 격려가 됩니까?

**심화
주석**
만약 왕이 후원에서 돌아왔을 때, 하만의 운명에 관해 여전히 결정하지 않은 상태였다면 그의 결정은 에스더에게 알랑거리는 하만을 봤을 때 확실히 내려졌을 것입니다. 앗수르 시대의 법정 문서는 왕을 제외한 남자는 왕궁에 있는 여인들에게 일곱 걸음보다 가까이 가서는 안 된다고 명시하고 있습니다. 에스더서의 유대 탈굼(히브리 본문을 아람어로 의역해 기록한 책)은 천사가 하만을 떠밀어서 의자에 "넘어졌다"(참조, 에 7:8, "엎드렸거늘", 히브리어로 '나팔')고 기록하고 있습니다. 저자는 이 '나팔'이라는 히브리 단어의 개념을 능숙하게 잘 사용했습니다. 하만은 모르드개가 자신에게 절하지 않은 것에 크게 격분했습니다(에 3:1~4). 이로 인해 유대 백성을 멸절하는 날짜를 정하기 위해 '부르', 즉 제비를 '던지게'('나팔') 된 것입니다. 하만의 아내와 친구들은 "모르드개가 과연 유다 사람의 후손이면 당신이 그 앞에서 '굴욕을 당하기'('나팔') 시작하였으니 능히 그를 이기지 못하고 분명히 그 앞에 '엎드러지리이다'('나팔')"라고 그에게 경고했습니다(에 6:13). 불과 몇 시간 후, 하만은 에스더의 결상 위에 엎드렸습니다. 이 마지막 넘어짐과 함께 그의 운명이 확정되고 말았습니다.[5]

_칼 R. 앤더슨
HCSB Study Bible

원으로부터 잔치 자리에 돌아오니 하만이 에스더가 앉은 걸상 위에 엎드렸거늘 왕이 이르되 저가 궁중 내 앞에서 왕후를 강간까지 하고자 하는가 하니 이 말이 왕의 입에서 나오매 무리가 하만의 얼굴을 싸더라 [9]왕을 모신 내시 중에 하르보나가 왕에게 아뢰되 왕을 위하여 충성된 말로 고발한 모르드개를 달고자 하여 하만이 높이가 오십 규빗 되는 나무를 준비하였는데 이제 그 나무가 하만의 집에 섰나이다 왕이 이르되 하만을 그 나무에 달라 하매 [10]모르드개를 매달려고 한 나무에 하만을 다니 왕의 노가 그치니라

에스더는 유대 백성을 구하기 위해 위험을 감수했습니다(에 7:4). 그녀는 행동할지 말지, 앞에 나설지 아니면 침묵할지를 결정해야 했습니다. 에스더는 행동하기로 결심하고, 아하수에로왕에게 자신이 유대인 출신임을 밝히며 이스라엘 민족을 위해 정중하게 호소했습니다. 그리고 당사자의 이름은 밝히지 않은 채, 그녀의 백성을 진멸하려는 간악한 음모(에 3:8~9)가 있음을 폭로했습니다.

> **Leader**
>
> "하만이 아하수에로왕에게 아뢰되 한 민족이 왕의 나라 각 지방 백성 중에 흩어져 거하는데 그 법률이 만민의 것과 달라서 왕의 법률을 지키지 아니하오니 용납하는 것이 왕에게 무익하니이다 왕이 옳게 여기시거든 조서를 내려 그들을 진멸하소서 내가 은 일만 달란트를 왕의 일을 맡은 자의 손에 맡겨 왕의 금고에 드리리이다 하니"(에 3:8~9).

에스더의 이야기를 들은 왕은 깜짝 놀라며 누가 그런 대담한 짓을 벌였는지 알고자 합니다. 에스더는 그제야 유대인의 공공연한 적이 바로 하만임을 밝혔습니다. 왕에게 에스더가 자신이 유대인이라는 사실을 밝힌 상태였기 때문에 결과적으로 하만은 왕비의 목숨을 위협한 반역자가 되고 말았습니다.

> **Leader**
>
> 하만은 겁에 질렸습니다. 그는 하나님의 백성을 심판하려고 계획했지만, 하나님은 그의 손에서 자기 백성을 구원하실 것입니다. 하만은 자신이 곤경에 처한 것을 깨닫자 필사적으로 피할 길을 찾았습니다. 하지만 그의 유죄 판결은 확정되었습니다. 그의 얼굴이 덮었습니다(8절). 하만의 결말은 하나님의 백성을 상대로 음모를 꾸미는 것이 얼마나 부질없는 일인지를 잘 보여 줍니다.

Q "악인은 자기의 악에 걸리며 그 죄의 줄에 매이나니"라는 잠언 5장 22절의 말씀은 성결하게 살아가는 데 어떤 도움을 줍니까?

Q 이 진리는 하나님을 믿는 우리 신앙이 성장하는 데 어떤 도움을 줍니까?

하만의 아내가 예견한 대로, 그는 하나님의 백성을 이기지 못하고 결국 몰락할 것입니다(에 6:13). 이것은 하나님의 공의를 시적으로 드러낸 사건입니다! 하만이 모르드개를 달기 위해 세웠던 교수대에 그 자신이 달리게 하심으로써, 하나님은 악인이 자기 덫에 빠지게 하셨습니다(9~10절). 하나님의 주권적인 섭리가 하만의 사악한 계획을 무산시킨 것입니다.

> **Leader**
> 이 위대한 반전은 하만이 자기가 세운 나무 올가미에 묶여 매달리는 것으로 끝이 납니다. 얼마나 많은 권세자들이 자기 손의 악행으로 인해 몰락했습니까! 구속사를 보면, 하나님은 자주 겸손한 자를 높이시고 높은 자를 낮추셨습니다. 야곱(창 25:23), 요셉(창 41:39~44), 기드온(삿 6:11~16), 다윗(삼상 16:6~13) 등을 볼 때, 이것은 하나님의 말씀에 공통적으로 나타나는 주제입니다. 높은 지위에 있던 하만은 낮아졌지만, 한때 고아였던 유대인 처녀 에스더는 바사 제국의 왕비가 되었습니다.

이 이야기를 읽을 때, 우리는 하만 같은 악인조차 예수 그리스도 안에서 용서받을 수 있다는 사실에 감사할 줄 알아야 합니다.

> **Leader**
> 하만과 같은 악함이 내 마음속에도 있음을 봅니다. 그동안 얼마나 자주 악한 의도로 내 욕심을 추구했던가요? 얼마나 자주 다른 이들을 희생시키면서까지 내 뜻을 이루기 위해 내가 할 수 있는 모든 것을 했던가요? 감사하게도 하나님의 은혜로 인해 우리는 내 마음속에 있는 악과 내 계획 속에 있는 어리석음을 볼 수 있습니다.
>
> 이것이 바로 하만과 나(당신)의 차이점입니다. 하만은 곤경에 처했을 때, 피할 길을 찾았지만, 겸손한 죄인은 죄로 인해 슬퍼함으로써 구원을 받습니다. 곤경에 처해 슬퍼하는 것과 죄로 인해 슬퍼하는 것은 엄청난 차이가 있습니다.

사도 바울의 유명한 말처럼, "죄의 삯은 사망"(롬 6:23상)이기 때문입니다. 우리가 저지르는 모든 죄는 죽음의 교수대에 또 하나의 기둥을 세우고, 또 하나의 못을 박고 또 하나의 밧줄을 조이는 셈입니다. 하지만 하나님의 선물은 영생입니다(롬 6:23하). 복음의 기쁜 소식은 십자가에 달리신 예수 그리스도 덕분에 더 이상 우리가 자기 죄의 교수대에 매달릴 필요가 없어졌다는 것입니다.

> **Leader**
> 한 성도와 예배 후 나누었던 대화를 잊을 수가 없습니다. 그는 우리 교회에 처음 나온 성도였는데, 예배가 끝나고 저에게 이렇게 말했습니다.
>
> "제가 항상 품고 있던 질문은 하나님이 과연 나 같은 죄인도 용서하실까 하는 것이었습니다. 그런데 복음은 진짜처럼 너무 좋아 보입니다."
>
> 저는 웃으며 복음은 진짜처럼 너무 좋기도 하지만, 실제로 진짜라고 그에게 확실

"이 얼마나 놀라운 역설입니까! 하만은 자기에게 절하지 않는 유대 남자 때문에 격분했습니다. 그런데 이제는 하만이 자기 생명을 구걸하기 위해 유대 여인에게 엎드렸습니다."[6]
_워렌 위어스비

"우리는 겸손하지 않은 사람이 굴욕을 당하는 것을 자주 보게 됩니다. 몇몇은 증오심으로, 다른 이는 인내하면서, 또 다른 이는 기분 좋게 굴욕을 당합니다. 첫 번째는 유죄이고, 두 번째는 무죄이며, 마지막은 정당합니다."[7]
_클레이보의 버나드

핵심교리 99 | **53. 그리스도의 낮아지심**

성자 하나님은 하나님과 동등하며 하나님이 받으시는 모든 영광을 받기에 합당한 분임에도 불구하고, 자신을 낮춰 인간의 몸을 취하기로 결정하셨습니다. 그분은 자신의 영광을 떠나 죄 있는 육신의 모양으로 오셨으며(롬 8:3), 우리를 위해 죄가 되심으로써 십자가에서 수치스러운 죽음을 경험하셨습니다(빌 2:6~8). 그리하여 우리로 하여금 그분 안에서 하나님의 의가 되게 하셨습니다(고후 5:21).

하게 이야기해 주었습니다.

리처드 십스는 "우리 안에 있는 죄보다 그리스도 안에 있는 긍휼이 더 많다"[8]고 말했습니다. 얼마 후 그 성도는 눈물을 흘리며 자기 죄를 회개하고, 예수님께 부르짖으며 구원을 청했습니다. 그는 비로소 자기 죄의 본질과 구원의 필요성을 깨달았습니다. 그는 회개하여 하나님의 백성이 되었습니다. 이것이 바로 복음입니다.

Q 하나님이 위대한 일을 행하시는 데 낮고 천한 사람을 사용하시는 이유는 무엇일까요?

Q 예수 그리스도께서 우리 죄를 짊어지고 십자가에서 수치를 당하셨다는 진리가 우리에게 어떻게 위안이 됩니까?

복음은 이 이야기 전체에 전반적으로 암시되어 있습니다. 에스더는 이스라엘 백성을 구원하기 위해 높은 지위에 오르게 되었고, 그 지위에서 왕에게 자기 백성을 위한 변호를 할 수 있었습니다. 왠지 익숙한 이야기 같지 않습니까? 예수 그리스도께서는 자기를 낮추시어 죽음에서 우리를 구하시고 우리에게 영원한 구원을 주셨습니다. 그리고 하나님의 보좌 앞에서 우리를 변호하기 위해 부활하시어 존귀하게 되셨습니다(고후 8:9; 요일 2:1). 에스더와는 비교도 할 수 없이 위대하신 예수님은 죽을 각오를 하셨을 뿐만 아니라, 우리를 구원하기 위해 자기 생명을 내어 주셨습니다. 이것이 바로 복음의 기쁜 소식입니다.

> 기쁜 소식이 있으면 나쁜 소식도 있기 마련입니다. 자기 죄를 회개하지 않고 예수님을 믿지 않는 사람에게 하만의 결말은 경고가 됩니다. 하만에게 임한 심판은 하나님의 적들이 근절될 것이라는 것과 하나님의 최종 심판을 보여 줍니다(계 20:7, 11~15; 21:8, 27). 현행범으로 잡히기 전에, 먼저 하나님의 보좌 앞으로 돌이키십시오. 죄의 무게를 느낄수록, 예수 그리스도 안에 있는 하나님의 은혜가 용서받기에 충분하고도 남는다는 사실을 알게 될 것입니다. 하나님이 우리 같은 죄인을 용서하신다는 것은 좀처럼 믿기 어려운 일이지만, 하나님은 분명히 용서하십니다. 이것이 바로 심판과 구원의 위대한 반전입니다.

> "나의 자녀들아 내가 이것을 너희에게 씀은 너희로 죄를 범하지 않게 하려 함이라 만일 누가 죄를 범하여도 아버지 앞에서 우리에게 대언자가 있으니 곧 의로우신 예수 그리스도시라"(요일 2:1).

Leader

3. 세 번째 반전, 승리하게 하시고 패배하게 하십니다 (에 9:1~2)

> **Leader**
>
> 이제 우리는 이야기의 절정에 이르렀습니다. 하나님의 대적들이 그분의 백성을 마음대로 주관할 수 있게 되었다고 생각했을 때, 상황이 완전히 역전되었습니다. 하나님의 백성이 받아야 할 심판을 그들이 받게 되었습니다. 하나님의 주권적 섭리 때문에, 하나님의 백성은 피해자가 아닌 승리자가 될 것입니다(참조, 고후 6:9~10). 유대 백성의 대적은 결코 하나님의 백성을 대적할 수 없었습니다.
>
> "무명한 자 같으나 유명한 자요 죽은 자 같으나 보라 우리가 살아 있고 징계를 받는 자 같으나 죽임을 당하지 아니하고 근심하는 자 같으나 항상 기뻐하고 가난한 자 같으나 많은 사람을 부요하게 하고 아무것도 없는 자 같으나 모든 것을 가진 자로다"(고후 6:9~10).

¹아달월 곧 열두째 달 십삼일은 왕의 어명을 시행하게 된 날이라 유다인의 대적들이 그들을 제거하기를 바랐더니 유다인이 도리어 자기들을 미워하는 자들을 제거하게 된 그날에 ²유다인들이 아하수에로왕의 각 지방, 각 읍에 모여 자기들을 해하고자 한 자를 죽이려 하니 모든 민족이 그들을 두려워하여 능히 막을 자가 없고

성경 속 하나님은 종종 상황이나 권력의 변화를 통해 자기 백성의 대적들을 공포에 떨게 하십니다. 그 모든 상황의 이면에 하나님의 손길이 적극적으로 자기 백성을 보호하고 그들을 위해 싸우며 역사하고 있음을 아는 것이 중요합니다. 아하수에로왕이 다스리는 땅에서 거둔 유대인들의 승리는 궁극적으로 하나님의 승리입니다. 하나님의 손길은 인간 왕국의 힘보다 훨씬 더 강력합니다. 에스더 이야기에서 하나님은 참으로 만왕의 왕이심을 보여 주셨습니다.

> **Leader**
>
> 제가 가진 성경책 중 하나에는 이라크 화폐 디나(dinar)가 꽂아져 있습니다. 요한계시록 11장 15절에 책갈피로 꽂아 두었습니다. 사담 후세인의 초상화가 그려진 이 특별한 지폐는 그저 역사 유물일 뿐입니다. 아무런 가치가 없습니다. 사담의 왕국은 무너졌고, 그는 죽었습니다. 이전의 많은 통치자처럼 사담도 더 이상 자기 왕좌에 앉지 못합니다. 하지만 하나님은 여전히 우주 최고의 보좌에 앉아 계십니다. 이러한 사실은 세상 왕국은 흥왕했다가 사라지지만, 예수 그리스도께서는 영원토록 통치하신다는 것을 깨닫게 합니다.

심화 주석 마침내 그날이 왔습니다. 하만은 그날을 정하기 위해 제비를 던졌습니다. 유대 백성을 진멸하기 위해 반포된 조서는 아직 유효했습니다. 하지만 그 조서를 모르드개가 만들었기 때문에 상황이 역전되었습니다.

잠언 16장 33절은 "제비는 사람이 뽑으나 모든 일을 작정하기는 여호와께 있느니라"고 말합니다. 유대인을 진멸하려는 사람은 도리어 진멸당할 것이라는 가르침은 성경에 반복해서 나타납니다. "너에게서 탈취해 간 자는 탈취를 당할 것이며 너에게서 노략질한 모든 자는 노략물이 되리라"(렘 30:16). 유대인의 적은 그들을 파멸시키고 싶어 했고 여러 번 그 기회를 잡았지만, 계획은 번번이 수포로 돌아갔습니다. 그 상황은 수동형으로 '상황이 바뀌었다'라고 표현되지만, '하나님이 상황을 바꾸셨다'는 사실은 분명합니다. …

모르드개의 조서가 이미 몇 달 전에 반포되었기 때문에 유대인들에게는 준비할 시간이 충분히 있었습니다. "능히 막을 자가 없다"(에 9:2)라는 표현은 적들이 공격하는 데 실패했다는 뜻이 아니라, 그들이 결코 유대인을 압도할 수 없었다는 뜻입니다.

성경에서 하나님은 여러 번 이스라엘의 적들에게 두려움이 임하게 하셨습니다. 이때 하나님은 여러 상황, 권력의 변화, 유대인들에게 스스로 방어할 수 있게 하는 권한 등을 이용하셨습니다.[9]

_머빈 브레느먼

"하나님이 부재하신 듯
보이는 세상이라도 하나님은
현존하십니다."[10]
_J. 고든 맥콘빌

"모르드개의 조서는 상황이
반전되었음을 뜻합니다(에 9:1).
권한을 박탈당했던 유대 백성이
도리어 권한을 얻었습니다.
그들은 이제 대적보다 우위를
점하게 되었습니다."[11]
_데이비드 클라렌스

Q 영원의 관점은 우리가 고통스러운 상황에 처했을 때 하나님을 신뢰하고 인내하는 데 어떤 도움을 줍니까?

> **Leader**
>
그리스도인으로서 우리는 예수 그리스도 안에서 가장 위대한 승리를 얻게 된다는 것을 알아야 합니다. 대적들은 예수님을 무너뜨렸다고 생각했지만(골 2:14~15), 예수님은 승리의 무덤에서 걸어 나오셨습니다. 이제 그 대적들은 예수님의 이름 앞에서 두려움에 떨고 있습니다(참조, 막 1:23~24; 약 2:19). 복음의 기쁜 소식은 예수님의 승리가 바로 우리의 승리라는 사실입니다. 그리스도인으로서 우리는 죄와 사망에 대한 승리 그 이상임을 알기에, 그리스도의 승리에 확고히 설 수 있습니다(롬 8:31~39).

에스더서 이야기에 등장하는 유대인들처럼, 하나님의 백성에게는 파멸의 날이 곧 구원과 승리의 날이 됩니다. 이것이 바로 복음의 위대한 반전입니다. 우리는 실패하고 죽는 것이 마땅하지만, 그리스도 안에 있으면 생명과 승리를 보장받습니다.

우리는 성경과 삶을 통해 가장 가혹한 상황일 때, 가장 필사적일 때, 하나님의 역사가 가장 분명하게 드러난다는 것을 알 수 있습니다. 우리는 그리스도인으로서 영원의 관점에서 삶을 바라봐야 합니다. 하나님은 우리에게 세상의 겉모습과 영향력 너머를 보고, 최후 승리를 위해 하나님을 예배하며 신뢰하라고 말씀하십니다. 하나님은 우리를 하만보다 더 무시무시한 공포인 죄와 죽음에서 구원하셨는데, 인생이 불확실하고 고되다고 해서 주님을 신뢰하지 못한다는 것이 말이 됩니까? 하나님은 에스더보다 훨씬 더 위대하신 예수 그리스도로 하여금 우리를 변호하게 하셨는데, 눈에 보이지 않는다고 해서 하나님이 선을 위해 모든 일을 하고 계신다는 사실을 신뢰하지 않는다는 것이 말이 됩니까?

Q 미래 승리에 대한 약속은 오늘의 실패를 대하는 데 어떤 도움을 줍니까?

결론

대개 하나님의 섭리의 손길은 우리 눈에 보이지 않습니다. 그러나 잠시 시간을 내어 자기 삶을 돌아본다면, 삶의 여정마다 찍힌 하나님의 지문을 볼 수 있을 것입니다. 에스더서에서 본 것처럼, 하나님의 손길은 엄청난 반전을 경험할 때 가장 분명하게 나타납니다. 낮은 자가 존귀해지고, 심판받아 마땅한 자가 구원을 받고, 실패가 분명한 상황에서 승리할 경우 하나님의 손길을 눈치챌 수밖에 없습니다.

내 삶을 섭리하시는 하나님은 역사 속에서 섭리해 오신 바로 그 하나님이십니다. 창세기 3장에서 여자의 후손이 뱀의 머리를 상하게 하리라고 약속하셨던 하나님은 하나님의 백성을 진멸하려던 하만의 음모를 깨부수셨던 바로 그 하나님이십니다. 에스더보다 더 위대하신 분이 오시어 구세주요, 대언자로서 하나님의 백성을 정해진 죽음에서 구원하실 것입니다. 구속사를 통틀어, 하나님은 대적의 형세를 역전시켜 자기 백성을 구원하고 계십니다.

그리스도와의 연결

창세기 3장 15절에서 하나님은 여자의 후손을 물려던 뱀이 거꾸로 상하게 되리라고 약속하십니다. 에스더서에서 우리는 하나님의 백성을 치려던 하만의 계획이 역효과를 내어 거꾸로 하만 자신이 파멸되는 결말을 보았습니다. 마찬가지로 예수님의 십자가와 부활을 통해 우리는 그리스도에게 행해졌던 악이 거꾸로 파멸되는 것을 보게 됩니다.

하나님의 계획 우리의 사명

선교적 적용 하나님은 우리가 세상의 겉모습과 영향력 너머를 보고, 최후 승리를 위해 하나님을 예배하며 신뢰하기를 원하십니다.

1. 하나님은 겸손한 자에게 은혜를 베푸시고, 그를 높이실 것입니다(약 4:6, 10). 이 진리는 예수님을 위한 사명을 감당하고자 하는 마음과 행동에 어떤 영향을 미칠까요?

2. 심판에서 놓여 예수님 안에서 구원을 누리는 삶을 살아가도록 서로 도울 수 있는 방법에는 어떤 것들이 있을까요?

3. 힘든 시간을 보낼 때, 어떻게 하면 하나님을 의지하면서 성장할 수 있을까요?

금주의 성경 읽기
**왕상 15:1~16:34;
대하 13~17장**

Summary and Goal

이 세션에서는 백성들을 위해 하나님께 부르짖어 기도하며, 약속의 땅으로 그들을 회복시켜 주실 것을 하나님께 청했던 느헤미야를 만날 것입니다. 느헤미야 이야기를 읽으면서, 우리가 따르는 하나님은 우리를 용서하고 구원하시는 분이며, 우리가 주님의 목적을 이루는 데 필요한 모든 것을 공급해 주시는 분임을 깨닫게 될 것입니다. 그리스도인으로서 우리는 하나님이 이 땅에 하나님 나라가 임하게 하시며, 세상을 회복하실 것을 믿습니다. 또한 하나님의 약속을 신뢰하며 기도하고 행동합니다.

느헤미야가 기도하다

- **성경 본문**
  느헤미야 1:1~2:8

- **세션 포인트**
  1. 느헤미야는 자기 백성에 대한 부담감으로 기도합니다(느 1:1~4)
  2. 느헤미야는 용서하시고 구원하시는 하나님께 기도합니다(느 1:5~11)
  3. 느헤미야는 행동하면서 기도합니다(느 2:1~8)

- **신학적 주제**
  기도의 원동력은 하나님의 영광에 관한 관심과 하나님의 백성을 향한 사랑입니다.

- **그리스도와의 연결**
  느헤미야는 하나님이 자기 백성을 고향으로 돌아오게 하겠다는 약속을 지키실 것을 믿었습니다. 이것이 그가 기도한 이유이며, 그렇게 행동했던 이유입니다. 그리스도인으로서 우리는 하나님이 만물을 회복시켜 자기 백성의 거처가 되게 하시리라는 약속을 지키실 것을 믿습니다. 예수님은 우리를 위해 성부 하나님께 기도하시는 분이며, 구원에 이르는 유일한 길입니다.

- **선교적 적용**
  하나님은 우리가 하나님의 영광을 구하고, 하나님의 백성을 돌보는 것에 관한 부담감을 갖기를 원하십니다. 그리고 그로 인해 기도하고 행동함으로써 하나님의 계획에 동참하기를 원하십니다.

Session Plan

도입

삶이 순조롭게 진행되고, 모든 것이 안전하고 안정적인 것처럼 보이면, 기도에 소홀하게 된다는 것을 말해 주십시오.

인생의 절박한 순간에야 하나님께 달려가는 이유는 무엇일까요?

기도하기 가장 쉬운 때와 기도하기 가장 힘든 때는 언제일까요?

이 세션은 느헤미야와 그의 기도를 중심으로 우리가 구속하시고 공급해 주시는 하나님을 따른다는 사실을 상기시켜 주는 이야기를 담고 있다고 요약해 주십시오.

전개

1
느헤미야는 자기 백성에 대한 부담감으로 기도합니다
(느 1:1~4)

느헤미야 1장 1~4절을 읽으십시오. 이 구절을 역사적인 맥락에서 설명해 주십시오. 예루살렘의 상황에 대해 느헤미야가 기도로 반응한 것이 우리에게 왜 유익한지 말해 주십시오.

부담감을 느끼는 것과 절박하게 기도하는 것 사이에는 어떤 관계가 있습니까?

자기 백성을 위해 중재 기도를 하는 느헤미야가 성부 하나님 앞에서 우리를 위해 중보 기도하시는 예수님을 어떻게 예표하는지 설명해 주십시오.

우리 죄의 짐을 안고 십자가로 나아가셨던 예수님을 이해하는 것은 우리가 인생에서 만나는 온갖 짐들을 안고 예수님께 가져가 부르짖는 데 어떻게 동기를 부여하나요?

2
느헤미야는 용서하시고 구원하시는 하나님께 기도합니다
(느 1:5~11)

자원자에게 느헤미야 1장 5~11절을 읽게 하십시오. 느헤미야의 기도가 어떻게 하나님의 변함없는 사랑과 신실함, 그리고 자기 계시를 위한 자유로운 결정에 대한 믿음을 반영하고 있는지 설명해 주십시오. 하나님의 자비로운 자기 계시가 우리로 하여금 하나님께 반응하게 합니다.

두세 명씩 짝을 지어 학습자용 교재에 있는 표의 질문을 가지고 토론하게 하십시오. 그런 다음 다시 모여서 질문에 대한 답을 서로 나누게 하십시오. 유대 백성들이 회개함으로써 약속의 땅으로 돌아가 회복하는 것을 하나님의 언약적 약속과 연결시켜 주십시오.

하나님이 과거에 행하신 역사와 주셨던 약속은 현재 직면한 문제를 위해 기도할 때 어떤 확신을 심어 주나요?

이스라엘 백성은 귀환했지만 노예근성이 남아 있어 여전히 포로 생활하는 것 같았음을 설명해 주십시오. 이러한 모습은 오늘날 그리스도인들에게서도 발견할 수 있습니다.

세상이 아직 완전하게 구속되지 않았으며, 우리가 아직 죄에서 완전히 놓이지 않았다고 생각하게 되는 때는 언제입니까?

하나님의 구원 계획에서 기도는 어떤 역할을 할까요?

느헤미야 2장 1~8절을 읽으십시오. 느헤미야가 아닥사스다왕에게 요청하기 전에 조용히 침묵으로 기도한 사실에 주목하십시오.

걱정이나 불안이나 두려움에 시달릴 때, 당신은 가장 먼저 어떤 반응을 보이나요? 그럴 때 누구에게 또는 무엇에 의지하나요?

느헤미야가 보여 준 모범이 당신에게 어떻게 도움이 되나요?

느헤미야가 엄청난 요청을 했음에도 불구하고, 왕이 긍정적으로 반응한 것을 통해 하나님이 온 피조물을 주관하실 뿐만 아니라 왕까지도 주관하고 계심을 알게 해 주십시오.

하나님 나라가 임하도록 기도하는 것(마 6:10)과 세상에서 하나님께 순종해 행동하는 것 사이에는 어떤 관계가 있을까요?

기도와 행함이 서로 상반되는 것이라고 생각하나요? 아니면 같은 것인데 서로 다른 형태라고 생각하나요? 그 이유는 무엇인가요?

3
느헤미야는
행동하면서 기도합니다
(느 2:1~8)

결론

기도는 하나님의 뜻을 이루는 수단이라는 점을 이야기하며 마무리하십시오. 기도는 하나님의 예정된 목적을 실행하는 수단이 됩니다. 이 세션에서 배운 진리를 '하나님의 계획, 우리의 사명'에서 적용해 보십시오.

**Session
Content**

9. 느헤미야가 기도하다

"하나님을 계속 의지하는 길은
기도를 계속하는 것입니다."[1]
_제리 브리지스

도입

인생이 순조롭게 흘러가고, 모든 것이 안전하고 안정적으로 보일 때면, 기도에 소홀해진다는 사실을 눈치챘습니까? 인간은 대부분 스스로의 힘으로 살아갑니다. 혼자 다 알아서 하는 것입니다. 아마도 이것이 우리가 많이 기도하지 않는 이유일 것입니다.

> 그러나 성경 전반에 걸쳐 기도는 그리스도인의 삶에서 가장 근본적이고 규칙적인 요소로 언급됩니다. 사실 규칙적인 기도는 한 사람의 영적인 온전함을 드러내는 시금석이라고 할 수 있습니다. 기도는 모든 것을 하나님께 자발적으로 맡기는 것(마 6:11~13)으로 "모든 일에서 하나님의 뜻이 이루어질 것입니다"라고 말하는 마음의 태도입니다.

Leader

느헤미야 이야기의 시작을 보면, 하나님의 백성은 곤경에 처해 있습니다. 하나님의 뜻을 이루기 위해 하나님이 개입하셔야 할 상황이었습니다. 그들의 상황으로 인해 그들은 전적으로 하나님께 의존했습니다. 제 경험에 비추어 보면, 제가 가장 열정적으로 기도한 때는 제 삶에서 가장 괴로운 때였습니다. 많은 그리스도인이 저와 같을 것입니다.

Q 인생의 절박한 순간에야 하나님께 달려가는 이유는 무엇일까요?

Q 기도하기 가장 쉬운 때와 기도하기 가장 힘든 때는 언제일까요?

Session Summary

이 세션에서는 백성들을 위해 하나님께 부르짖어 기도하며, 약속의 땅으로 그들을 회복시켜 주실 것을 하나님께 청했던 느헤미야를 만날 것입니다. 느헤미야 이야기를 읽으면서, 우리가 따르는 하나님은 우리를 용서

하고 구원하시는 분이며, 우리가 주님의 목적을 이루는 데 필요한 모든 것을 공급해 주시는 분임을 깨닫게 될 것입니다. 그리스도인으로서 우리는 하나님이 이 땅에 하나님 나라가 임하게 하시며, 세상을 회복하실 것을 믿습니다. 또한 하나님의 약속을 신뢰하며 기도하고 행동합니다.

전개

1. 느헤미야는 자기 백성에 대한 부담감으로 기도합니다 (느 1:1~4)

> 느헤미야 이야기는 느헤미야가 자기 백성, 유대인을 위해 간구하는 기도로 시작됩니다. '하나님이 위로하신다'라는 뜻의 이름을 가진 느헤미야는 하나님 앞에서 하나님의 고난받는 백성을 대변하는 중재자로 소개됩니다.

Leader

¹하가랴의 아들 느헤미야의 말이라 아닥사스다왕 제이십년 기슬르월에 내가 수산 궁에 있는데 ²내 형제들 가운데 하나인 하나니가 두어 사람과 함께 유다에서 내게 이르렀기로 내가 그 사로잡힘을 면하고 남아 있는 유다와 예루살렘 사람들의 형편을 물은즉 ³그들이 내게 이르되 사로잡힘을 면하고 남아 있는 자들이 그 지방 거기에서 큰 환난을 당하고 능욕을 받으며 예루살렘성은 허물어지고 성문들은 불탔다 하는지라 ⁴내가 이 말을 듣고 앉아서 울고 수일 동안 슬퍼하며 하늘의 하나님 앞에 금식하며 기도하여

> 유대 역사에서 이때는 그들이 바벨론의 포로 생활에서 구원을 받은 시점입니다. 그러나 고향으로 돌아온 그들은 성벽이 무너진 성에서 살아야 했습니다. 대적들이 아닥사스다왕에게 성벽 재건을 중단하도록 요청했기 때문에 성벽은 여전히 재건되지 못한 상태였습니다. 그들에게는 하나님의 보호와 위로가 필요했습니다 (스 4:7~23).
>
> 느헤미야는 자기 백성을 보존하시는 하나님의 약속을 잘 알고 있었으므로 하나님께 부르짖었습니다 (스 1:1~11). 그리고 성경이 보여 주는 것처럼 유대 백성들은 큰 곤경에 빠졌으므로 (느 1:3), 신실하신 하나님의 보호와 위로가 절실했습니다.

Leader

예루살렘의 사정을 듣고 느헤미야가 보여 준 필사적이면서도 믿음직스러운 자세는 기도의 전형을 보여 줍니다 (4절). 유대 백성들이 곤경에 처해 있음을 알게 된 느헤미야는 슬피 울면서 "하늘의 하나님"께 금식하며

> **심화 주석** 느헤미야와 하나니의 대화 (느 1:2~3)가 이루어졌던 때는 BC 446년 11월 중순에서 12월 중순 사이였습니다. 그런데 느헤미야가 왕에게 나아가는 일 (느 2장)은 BC 445년 3월이나 4월에 일어났습니다. 이 두 가지 일은 아닥사스다가 재위했던 20년 사이, 즉 BC 464~423년 사이에 일어났습니다. 이는 에스라가 예루살렘으로 떠난 지 약 13년 정도 후의 일입니다 (스 7:7).
> 신속하고 단호한 성품을 가진 느헤미야를 볼 때 이러한 그의 행동은 주목할 만합니다. 이는 그의 우선순위가 어디에 있었는지를 보여 줍니다. 또한 그의 행동은 이 구절의 모든 문구들로 미루어 보아, 2장 4절에 나오는 그 유명한 '순간 묵도'와 그에 따른 성취들도 결코 서두르거나 깊이 없는 행동이 아니었다는 근거가 됩니다. 다음에 이루어지는 일들이 이를 증명합니다.[2]
>
> _데릭 키드너

"우리의 영광이나 이익을
위해서가 아니라, 하나님이
보내신 그분의 사랑하는 아들을
위해 하나님이 자기 역사를
계속해 가시기를 기도합시다."[3]
_D. L. 무디

"절망을 아는 것이 기도
생활의 핵심입니다."[4]
_폴 밀러

심화토론

• 마음의 심한 부담감으로 인해 기도
했던 적이 있습니까? 그 결과는 어
땠나요?

기도했습니다(참조, 스 1:2; 5:12). 에스라가 하나님의 백성들에게 깊이 박혀 있는 죄의 습성을 발견했을 때 보였던 반응과 비슷합니다. 죄와 같은 내면의 문제든, 적으로부터의 보호가 필요한 외적 문제든, 두 사람은 오직 하나님만이 도우실 수 있음을 알았습니다. 그들은 백성들을 위해 자신이 느낀 부담감을 하나님 앞에 가져와 기도했습니다.

Q 부담감을 느끼는 것과 절박하게 기도하는 것 사이에는 어떤 관계가 있습니까?

백성을 위한 느헤미야의 중재 기도는 성부 하나님 앞에서 우리를 위해 중보하시는 예수님의 모습을 예시합니다(히 7:25). 하나님 백성의 고통을 듣고 울며 그들을 위해 기도하는 모습은 십자가 아래서 예루살렘을 보고 울며 기도하신 예수님의 모습을 보여 줍니다(눅 19:41~44). 느헤미야보다 더 위대하신 중보자 예수님은 자기 백성을 위해 우셨을 뿐만 아니라 그들을 위해 자기 생명을 내어 주셨습니다. 예수님은 그들에 대한 부담감을 느끼시고 골고다 언덕으로 그것을 가지고 가셨습니다. 그곳에서 예수님은 그 누구도 이길 수 없는 죄와 사망이라는 적으로부터 그들을 지키는 보호자가 되셨습니다(롬 5:20~21; 고전 15:55~57).

> **Leader**
> 기쁜 소식은 느헤미야에게 응답하신 하나님이 오늘날 우리 기도도 들으시고, 우리 삶의 무게를 담당하신다는 사실입니다.
> "날마다 우리 짐을 지시는 주 곧 우리의 구원이신 하나님을 찬송할지로다"(시 68:19).
> 마찬가지로 우리는 예수님이 구원을 위한 우리 부르짖음을 들으실 뿐만 아니라 그에 대해 응답해 주실 것을 확신할 수 있습니다.
> "그러므로 자기를 힘입어 하나님께 나아가는 자들을 온전히 구원하실 수 있으니 이는 그가 항상 살아 계셔서 그들을 위하여 간구하심이라"(히 7:25).

Q 우리 죄의 짐을 안고 십자가로 나아가셨던 예수님을 이해하는 것은 우리가 인생에서 만나는 온갖 짐들을 안고 예수님께 가져가 부르짖는 데 어떻게 동기를 부여하나요?

2. 느헤미야는 용서하시고 구원하시는 하나님께 기도합니다

(느 1:5~11)

> 느헤미야의 기도는 그가 하늘의 하나님 여호와를 친밀하게 알고 있었음을 보여
> 줍니다. 그의 기도는 유일하신 참 하나님이신 이스라엘의 하나님께 드리는 기도
> 였습니다(참조, 출 3:13~15). 느헤미야의 기도에 귀 기울여 보십시오.

Leader

*⁵이르되 하늘의 하나님 여호와 크고 두려우신 하나님이여 주를 사랑하고 주
의 계명을 지키는 자에게 언약을 지키시며 긍휼을 베푸시는 주여 간구하나이
다 ⁶이제 종이 주의 종들인 이스라엘 자손을 위하여 주야로 기도하오며 우리 이
스라엘 자손이 주께 범죄한 죄들을 자복하오니 주는 귀를 기울이시며 눈을 여
시사 종의 기도를 들으시옵소서 나와 내 아버지의 집이 범죄하여 ⁷주를 향하여
크게 악을 행하여 주께서 주의 종 모세에게 명령하신 계명과 율례와 규례를 지
키지 아니하였나이다 ⁸옛적에 주께서 주의 종 모세에게 명령하여 이르시되 만
일 너희가 범죄하면 내가 너희를 여러 나라 가운데에 흩을 것이요 ⁹만일 내게
로 돌아와 내 계명을 지켜 행하면 너희 쫓긴 자가 하늘 끝에 있을지라도 내가 거
기서부터 그들을 모아 내 이름을 두려고 택한 곳에 돌아오게 하리라 하신 말씀
을 이제 청하건대 기억하옵소서 ¹⁰이들은 주께서 일찍이 큰 권능과 강한 손으로
구속하신 주의 종들이요 주의 백성이니이다 ¹¹주여 구하오니 귀를 기울이사 종
의 기도와 주의 이름을 경외하기를 기뻐하는 종들의 기도를 들으시고 오늘 종
이 형통하여 이 사람들 앞에서 은혜를 입게 하옵소서 하였나니 그때에 내가 왕
의 술 관원이 되었느니라*

느헤미야는 이스라엘의 하나님은 사랑에 변함이 없으시고, 약속을
신실하게 지키시는 분임을 알았습니다. 하나님이 자기 백성에게 자신을 자
유롭게 계시하신다는 것은 믿기 어렵지만 사실인데, 슬프게도 많은 그리스
도인이 이를 간과하고 있습니다.

> 생각해 보십시오. 하나님이 자신을 계시하지 않으셨다면, 느헤미야가 어떻게 하
> 나님을 그렇게 잘 알 수 있었겠습니까? 그것은 하나님이 의식적, 자발적, 의도적
> 으로 보이신 행동이 있었기 때문입니다. 칼 헨리가 기록한 것처럼, 계시는 "하나
> 님이 시작하신 행동이자 하나님의 자발적 소통 방법으로, 하나님이 자신의 은밀
> 함을 그분의 실재에 관한 신중한 공개로 전환하시는 행위"입니다.[6]
> 우리가 소중히 여기는 모든 관계는 자신을 공개하는 상호적인 합의에 기초합니

Leader

심화 주석 하나님을 "하늘의 하나님, 여호와"로 지칭하는 것은 구약성경에서 흔하지는 않지만 여러 곳에서 나타납니다(창 24:7; 대하 36:23; 욘 1:9). 하나님에 대한 이런 묘사는 다니엘의 기도에서도 나타납니다. "크시고 두려워할 주 하나님, 주를 사랑하고 주의 계명을 지키는 자를 위해 언약을 지키시고 그에게 인자를 베푸시는 이시여"(단 9:4). 에스라처럼(스 9:6), 느헤미야도 "나와 내 아버지의 집이 범죄하여"(느 1:6)라고 고백하며 자기 백성의 죄를 자기의 죄와 동일시했습니다. 느헤미야는 그들이 언약을 신실하게 지키지 못하면 하나님이 이스라엘을 열방 중에 흩으실 것이라는 모세의 경고(신 4:27; 28:64)를 언급한 다음, 모세를 통해 주신 회개와 회복에 대한 하나님의 약속(신 30:1~5)을 언급합니다(느 1:9).

여기서 '회개'는 구약의 주요 용어, '슈브'가 사용되어, "내게로(하나님께로) 돌아와"(느 1:9)로 번역되었습니다. 모세가 이스라엘은 애굽에서 하나님이 직접 인도하신 하나님의 백성이라는 사실을 하나님께 상기시키면서(출 32:11) 죄를 범한 이스라엘 백성을 위해 중재한 것처럼, 느헤미야도 그들이 하나님의 종이며 하나님이 구속하신 하나님의 백성임을 하나님께 상기시킵니다.[5]

_ 칼 R. 앤더슨
HCSB Study Bible

심화 주석 어떤 학자들은 느헤미야가 아닥사스다왕을 "이 사람(들)"(느 1:11)으로 언급한 것은 부적절한 행동이었다고 주장합니다. 하지만 느헤미야가 그렇게 언급한 것은 하나님이 "이 사람"이 누군지 잘 아신다고 믿었고, 개인적인 기도였기 때문이며, 그가 왕을 대하는 데 있어서 하나님의 도움이 절실했음을 나타내 준다고 말할 수 있습니다. 다니엘을 상대로 '메대와 바사의 규례'(단 6:8, 12, 15)가 반포되었을 때, 그것을 함부로 고칠 수 없었던 것처럼 바사 제국의 통치자들도 그들의 법률을 함부로 취소할 수 없었습니다. 느헤미야는 지금 예루살렘의 모든 건축 작업을 중단하라고 했던(스 4:23) 왕의 이전 명령을 뒤집는 엄청난 요청을 아닥사스다왕에게 해야 하는 상황입니다. 기도가 끝나는 시점에서야 비로소 느헤미야와 같은 유대인이 왜 바사 왕에게 이야기해야겠다고 생각했는지 그 이유가 분명해집니다. "내가 왕의 술 관원이 되었으니라"(느 1:11). 술 관원에게는 왕에게 어울리는 포도주를 고르는 것뿐만 아니라 술에 독이 들었는지 확인하기 위해 직접 시험해 봐야 하는 책임도 있었습니다.[7]

_칼 R. 앤더슨
HCSB Study Bible_

다. 아내가 저에게 자신을 드러냄으로써, 즉 자신의 소망, 꿈, 실망, 어려움 등을 표현했기에 제가 아내를 잘 알게 된 것입니다. 친구가 저에게 자신을 드러내고 표현했기에 제가 그의 기쁘고, 슬프고, 고통스러운 경험을 알게 된 것입니다.

모든 관계는 상대가 어떤 식으로 자신을 드러내느냐에 따라 달라집니다. 그리스도인으로서 우리가 하나님을 아는 것은 하나님이 역사 속에서 변함없는 사랑과 계명과 역사를 통해 자신을 계시해 오셨기 때문입니다. 우리는 그 계시에 근거해 반응하도록 부름받았습니다.

느헤미야는 하나님의 어떤 속성에 근거해 기도합니까?	느헤미야는 기도에서 이스라엘 백성을 어떻게 묘사합니까?

느헤미야의 기도 내용은 '하늘의 하나님'께 드리는 우리 기도에 어떤 영향을 끼칩니까?

> Leader

느헤미야가 이스라엘의 하나님을 부를 때, 백성들의 죄를 고백했을 뿐만 아니라 모세 시대부터 그들이 순종하기로 결단했던 것을 기억하고 있음에 주목하십시오. 느헤미야는 그와 하나님의 백성이 부패했고, 모세에게 주신 계명을 지키는 데 실패했음을 고백했습니다(느 1:6~7). 게다가 그들의 죄로 인해 지금의 상황에 이르게 되었음을 인정했습니다(8절). 그들의 불순종은 결국 바벨론의 포로가 되는 심판을 초래했습니다(레 26:27~33; 신 4:25~27; 28:64).

느헤미야는 하나님의 백성이 그분께 돌아오면, 하나님이 그들을 다시 세워주시리라고 말씀하셨던 것을 상기시켜 드렸습니다. 그들은 불순종으로 포로가 되었지만, 순종으로 복을 얻을 것입니다(레 26:3~13; 신 28:1~4) 모세처럼(출 32:13; 신 9:27) 느헤미야도 하나님의 언약에 근거해 간구했습니다. 즉 하나님이 유대인들이 회개하면 그들을 약속의 땅으로 데려가 회복시키겠다고 하신 언약에 근거한 것입니다(레 26:40~42; 신 4:29~31, 30:1~6).

이 이야기에서 우리가 주목해야 하는 것은 하나님 백성의 '두 번째 출애굽'이 계속되고 있다는 것입니다. 표면적으로는 유대인들이 고레스의 조서에 따라 그들의 땅으로 돌아간 것처럼 보입니다(스 5:13). 그러나 우리는 하나님이 애굽에서 바로에게 하셨던 것처럼, 고레스를 주님의 계획을 실현할 도구로 삼아 섭리 가운데 역사하셨음을 압니다.

첫 번째 출애굽에서처럼, 궁극적으로는 하나님의 전능하신 손길이 유대인들을 구원한 것입니다(느 1:10; 신 4:34). 느헤미야는 애굽에서 있었던 첫 번째 출애굽을 돌아보고, 앞으로 있을 바벨론에서의 귀환을 담대하게 구했습니다. 그리고 그는 자기 백성을 향해 변함없는 사랑을 보여 주시는 하나님이 언약을 지키시리라는 사실을 확신하고 위안을 얻었습니다.

Q 하나님이 과거에 행하신 역사와 주셨던 약속은 현재 직면한 문제를 위해 기도할 때 어떤 확신을 심어 주나요?

이제 그들은 바벨론에서 구출되어 약속의 땅으로 돌아왔습니다. 그런데 마땅히 해야만 하는 일들이 예전처럼 실행되지 않았습니다. 느헤미야는 그와 그의 백성이 모두 종이었음을 지적했습니다(10~11절). 그들은 하나님의 종이지만, 또한 아닥사스다왕의 종이기도 했습니다. 왕에게 종노릇하는 것은 그들이 여전히 '포로' 상태에 있음을 보여 줍니다. 자기 땅으로 돌아왔음에도 여전한 노예근성은 그들이 불순종으로 인한 결과에서 아직 자유롭지 못하다는 것을 보여 줍니다.

오늘날 우리에게서도 이와 같은 모습을 발견할 수 있습니다(히 11:13~16). 우리는 자신의 결점과 타락과 자주 마주합니다. 우리는 용서를 받고 죄에서 자유하게 되었지만, 우리는 여전히 죄와 싸우고 있습니다.

> **Leader** 지금 당신이 그리스도인이라면, 당신은 구원을 받았고(칭의), 구원을 받는 중이며(성화), 구원을 받을 것입니다(영화).

감사하게도 느헤미야처럼 우리도 우리를 대신해 일하시는 하나님을 볼 수 있습니다. 그리고 하나님이 우리 상황 가운데서 우리에게 승리를 주시고, 긍휼을 베푸시는 것을 알 수 있습니다. 하나님은 자기 백성을 용서하시고 구원하시는 분입니다.

> **Leader :** 우리는 하나님의 변함없는 사랑이 그 계명을 지키는 것을 통해 응답되리라는 것을 알고 있습니다. 구원을 통해 보여 주신 하나님의 사랑에 유대인들처럼 우리도 사랑과 경건으로 반응하며 순종해야 합니다(느 1:9; 신 6:5).

"대부분의 왕이 받는 존경과 당시 이스라엘이 아닥사스다왕이 다스리는 제국의 작은 한 지방에 불과했다는 점을 생각해 보면, 느헤미야가 왕을 단순한 사람으로 묘사한 것이 특이합니다. 그러나 느헤미야는 만왕의 왕과의 관계에서 그 왕을 본 것입니다."[8]
_어거스틴 파골루

"느헤미야의 지위와 태도는 모세를 생각나게 합니다. 바로의 궁정에서 누렸던 모세의 특권과 지위에도 불구하고, 그는 노예로 전락한 자기 백성을 진정으로 걱정했습니다(출 2:10~11)."[9]
_누팡가 웨안자나

"일용할 양식과 같은 현재의 필요와 하나님 나라의 도래를 기대하는 미래의 소망이 기도의 동기가 됩니다"
_트레빈 왁스

심화토론
• 유대인들의 포로 생활 및 귀환과 이스라엘의 출애굽 사이에는 어떤 유사성이 있나요?

심화
주석 다음 사실들을 고려해 보십
시오. 느헤미야는 왕에게 예
루살렘으로 가는 여정과 성벽 재건
에 얼마의 시간이 걸리는지 알려 줄
수 있었습니다(느 2:6). 또한 유브라
데 서편에서 필요한 허가가 어떤 것
인지도 정확히 알고 있었습니다(7
절). 그리고 느헤미야는 성전, 성벽,
성, 그의 거처 등에 필요한 재목이 무
엇인지도 정확하게 알고 있었습니다
(8절). 이러한 사실들을 볼 때, 느헤미
야가 기도하며 계획했음이 분명합니
다. 그는 하나님께 "이 사람(들) 앞에
서 은혜를 입게 하옵소서"(느 1:11)라
고 간구했고, 그래서 아닥사스다왕
앞에 설 기회가 생겼을 때, 그는 어떤
요구를 할 것인지, 그리고 그 계획이
무엇인지 이야기할 준비가 되어 있었
습니다.
이 점에서 느헤미야의 발자취를 따
르도록 권면하고 싶습니다. 느헤미야
는 자기 기도가 응답되는 것을 보기
위해 하나님이 사용하시는 자가 되
고자 했습니다. 성경을 공부하십시
오. 성경에서 하나님이 약속하신 것
을 하나님이 이루시도록 기도하십시
오. 그리고 하나님의 약속이 성취되
는 데 쓰임받을 수 있도록, 어떻게 그
리고 무엇을 할 수 있는지 생각해 보
십시오.[10]

_제임스 M. 해밀턴 주니어

유대인들은 포로 생활에서 돌아오는 것을 통해 하나님의 사랑을 경험했습니다.
우리는 예수 그리스도의 인격과 사역을 통해 더 큰 하나님의 영광이 드러나는 것
을 맛봤습니다.

진정한 순종은 하나님의 사랑에 반응하는 것이지, 하나님의 사랑에 대한 요구
사항을 충족시키는 것이 아닙니다. 그래서 구원은 하나님의 궁극적인 승리의 선
물이지만, 구원에는 우리의 성화, 즉 우리를 예수님처럼 바꾸어 가는 힘든 투쟁
의 과정이 포함되어 있습니다. 성화의 과정에서 우리는 성령님의 능력을 통해 하
나님의 명령에 순종하기 위해 노력하며 죄와 싸웁니다.

Q 세상이 아직 완전하게 구속되지 않았으며, 우리가 아직 죄에서 완전히 놓이지
않았다고 생각하게 되는 때는 언제입니까?

Q 하나님의 구원 계획에서 기도는 어떤 역할을 할까요?

3. 느헤미야는 행동하면서 기도합니다(느 2:1~8)

> **Leader**
>
> 2장에서 우리는 왕의 식탁으로 들어갑니다. 술 관원 느헤미야가 왕에게 포도주
> 를 따를 때, 왕이 그의 얼굴을 살폈습니다(느 1:11; 2:1). 느헤미야가 왕 앞에서 수심
> 이 가득한 모습을 보인 것은 이번이 처음이었습니다. 그래서 왕은 무언가 잘못된
> 것이 틀림없다고 생각했습니다.

[1]아닥사스다왕 제이십년 니산월에 왕 앞에 포도주가 있기로 내가 그 포도주를
왕에게 드렸는데 이전에는 내가 왕 앞에서 수심이 없었더니 [2]왕이 내게 이르시
되 네가 병이 없거늘 어찌하여 얼굴에 수심이 있느냐 이는 필연 네 마음에 근심
이 있음이로다 하더라 그때에 내가 크게 두려워하여 [3]왕께 대답하되 왕은 만세
수를 하옵소서 내 조상들의 묘실이 있는 성읍이 이제까지 황폐하고 성문이 불
탔사오니 내가 어찌 얼굴에 수심이 없사오리이까 하니 [4]왕이 내게 이르시되 그
러면 네가 무엇을 원하느냐 하시기로 내가 곧 하늘의 하나님께 묵도하고 [5]왕에
게 아뢰되 왕이 만일 좋게 여기시고 종이 왕의 목전에서 은혜를 얻었사오면 나
를 유다 땅 나의 조상들의 묘실이 있는 성읍에 보내어 그 성을 건축하게 하옵소
서 하였는데 [6]그때에 왕후도 왕 곁에 앉아 있었더라 왕이 내게 이르시되 네가
몇 날에 다녀올 길이며 어느 때에 돌아오겠느냐 하고 왕이 나를 보내기를 좋게
여기시기로 내가 기한을 정하고 [7]내가 또 왕에게 아뢰되 왕이 만일 좋게 여기시

거든 강 서쪽 총독들에게 내리시는 조서를 내게 주사 그들이 나를 용납하여 유다에 들어가기까지 통과하게 하시고 [8]또 왕의 삼림 감독 아삽에게 조서를 내리사 그가 성전에 속한 영문의 문과 성곽과 내가 들어갈 집을 위하여 들보로 쓸 재목을 내게 주게 하옵소서 하매 내 하나님의 선한 손이 나를 도우시므로 왕이 허락하고

아닥사스다왕이 느헤미야에게 무슨 문제가 있느냐고 물었을 때, 그는 왕이 자신의 요청을 불충한 것으로 받아들일까 봐 두려워했습니다. 그러나 그는 조상의 성읍이 황폐해졌다는 소식을 들어서 슬프다고 사실대로 말했습니다. 성경은 왕이 느헤미야에게 요청 사항을 물었을 때, 그가 대답하기 전에 먼저 조용히 기도드리려고 잠깐 멈추었다고 말합니다.

Q 걱정이나 불안이나 두려움에 시달릴 때, 당신은 가장 먼저 어떤 반응을 보이나요? 그럴 때 누구에게 또는 무엇에 의지하나요?

Q 느헤미야가 보여 준 모범이 당신에게 어떻게 도움이 되나요?

느헤미야는 자신을 고향으로, 즉 그의 조상이 묻힌 성읍으로 보내 성을 재건할 수 있게 해 달라고 요청했습니다. 또한 이전에 아닥사스다왕을 설득해 그 성의 재건을 중단하게 했던 총독들에게 보여 줄 조서를 내려 달라고 요청했습니다(스 4:7~16). 더 나아가 자금 조달을 위해 왕의 숲에서 재목을 얻게 해 달라고 요청하기까지 했습니다. 무리한 요청이었는데도 불구하고 놀랍게도 왕은 그의 요청을 모두 수락했습니다! 하나님이 내내 그 땅을 재건할 준비를 해 오신 것입니다.

> **Leader**
> 첫 번째 출애굽처럼, 하나님의 백성은 바벨론을 떠날 때 이웃의 선의로 귀중한 선물과 하나님의 성전을 건축할 재료들을 받았습니다(스 1:6. 참조, 출 11:2~3; 12:35~36). 아닥사스다왕은 하나님의 백성이 하나님의 성전과 성벽을 재건하는 목적을 이루는 데 필요한 모든 것을 승인했습니다.
>
> 하나님은 요셉, 다니엘, 에스더에게 그러셨던 것처럼 왕이 그들에게 은혜를 베풀게 하셨습니다. 우리는 "왕의 마음이 여호와의 손에 있음이 마치 봇물과 같아서 그가 임의로 인도하시느니라"는 잠언 21장 1절의 말씀을 기억해야 합니다. '하늘의 하나님'이 자신의 주권적 목적을 성취하기 위해 여러 사건을 섭리적으로 이끌어 가시는 또 다른 사례가 느헤미야 2장에 있습니다(1:4; 2:4; 20).
>
> 저희 교회의 성도들은 목회자인 제게 신학적인 질문을 하는 것을 좋아하고, 저

심화주석 느헤미야는 하나님이 자기 요청을 왕이 승인하게 만드실 것을 믿었던, 아주 실제적인 사람이었습니다. 느헤미야는 이것이 하나님의 뜻(참조, 잠 21:1)이라고 확신했기 때문에 왕이 제안하는 것을 수용하는 데 아무런 문제가 없었습니다. 성경에서 하나님은 종종 자기 계획을 위해 한 나라의 왕을 사용하십니다(참조, 출 6:1; 10:1; 14:4; 사 45:1~7).

하나님의 일하심과 우리 계획은 모순되지 않습니다. J. 화이트는 "계획은 기도의 출발점이다"라고 말했습니다. 느헤미야는 좋은 리더십의 모범을 보여 줍니다. 그는 기도하고, 계획하고, 하나님의 도우심에 순종하고, 하나님을 의존하면서 실행했습니다. 조사하는 것과 하나님을 의존하는 것은 모순되는 것이 아닙니다. 느헤미야는 자신이 상대해야 할 관료가 누구인지 알았고, 그래서 성벽 재건 프로젝트를 진행하는 데 필요한 조서를 요구했습니다.[11]

_머빈 브레느먼

핵심교리
99

29. 기도와 섭리

하나님이 모든 것을 통제하시고 미래를 이미 알고 계신다면, 우리는 왜 기도해야 할까요? 성경은 하나님이 세상을 위한 계획을 성취하겠다고 약속하시긴 했지만, 종종 '기도'라는 수단을 통해 자기 목적을 성취하신다고 가르칩니다. 하나님은 이야기의 결말을 알고 계시지만, 그것의 성취는 기도를 통해 이루어질 것입니다. 이런 의미에서 "기도가 변화를 일으킨다"는 말은 사실이며, 하나님이 기도로 우리 마음을 변화시켜 우리 뜻이 하나님의 뜻에 일치하도록 하신다는 것도 사실입니다.

역시 그 질문에 대답하는 것을 좋아합니다. 최근에 한 성도가 제게 "하나님이 주권적이시라면, 왜 기도해야 하나요?"라고 물었습니다. 저는 "하나님이 그렇게 하라고 우리에게 명령하셨기 때문입니다"라고 기초적인 답을 내놓을 수도 있었지만(엡 6:18; 살전 5:17) 그렇게 하지 않았습니다. 그 질문 너머에는 더 심도 깊은 질문과 답변이 숨어 있기 때문입니다.

우리는 하나님이 만물을 다스리시는 전능하신 분임을 알고 있습니다(사 46:9~10). 또한 자기 뜻대로 만물을 다스리심을 압니다(약 4:13~15). 그렇다면 느헤미야는 왕 앞에 섰을 때, 왜 두려워했을까요? 왜 기도했을까요? 왜냐하면 왕이 어떻게 반응할지 몰랐기 때문입니다. 하지만 느헤미야는 하늘의 하나님을 알고 있었고, 그분이 자기 백성과 맺은 언약을 기억하신다는 것을 알았습니다. 이와 마찬가지로 그리스도인은 하나님이 만물을 회복시켜 자기 백성의 거처가 되게 하시리라는 약속을 지키실 것을 믿습니다. 그러므로 우리는 그 목적을 위해 기도하고 행동해야 합니다.

Q 하나님 나라가 임하도록 기도하는 것(마 6:10)과 세상에서 하나님께 순종해 행동하는 것 사이에는 어떤 관계가 있을까요?

Q 기도와 행함이 서로 상반되는 것이라고 생각하나요? 아니면 같은 것인데 서로 다른 형태라고 생각하나요? 그 이유는 무엇인가요?

결론

> Leader

예수님이 제자들에게 하나님은 그들에게 필요한 모든 것을 이미 알고 계심을 이야기하신 후에, 필요를 위해 기도하라고 말씀하신 이유가 무엇인지 생각해 본 적이 있습니까(마 6:11~13. 참조, 마 6:7~8)? 하나님이 기도를 통해 자신의 사역에 우리를 참여시키고자 하시며, 창조에 있어서 하나님의 주권적 섭리에 관한 외주 작업의 일부로 우리를 사용하고 계신다는 사실을 이해하지 못하면, 예수님의 말씀은 이상하게 들릴 수 있습니다. 샘 스톰즈는 이것을 이렇게 설명했습니다. "기도 없이도 하나님이 우리에게 주시기로 약속하신 것을 주실 것이라고 결코 생각하지 마십시오. 오직 기도를 통해서만 주십니다."[12]

기도는 하나님의 뜻을 성취하는 수단입니다(약 5:14~15; 참조, 엡 6:19; 골 4:3~4). 하나님은 우주를 설계하실 때, 우리가 주님의 뜻에 합당하게 구할 때 행동하고 개입하시겠다는 방침을 세우셨습니다. 우리는 기도를 통해 하나님이 정하신 목적을 달성하는 도구가 됩니다. 하나님의 최종 목적은 온 피조 세계에 자기 영광을 드러내시는 것입니다. 우리는 기도할 때, 하나님의 역사에 동참하게 됩니다. 이런 이유로 모든 기도의 원동력은 하나님의 영광에 대한 관심과 하나님의 백성을 향한 사랑입니다.

> Leader

"너희 중에 병든 자가 있느냐 그는 교회의 장로들을 청할 것이요 그들은 주의 이름으로 기름을 바르며 그를 위하여 기도할지니라 믿음의 기도는 병든 자를 구원하리니 주께서 그를 일으키시리라 혹시 죄를 범하였을지라도 사하심을 받으리라"(약 5:14~15).

"또 나를 위하여 구할 것은 내게 말씀을 주사 나로 입을 열어 복음의 비밀을 담대히 알리게 하옵소서 할 것이니"(엡 6:19).

"또한 우리를 위하여 기도하되 하나님이 전도할 문을 우리에게 열어 주사 그리스도의 비밀을 말하게 하시기를 구하라 내가 이 일 때문에 매임을 당하였노라 그리하면 내가 마땅히 할 말로써 이 비밀을 나타내리라"(골 4:3~4).

> "진정으로 쉬지 말고 기도해야 합니다. 단, 하나님이 기도를 들으신다는 믿음과 확신 가운데 기도해야 합니다. 그렇지 않으면, 우리의 기도는 헛된 것이 되고 맙니다."[13]
> _마르틴 루터

그리스도와의 연결

느헤미야는 하나님이 자기 백성을 고향으로 돌아오게 하겠다는 약속을 지키실 것을 믿었습니다. 이것이 그가 기도한 이유이며, 그렇게 행동했던 이유입니다. 그리스도인으로서 우리는 하나님이 만물을 회복시켜 자기 백성의 거처가 되게 하시리라는 약속을 지키실 것을 믿습니다. 예수님은 우리를 위해 성부 하나님께 기도하시는 분이며, 구원에 이르는 유일한 길입니다.

하나님의 계획 우리의 사명

선교적 적용   하나님은 우리가 하나님의 영광을 구하고, 하나님의 백성을 돌보는 것에 관한 부담감을 갖기를 원하십니다. 그리고 그로 인해 기도하고 행동함으로써 하나님의 계획에 동참하기를 원하십니다.

1. 하나님이 당신의 마음에 주신 선교에 대한 부담감은 무엇입니까?

2. 어떻게 하면 교회/공동체에서 서로를 위해 기도하는 문화를 만들 수 있을까요?

3. 예수님의 이름을 위해 사랑을 베풀고, 선교할 계획을 세워 보십시오. 그리고 하나님께 그 일을 할 수 있는 힘을 구하는 기도문을 써 보세요.

금주의 성경 읽기
왕상 17~21장

Summary and Goal

느헤미야서는 약속의 땅에서 자기 백성을 회복시키시는 하나님의 이야기이자, 자신들이 언약 백성임을 깨달아가는 하나님 백성의 이야기입니다. 느헤미야서에서 우리는 하나님의 백성이 안팎으로 갈등에 직면하는 모습을 보게 됩니다. 어려운 상황에서도 그들은 믿음을 지키고 하나님의 뜻을 성취해 갑니다. 그리스도인은 느헤미야에게서 우리가 옳은 일을 옳은 방식으로 수행하고, 궁극에는 성공에 대해 하나님께 영광을 돌리도록 부름받았음을 배웁니다. 또한 하나님은 사명을 완수하는 것뿐만 아니라, 그것을 완수하는 방식을 통해서도 영광을 받으신다는 사실을 배웁니다.

- **성경 본문**
  느헤미야 4:7~14; 5:1~13; 6:15~16

- **세션 포인트**
  1. 하나님의 백성은 갈등에 부딪힐 때, 지혜롭게 행동합니다(느 4:7~14)
  2. 하나님의 백성은 사회의 불의에 대처합니다(느 5:1~13)
  3. 하나님의 백성은 성공에 대해 하나님께 영광을 돌려 드립니다(느 6:15~16)

- **신학적 주제**
  하나님은 사명 완수뿐 아니라 그것을 완수하는 방식을 통해서도 영광을 받으십니다.

- **그리스도와의 연결**
  느헤미야 시대에 사람들은 예루살렘 주변 성벽을 재건하고, 그들의 대적에게서 성을 지키기 위해 모였습니다. 훗날 예수님은 예루살렘의 멸망을 예언하셨지만, 십자가의 죽음과 부활을 통해 자기 백성이 죄와 죽음이라는 대적에게서 보호받을 수 있는 길을 만드셨습니다.

- **선교적 적용**
  하나님은 우리가 올바른 방법으로 옳은 일을 수행하고 성공에 대해 하나님께 영광 돌리기를 원하십니다.

하나님의
백성이
성벽을
재건하다

10

Session Plan

도입

하나님 나라와 이 세상 나라를 대조해 주십시오. 느헤미야 이야기는 기도의 우선순위와 지혜롭게 행동해야 할 책임에 대해 생각해 보게 한다는 것을 말해 주십시오.

어려운 선택에 직면했을 때, 현명한 결정을 하기 위해 어떻게 하나요?

하나님이 약속의 땅에서 자기 백성을 어떻게 회복하시는지, 그리고 그들의 상황에도 불구하고 그들을 통해 하나님의 뜻을 어떻게 성취하시는지를 보여 주는 이 세션을 요약해 주십시오.

전개

1
하나님의 백성은 갈등에 부딪힐 때, 지혜롭게 행동합니다
(느 4:7~14)

느헤미야의 요청을 아닥사스다왕이 승인했던 것을 기억해 보십시오. 그러고 나서 느헤미야 4장 7~14절을 읽으십시오. 산발랏과 그의 동조자들의 의도와 인간의 본성에 관해 토론하게 하십시오. 갈등에 직면할 때, 하나님의 백성은 어떻게 행동해야 하는지 가르쳐 주십시오.

반대에 부딪힌 느헤미야가 보인 반응에서 무엇을 배울 수 있습니까?

반대에 부딪힐 때, 지혜롭지 못한 반응은 무엇입니까?

느헤미야가 하나님의 보호와 공급하심을 신뢰하고 있음을 설명해 주십시오. 그의 신뢰가 공격의 위협에 직면한 하나님의 백성에게 어떻게 전달되었는지 설명해 주십시오. 유대인들이 직면한 반대와 예수님이 직면하셨던 반대를 연결해 주십시오.

인생에서 두려움은 하나님의 뜻을 성취하지 못하게 막는 강력한 존재입니다. 하나님의 백성이 두려움과 싸워 승리하는 방법에는 어떤 것들이 있을까요?

2
하나님의 백성은 사회의 불의에 대처합니다
(느 5:1~13)

느헤미야 5장 1~13절을 읽으십시오. 사람들이 성벽에 집중한 나머지 다른 것들에 어떻게 소홀하게 되었는지, 그래서 어떤 결과가 나타났는지 설명해 주십시오.

하나님의 뜻과 명령에 순종하고자 할 때, 자기 삶을 면밀히 살펴봐야 하는 이유는 무엇입니까?

이러한 상황에 관한 느헤미야의 의로운 분노를 언급한 후, 삶에서 하나님의 법을 무시하는 것은 하나님의 사역에 심각한 영향을 미칠 수 있음을 강조해 주십시오. 복음이 우리가 처음 받은 구원(칭의)뿐 아니라, 지속적인 성화에도 깊이 연관되어 있음을 설명해 주십시오.

자신의 부족함과 죄에 직면할 때, 사람들이 보이는 반응은 두 가지입니다. 회개하고 순종하거나, 하나님의 판결에 저항하는 것입니다. 복음은 회개와 순종의 반응에 어떻게 힘을 실어 줄까요?

하나님이 유대인들과 어떻게 함께하셨고, 성벽 재건 일을 어떻게 완수하셨는지 보여 주십시오. 그리고 나서 자원자에게 느헤미야 6장 15~16절을 읽게 하십시오.

하나님이 놀라운 일을 행하시는 것을 보고, 하나님만이 하실 수 있다는 것을 깨달은 적이 있나요?

기독교 역사는 불가능한 상황에서도 성공한 하나님 백성의 이야기로 가득하다는 것을 설명해 주십시오. 그리고 주권자 되시는 하나님의 손이 하시는 일에는 결코 우연한 것이 없다는 것을 이야기해 주십시오. 하나님이 하시는 모든 일에는 분명한 하나님의 목적이 있습니다.

성공에 대해 하나님께 영광을 돌리지 않으면 어떤 위험이 있습니까?

3
하나님의 백성은 성공에 대해 하나님께 영광을 돌려 드립니다
(느 6:15~16)

결론

예루살렘 성벽 재건 이야기가 앞으로 다가올 사건을 어떻게 보여 주는지 설명해 주십시오. '하나님의 성전'을 재건하는 것에는 도성뿐 아니라 그 속에 거하는 백성을 다시 세우는 일이 포함된다는 사실을 지적해 주세요. 하나님이 새 예루살렘, 즉 하나님이 하늘에서 내려보낼 거룩한 성에 관한 그림을 우리에게 보여 주고 계심을 말해 주십시오. 이 세션에서 배운 진리를 '하나님의 계획, 우리의 사명'에서 적용해 보십시오.

Session Content

10. 하나님의 백성이 성벽을 재건하다

도입 옵션

"하나님 나라는 무엇입니까?"라는 질문으로 이 세션을 시작하십시오. 그동안 자주 써 온 말이지만, 그 뜻을 제대로 정의해 보지는 않았을 것입니다. 성경이 하나님 나라를 어떻게 설명하고 있는지 살펴보고, 하나님 나라에 대해 이야기를 나누십시오. 그러고 나서 하나님 나라와 이 세상 나라 사이에 일어나는 분쟁에 관해 언급하는 도입부 글로 전환하십시오.

"지혜는 볼 수 있는 힘이자, 선택하는 기준이며, 가장 확실한 달성 방법이자, 최선이며 최고의 목적입니다."[1]
_제임스 패커

도입

> Leader
>
성경 이야기를 들여다보면, 하나님 나라의 방식은 이 세상 나라의 방식과 대부분 모순적입니다. 간혹 일치하는 경우가 있는데, 우리는 그것을 '일반 은혜'라고 부릅니다. 하지만 대부분의 경우 하나님의 방식은 우리가 속한 문화가 보여 주고 요구하는 패턴과는 확연한 대조를 이룹니다. "내 나라는 이 세상에 속한 것이 아니니라"(요 18:36)라는 예수님의 말씀을 기억하십시오.

불가능해 보이는 믿음의 행동이 요구되는 상황에 처했을 때, 그리스도인은 어떻게 반응해야 할까요? 이 세션에서는 느헤미야를 통해 기도가 최우선이라는 것과 지혜롭게 행동해야 할 책임에 관해 배울 것입니다.

> Leader
>
성경 속 지혜로운 행동들은 하나님을 경외하는 데서 비롯됩니다. '하나님을 경외한다'는 것은 '하나님의 의도와 일치한다'는 것을 의미하며, 그것은 곧 모든 지식의 근원이 됩니다(출 20:20; 잠 1:7; 9:10). 이것이 바로 느헤미야가 반대에 직면한 하나님의 백성에게 요구했던 것입니다(느 4:14; 5:9).

Q 어려운 선택에 직면했을 때, 현명한 결정을 하기 위해 어떻게 하나요?

Session Summary

느헤미야서는 약속의 땅에서 자기 백성을 회복시키시는 하나님의 이야기이자, 자신들이 언약 백성임을 깨달아가는 하나님 백성의 이야기입니다. 느헤미야서에서 우리는 하나님의 백성이 안팎으로 갈등에 직면하는 모습을 보게 됩니다. 어려운 상황에서도 그들은 믿음을 지키고 하나님의 뜻을 성취해 갑니다. 그리스도인은 느헤미야에게서 우리가 옳은 일을 옳은 방식으로 수행하고, 궁극에는 성공에 대해 하나님께 영광을 돌리도록 부름받았음을 배웁니다. 또한 하나님은 사명을 완수하는 것뿐만 아니라, 그 것을 완수하는 방식을 통해서도 영광을 받으신다는 사실을 배웁니다.

전개

1. 하나님의 백성은 갈등에 부딪힐 때, 지혜롭게 행동합니다

(느 4:7~14)

> 아닥사스다왕은 느헤미야가 성벽 재건을 요청했을 때, 그것을 승인해 주었을 뿐만 아니라 재건에 필요한 왕의 보호와 후원을 약속했습니다(느 2:7~10). 유대인들의 야심 찬 계획은 성공할 수 있을까요? 이어지는 상황들을 보면, 인간적인 기준에서 볼 때 그들이 목적을 달성할 가능성은 매우 희박해 보입니다.

[7]산발랏과 도비야와 아라비아 사람들과 암몬 사람들과 아스돗 사람들이 예루살렘성이 중수되어 그 허물어진 틈이 메꾸어져 간다 함을 듣고 심히 분노하여 [8]다 함께 꾀하기를 예루살렘으로 가서 치고 그곳을 요란하게 하자 하기로 [9]우리가 우리 하나님께 기도하며 그들로 말미암아 파수꾼을 두어 주야로 방비하는데 [10]유다 사람들은 이르기를 흙무더기가 아직도 많거늘 짐을 나르는 자의 힘이 다 빠졌으니 우리가 성을 건축하지 못하리라 하고 [11]우리의 원수들은 이르기를 그들이 알지 못하고 보지 못하는 사이에 우리가 그들 가운데 달려 들어가서 살륙하여 역사를 그치게 하리라 하고 [12]그 원수들의 근처에 거주하는 유다 사람들도 그 각처에서 와서 열 번이나 우리에게 말하기를 너희가 우리에게로 와야 하리라 하기로 [13]내가 성벽 뒤의 낮고 넓은 곳에 백성이 그들의 종족을 따라 칼과 창과 활을 가지고 서 있게 하고 [14]내가 돌아본 후에 일어나서 귀족들과 민장들과 남은 백성에게 말하기를 너희는 그들을 두려워하지 말고 지극히 크시고 두려우신 주를 기억하고 너희 형제와 자녀와 아내와 집을 위하여 싸우라 하였느니라

> 여기서 하나님의 백성이 처한 어려움을 볼 수 있습니다.
> 첫째, 하나님의 백성은 멸시를 받았습니다(4:1~4). 산발랏과 그의 동조자들은 하나님의 백성이 성벽을 재건하는 것을 중단시키려고 했습니다.
> 둘째, 성벽의 기초가 노후하고 불안정했습니다(3절). 하나님의 대적들은 성벽의

심화주석 — 느헤미야와 유대 백성을 낙심시키는 일이 실패하자 산발랏과 그 동료들은 실제로 예루살렘을 에워쌌습니다. 도비야와 암몬 사람들은 예루살렘 동쪽 지역 사람들이지만, 산발랏은 예루살렘의 북쪽 사마리아에서 병력을 이끌고 왔습니다. 아마도 게셈이 이끄는 아라비아 사람들은 예루살렘의 남쪽이나 남동쪽 지역 출신이고, 아스돗 사람들은 예루살렘의 남서쪽, 즉 이전의 블레셋 지역 출신이었을 것입니다. 예루살렘에 있는 사람들의 반응(느 4:9)은 하나님을 향한 그들의 신앙뿐 아니라 신앙은 행동을 요구한다는 그들의 신념을 보여 줍니다. 느헤미야의 문제는 내부적이면서 또한 외부적이었습니다. 느헤미야 4장 10~12절은 유대인들 안에 있는 낙심과 비관적인 생각을 보여 줍니다. 느헤미야 4장 12절의 하반절은 다음과 같이 번역할 수 있습니다. "그들이 우리에게 그들이 있는 모든 곳에서 반복해서 말했다. '당신들은 우리에게 돌아와야 합니다'"(느 4:12). 이는 예루살렘 바깥에 사는 유대인들이 예루살렘 안에서 일하고 있는 동향 출신의 일꾼들에게 성이 공격 받기 전에 떠날 것을 재촉하는 것입니다. 느헤미야의 지도력은 13~14절에서 분명히 드러납니다. 대적들이 느헤미야를 둘러쌌고, 백성들은 낙심하고 있었지만, 느헤미야는 행동하기 시작했습니다. [2]

_칼 R. 앤더슨
HCSB Study Bible_

"낙심은 믿음의 반대말입니다.
그것은 우리 삶에서
하나님의 일하심을 훼방하는
사탄의 도구입니다."[3]
_빌리 그레이엄

"만약 내가 넘어졌을 때 '내가
예상한 대로야'라고 말한다면,
나는 갈보리 사랑에 관해
아무것도 모르는 것입니다."[4]
_에이미 카마이클

심화토론

• 나쁜 소식을 듣고 어리석게 행동한 적이 있습니까?

• 같은 상황이 지금 일어난다면, 하나님의 지혜로 어떻게 반응하겠습니까?

기초가 형편없어서 여우가 올라가도 무너질 것이라며 유대인들을 조롱했습니다. 인간의 기준으로 볼 때, 유대인들이 목적을 달성할 가능성은 그리 커 보이지 않았습니다.

산발랏과 그의 동조자들이 그처럼 강경하게 성벽 재건을 방해했던 이유는 그들의 주장에서 분명히 드러납니다. 느헤미야는 하나님 백성의 유익을 추구했지만, 산발랏과 그의 동조자들은 하나님의 백성을 희생시키면서까지 자기 유익만 추구했습니다. 성벽이 재건되고 하나님의 백성이 하나님의 법 아래에서 함께 살기 시작하면, 하나님의 대적들이 주의 백성을 착취하는 것이 힘들어질 것입니다.

사실 하나님의 대적들의 모습은 우리에게도 익숙합니다. 인간의 마음은 자연스럽게 자신에게 초점을 맞추기 때문입니다. 어떤 상황에 부딪히면, 인간의 마음은 자연스럽게 '나에게 가장 좋은 것'을 찾게 되어 있습니다. 본질적으로 인간은 다른 사람을 향한 사랑이나 관심보다는 이기심으로 가득 차 있습니다. 이런 이유로 하나님이 우리에게 율법을 주신 것입니다. 훗날 예수님이 그 율법을 요약해 주셨는데, 그중 하나가 자기 자신을 사랑하는 것처럼 다른 사람을 사랑하라는 것이었습니다(마 22:39). 산발랏과 그의 동조자들을 평가하기 전에 우리는 자신의 마음부터 살펴봐야 합니다.

좋은 소식은 대적들이 성벽 재건을 중단시키려고 모의했지만(느 4:8), 하나님의 백성이 그것에 자신 있게 맞섰다는 것입니다. 유대인들은 기도로 무장하고(4~5, 9절), 순종하며, 인내했습니다(6, 9, 15~23절). 하나님의 백성은 대적의 반대에 맞서 서로를 지켜 주며 성벽 재건을 계속해 나갔습니다(6, 9절).

> 우리는 이 구절에서 하나님의 대적이 가진 자기중심적인 생각을 볼 수 있습니다. 하나님은 우리가 우리 자신의 이익을 위해서가 아니라, 하나님의 뜻에 따라 행동하길 원하십니다. 하나님의 뜻은 항상 자기 백성의 유익을 위한 것입니다. 하나님은 우리가 인간의 본성을 거슬러 행동하길 원하실 뿐만 아니라, 우리에게 그분의 명령을 수행할 힘도 주십니다.

Q 반대에 부딪힌 느헤미야가 보인 반응에서 무엇을 배울 수 있습니까?

Q 반대에 부딪힐 때, 지혜롭지 못한 반응은 무엇입니까?

앞서 살펴봤듯이, 느헤미야는 어떤 상황에서도 기도하며 현명하게 처신했습니다(참조, 느 2:4~5). 9~12절에는 그와 같은 행동이 가져올 수 있는 위험이 잘 설명되어 있습니다. 유약한 유대인들이 감당하기에는 큰 사역이었습니다. 그들의 대적은 야심한 밤에 치명적인 공격을 펼치겠다고 공포 분위기를 조성하며 위협했습니다. 심지어 마을에서 가족과 친구들이 찾아와 이 위험천만한 일을 그만두고 집으로 돌아가자고 간청했습니다.

그러나 느헤미야는 성벽 재건을 위한 하나님의 보호하심과 공급하심을 확신했습니다. 그는 백성들에게 두려워하지 말고, 지극히 크고 두려우신 하나님을 기억하며 자기 가족과 집을 위해 힘껏 싸울 것을 요청했습니다(4:14). 느헤미야 4장 20절에서 볼 수 있듯이, 그의 믿음은 하나님이 과거 세대에게 그러셨던 것처럼 자기 백성을 위해 싸우실 것을 아는 지식에 근거한 것이었습니다(참조, 출 14:14; 신 1:30).

> **Leader**
>
> 두려워하지 말고, 하나님을 신뢰하고 순종하라는 느헤미야의 권고는 오늘날 그리스도인들에게도 위안이 됩니다. 느헤미야는 열방이 하나님을 대적하는 상황을 선언하고 있습니다. 이것은 하나님의 대적이 전능하신 하나님을 상대로 헛된 음모를 꾸미고 있음을 노래하는 시편 2편을 생각나게 합니다.

우리는 유대인들이 산발랏과 그의 동조자들(도비야, 아라비아 사람들, 암몬 사람들, 아스돗 사람들)에게 맞섰던 것처럼, 하나님의 독생자도 그런 반대에 부딪히셨다는 것을 잊어서는 안 됩니다. 성경은 예수님이 사람들로부터 멸시와 천대를 받았다고 말합니다(사 53:3; 벧전 2:23). 느헤미야와 유대인들처럼 예수님은 흔들림 없이 순종하셨습니다. 심지어 죽기까지 순종하셨습니다(빌 2:8). 그리고 승리하셨습니다(고전 15:55~57). 우리는 하나님이 그리스도 안에서 우리를 위해 싸우셨다는 사실을 기억해야 합니다. 우리는 경외심을 불러일으키는 위대하신 하나님을 기억하고, 멸시와 천대를 받을지라도 끝까지 싸워야 합니다.

Q 인생에서 두려움은 하나님의 뜻을 성취하지 못하게 막는 강력한 존재입니다. 하나님의 백성이 두려움과 싸워 승리하는 방법에는 어떤 것들이 있을까요?

심화주석

예루살렘 재건 프로젝트를 방해하려는 산발랏의 노력은 유대인들을 '한심한' 자들이라고 부르며 조롱하는 것으로 시작되었습니다(느 4:1~2). 도비야는 재건된 성벽이 엉성해서 여우가 성벽 위를 걸으면 무너지게 될 것이라고 비꼬면서 유대인들의 노력을 멸시했습니다. 이러한 방법이 일꾼들을 흔드는 데 실패하자, 느헤미야의 대적들(사마리아, 아라비아, 암몬, 아스돗 사람들)은 연합해서 이스라엘 백성을 상대로 전쟁을 일으키기로 결정했습니다(7절). 그들은 기습 공격을 계획했지만, 느헤미야는 하나님을 의지함으로써 대적들의 계획을 좌절시키는 군사적 준비를 할 수 있었습니다(15~23절). 그 후 산발랏과 그의 동조자들은 느헤미야를 개인적으로 만나기 위해 네 번이나 시도했습니다. 그가 번번이 거절하자 산발랏은 느헤미야가 유대인의 왕이 되려는 음모를 꾸미고 있다는 소문을 냈습니다(느 6:1~9). 산발랏과 도비야는 느헤미야를 낙심시키기 위해 선지자 스마야를 고용해 그가 성전에 들어가 숨지 않으면 암살당할 것이라고 경고하는 거짓 예언을 하게 했습니다. 하지만 느헤미야는 그들의 음모를 간파했고, 그들의 제안을 거절했습니다(느 6:10~14). 그들은 거짓되고, 유화적인 표현에서부터 조롱과 위협에 이르기까지 다양한 방법으로 느헤미야를 넘어뜨리려고 했습니다. 하지만 그들은 처참하게 실패하고 말았습니다. 왜냐하면 그들은 이스라엘의 하나님, "크시고 두려우신 주"(느 4:14)를 대적하고 있다는 사실을 깨닫지 못했기 때문입니다.[5]

_데이비드 L. 젠킨스
Biblical Illustrator

심화 주석

이 본문(느 5:1~13)에서 느헤미야는 사고파는 일을 반복해서 말하고 있습니다. 이것은 그가 다른 이들과 함께 국외로 팔려간 유대인 노예들을 위해 했던 일을 설명할 때나, 국내에 거주하는 이방인들 손에 팔린 자들을 위해 했던 일을 설명할 때의 논쟁방식과 별반 다르지 않습니다. 후자의 경우에서 유대인들이 이방인들에게 팔았던 백성의 일부를 이방인들이 유대인에게 되팔았을 때의 논쟁 방식은 다릅니다. 현실적인 느헤미야는 지체하거나 재고할 여지를 남기지 않고, 제사장들이 배석한 자리에서 약속한 것을 맹세로 확실하게 만듭니다.

느헤미야 5장 13절 하반절에 나오는 열정적인 반응을, 범죄한 소수를 제외한 회중이 그 소수를 대적하는 반응으로 묘사할 수도 있습니다. 그러나 마지막 진술은 느헤미야처럼(10절) 대부분의 백성은 순종했고, 주범들을 제외한 다른 이들은 조정할 방도를 찾았고(참조, 10절), 결국 옳은 일을 하므로 기뻐하게 되었음을 말하고 있습니다.[6]

_데릭 키드너

"부를 사용하는 악한 방법은 자기를 위해 더 많은 것을 획득하기 위해서 다른 이들을 무시하는 것입니다. 부를 사용하는 선한 방법은 청지기적인 관점에서 부를 대하고, 느헤미야가 한 것처럼 하나님 나라를 이루기 위해 다른 사람들을 관대하게 대하는 것입니다."[7]

_제임스 M. 해밀턴 주니어

2. 하나님의 백성은 사회의 불의에 대처합니다(느 5:1~13)

> **Leader**
>
> 하나님의 백성은 자신들 앞에 놓인 과업의 성취를 방해하는 위협에 직면합니다. 하나님의 대적들은 성벽 재건 소식을 듣고 크게 분노했습니다(느 2:10; 4:1). 성벽 재건은 하나님의 백성을 보호하기 위한 공동체적 환경과 하나님의 율법을 통해 하나님의 공의가 유지될 수 있는 환경을 조성하는 계획의 일부였습니다.

[1]*그때에 백성들이 그들의 아내와 함께 크게 부르짖어 그들의 형제인 유다 사람들을 원망하는데* [2]*어떤 사람은 말하기를 우리와 우리 자녀가 많으니 양식을 얻어먹고 살아야 하겠다 하고* [3]*어떤 사람은 말하기를 우리가 밭과 포도원과 집이라도 저당 잡히고 이 흉년에 곡식을 얻자 하고* [4]*어떤 사람은 말하기를 우리는 밭과 포도원으로 돈을 빚내서 왕에게 세금을 바쳤도다* [5]*우리 육체도 우리 형제의 육체와 같고 우리 자녀도 그들의 자녀와 같거늘 이제 우리 자녀를 종으로 파는도다 우리 딸 중에 벌써 종된 자가 있고 우리의 밭과 포도원이 이미 남의 것이 되었으나 우리에게는 아무런 힘이 없도다 하더라* [6]*내가 백성의 부르짖음과 이런 말을 듣고 크게 노하였으나* [7]*깊이 생각하고 귀족들과 민장들을 꾸짖어 그들에게 이르기를 너희가 각기 형제에게 높은 이자를 취하는도다 하고 대회를 열고 그들을 쳐서* [8]*그들에게 이르기를 우리는 이방인의 손에 팔린 우리 형제 유다 사람들을 우리의 힘을 다하여 도로 찾았거늘 너희는 너희 형제를 팔고자 하느냐 더구나 우리의 손에 팔리게 하겠느냐 하매 그들이 잠잠하여 말이 없기로* [9]*내가 또 이르기를 너희의 소행이 좋지 못하도다 우리의 대적 이방 사람의 비방을 생각하고 우리 하나님을 경외하는 가운데 행할 것이 아니냐* [10]*나와 내 형제와 종자들도 역시 돈과 양식을 백성에게 꾸어 주었거니와 우리가 그 이자 받기를 그치자* [11]*그런즉 너희는 그들에게 오늘이라도 그들의 밭과 포도원과 감람원과 집이며 너희가 꾸어 준 돈이나 양식이나 새 포도주나 기름의 백 분의 일을 돌려보내라 하였더니* [12]*그들이 말하기를 우리가 당신의 말씀대로 행하여 돌려보내고 그들에게서 아무것도 요구하지 아니하리이다 하기로 내가 제사장들을 불러 그들에게 그 말대로 행하겠다고 맹세하게 하고* [13]*내가 옷자락을 털며 이르기를 이 말대로 행하지 아니하는 자는 모두 하나님이 또한 이와 같이 그 집과 산업에서 털어 버리실지니 그는 곧 이렇게 털려서 빈손이 될지로다 하매 회중이 다 아멘 하고 여호와를 찬송하고 백성들이 그 말한 대로 행하였느니라*

하나님의 백성이 성벽 재건 사업에 집중하느라 자기 밭을 소홀히 한 듯합니다(2절). 그들은 곡식을 교환하는 대가로 다른 이들을 고용해 자신들의 밭에서 일하게 했습니다(3절). 설상가상으로 기근이 닥쳤는데, 왕은 세금을 유예해 주지 않았습니다(4절). 상황이 이렇다 보니, 하나님의 백성들은 빚을 지고 연약한 아이들을 종으로 팔아야 했습니다(5절). 결과적으로 하나님의 백성은 가난한 이들을 소홀히 하게 되었고, 제대로 돌보지 못하게 되었습니다.

Q 하나님의 뜻과 명령에 순종하고자 할 때, 자기 삶을 면밀히 살펴봐야 하는 이유는 무엇입니까?

느헤미야는 이러한 상황에 크게 분노했습니다. 그들은 자기 자녀들과 가난한 사람들을 참혹한 처지로 내몰았습니다. 그뿐만 아니라 서로 이자를 매기고 있었습니다(6~8절). 모세의 율법은 유대인들끼리 이자를 취하는 것을 엄격히 금했습니다(출 22:12~27; 레 25:35~54; 신 23:19~20). 그래서 느헤미야는 그들에게 눈을 뜨고 자신이 저지른 일을 보라고 간곡히 요청했습니다(느 5:9).

하나님의 백성이 종종 인식하지 못하는 것 중 하나는 하나님의 사역을 위협하는 것이 항상 외부에서만 오는 것은 아니라는 것입니다. 문제는 내부에서도 자주 일어납니다. 이 구절은 하나님의 명령을 무시하는 것이 하나님의 사역을 수행하는 데 심각한 영향을 미칠 수도 있다는 것을 보여 줍니다.

> 우리도 그 시대 유대인들처럼 하나님의 법에 결코 완전하게 부응하여 살 수 없습니다. 유대인들은 성벽을 짓는 일, 즉 하나님의 뜻을 성취하는 일에는 완전히 집중했지만, 다른 영역들에는 소홀히 함으로써 위태롭게 되었습니다. 그들이 다른 영역들에서 타협했을 때, 성벽을 짓는 사역 전체가 위태롭게 되었습니다.

Leader

좋은 소식은 느헤미야가 그들의 죄를 지적하자, 그들이 회개하고 자기 잘못을 바로잡으려 했다는 것입니다(12~13절). 우리는 복음이 구원만을 위한 것이 아니라, 지속적인 성화를 위한 것이기도 하다는 사실을 기억해야 합니다. 복음은 나에게서 내 전부를 구원해 줍니다. 그래서 회개가 그리스도인의 삶의 중심인 것입니다. 느헤미야의 선언에 "아멘"으로 화답했던 유대 사람들처럼(13절), 우리도 엄중한 하나님의 말씀 앞에 "아멘"으로 화답해야 합니다. 또한 숨은 죄가 드러날 때, 하나님을 찬양해야 합니다. 하나님의 은혜가 죄를 깨닫게 해 회개하고 순종할 수 있게 하기 때문입니다.

핵심교리 **99**

90. 사회적 관심

모든 그리스도인은 자기 삶과 인간 사회에서 그리스도의 뜻을 최우선으로 삼아야 할 의무가 있습니다. 사회를 개선하고, 사람들 사이에 의로움을 세우기 위한 수단과 방법들은 그것들이 예수 그리스도 안에 있는 하나님의 구원의 은혜로 말미암아 거듭난 개인들 안에 뿌리를 박고 있을 때만 진정으로, 그리고 영구적으로 도움이 될 수 있습니다. 그리스도인은 그리스도의 정신에 따라, 인종 차별, 탐욕, 이기심, 악덕, 그리고 간음과 동성애와 포르노를 포함한 모든 형태의 성적 부도덕에 저항해야 합니다. 우리는 고아, 노인, 가난한 자, 학대받는 자, 무력한 자, 병든 자들의 필요를 채워 주기 위해 노력해야 합니다. 우리는 태어나지 않은 태아들을 대변해야 하고, 잉태에서 자연적인 죽음에 이르기까지의 모든 인간 생명의 존엄성을 주장해야 합니다. 모든 그리스도인은 의와 진리 그리고 형제애의 원칙에 따라, 정부, 기업, 사회가 전체적으로 움직이도록 노력해야 합니다. 이러한 목적을 위해서, 그리스도인은 그리스도와 그분의 진리를 따르는 데 있어서 타협함이 없이 항상 사랑의 정신으로 정중하게 행동하면서 선한 목적으로 선한 뜻을 가진 모든 사람과 협력할 준비가 되어 있어야 합니다(미 6:8; 엡 6:5~9; 살전 3:12).

**심화
주석**
반대에 대처하는 가장 현명한 자세는 계속해서 그 일을 하는 것이고, 하나님의 뜻을 이루는 것입니다. 그로 인해 다른 이들이 하나님의 능력을 보게 될 것입니다. … 왜 사람들은 하나님의 일을 반대할까요? 그들이 하나님이 일하고 계심을 시인한다면, 그들이 하나님의 능력을 인정하는 것이 되기 때문입니다(참조, 행 5:34~39). 복음은 가짜이고 이 일은 하나님의 일이 아니라는 그들의 확신은 하나님이 실제로 하나님의 백성 안에서 그리고 그들을 통해 일하고 계심을 이해하게 될 때, 큰 타격을 받게 됩니다.

유대 백성의 대적들은 느헤미야와 유대인들을 두려워하게 만들기 위해 노력했습니다. 그러나 결국 그들이 두려워하는 사람이 되고 말았습니다(참조, 신 2:25; 대상 14:17; 시 126:2; 말 1:11, 14). 하나님이 유대 공동체 안에서 놀라운 일을 행하셨다는 사실을 깨달았기 때문입니다.

그리고 그들이 "크게 낙담하였으니"(느 6:16)는 말은 문자적으로 그들이 "그들의 눈을 아래로 아주 많이 내렸다"는 표현인데, 어떤 이는 이것을 그들의 교만이 순식간에 사라졌다는 의미로 설명합니다(참조, 잠 16:18~19, 29:23). 산발랏 때문에 유대인의 대적들이 많아졌지만, 이로 인해 더 많은 사람이 하나님의 능력에 감동받게 되었습니다.[8]

_머빈 브레느먼

Q 자신의 부족함과 죄에 직면할 때, 사람들이 보이는 반응은 두 가지입니다. 회개하고 순종하거나, 하나님의 판결에 저항하는 것입니다. 복음은 회개와 순종의 반응에 어떻게 힘을 실어 줄까요?

3. 하나님의 백성은 성공에 대해 하나님께 영광을 돌려 드립니다(느 6:15~16)

내외부의 위협에도 불구하고, 하나님은 자기 백성이 단 52일 만에 과업을 이루게 하셨습니다. 이것은 하나님의 백성이 하나님을 신뢰하고 순종하면서 인내하면, 그들을 통해 하나님이 무슨 일이든 이루실 수 있다는 사실을 깨닫게 합니다.

> 이 이야기에서 느헤미야는 백성에게 하나님이 그들과 함께 계심을 계속 주지시켰습니다(2:8). 그리고 하나님이 성벽 재건을 성취할 수 있는 힘을 주실 뿐만 아니라 그들을 형통하게 하실 것을 선포했습니다(2:12, 20). 느헤미야는 하나님이 대적들을 낙담시킬 뿐만 아니라 그들과 싸우실 것도 알고 있었습니다(4:15, 20). 이와 같은 사실들의 정점은 바로 하나님이 역사를 이루셨다는 것인데, 이 고백이 심지어 그의 대적을 통해 표현되었습니다.

[15] 성벽 역사가 오십이 일 만인 엘룰월 이십오일에 끝나매 [16] 우리의 모든 대적과 주위에 있는 이방 족속들이 이를 듣고 다 두려워하여 크게 낙담하였으니 그들이 우리 하나님께서 이 역사를 이루신 것을 앎이니라

Q 하나님이 놀라운 일을 행하시는 것을 보고, 하나님만이 하실 수 있다는 것을 깨달은 적이 있나요?

기독교 역사는 하나님의 백성이 그들의 무능력과 처한 상황에도 불구하고 승리하는 이야기로 가득 차 있습니다(이집트 바로 앞에 섰던 모세, 가톨릭교회 앞에 섰던 종교개혁자들, 공산주의 국가인 중국에서 급성장하고 있는 교회를 생각해 보십시오). 하나님 백성의 잦은 실패와 그들이 사는 사회의 반대에도 불구하고, 교회는 그 자체로 하나님의 승리를 보여 주는 본보기입니다.

> 교회를 둘러보십시오. 서로 다른 배경, 지위, 관심사 등을 가진 사람들이 오직 하나님의 능력으로 서로 친밀하게 연합되어 있다는 사실에 놀랄 것입니다(참조,

갈 3:28). 이러한 모습은 세상적으로는 달리 설명할 길이 없습니다. 오직 하나님만이 이런 일을 하실 수 있습니다!

하나님이 하시는 모든 일에는 목적이 있음을 기억하는 것이 중요합니다. 구속사를 보면, 주권자 되시는 하나님이 하시는 일에는 우연한 것이 하나도 없었습니다. 느헤미야 시대에 하나님은 약속의 땅에서 자기 백성을 회복시키시고, 그들을 하나님의 언약 백성으로 다시 세우셨습니다. 하나님은 그때와 같이 오늘날에도 역사하고 계십니다.

> "사회적 행위는 복음 전도의 동반자입니다. … 둘 다 거짓 없는 사랑의 표현입니다."[9]
> _존 스토트

Q 성공에 대해 하나님께 영광을 돌리지 않으면 어떤 위험이 있습니까?

결론

느헤미야의 이야기는 앞으로 이루어질 일에 관한 그림을 보여 줍니다. 고레스의 조서가 유대 사람들이 "하나님의 집"을 재건하도록 허락했습니다(스 5:13; 6:3). 하나님의 집을 재건하는 것은 단순히 성벽과 성과 성전을 회복하는 것뿐만 아니라 하나님의 백성을 회복하는 일이기도 합니다. 다시 말해서, 하나님의 집이란 성을 둘러싸고 있는 성벽과 성전과 백성을 모두 포함한 성 전체를 가리킵니다.

> 나중에 느헤미야 12장 27절에서 성벽이 '봉헌'될 때 사용된 단어가 민수기 7장 10절에서 제단을 '봉헌'할 때도 사용되었고, 시편 30편에서 성전 봉헌식을 묘사하는 데도 사용되었다는 것이 인상적입니다. 느헤미야가 레위인들을 불러 성벽을 정결하게 하였다는 것은 예루살렘성 전체가 하나님의 집으로 거룩하게 되었다는 것을 의미합니다.

여기서 하나님은 하늘에서 내려올 거룩한 성, 즉 새 예루살렘에 관한 그림을 우리에게 보여 주십니다(계 21:2). 하나님의 백성은 언젠가 그 성 안에 모일 것이고, 하나님은 그 안에서 인간과 함께 거하실 것입니다. 그날 하나님의 백성은 모든 원수에게서 구원을 받을 것이고, 다윗 왕의 계보에 따라 태어나신 약속의 후손이자 왕이신 예수님이 영원한 보좌에 앉아 그들을 다스리실 것입니다.

그리스도와의 연결

느헤미야 시대에 사람들은 예루살렘 주변 성벽을 재건하고, 그들의 대적에게서 성을 지키기 위해 모였습니다. 훗날 예수님은 예루살렘의 멸망을 예언하셨지만, 십자가의 죽음과 부활을 통해 자기 백성이 죄와 죽음이라는 대적에게서 보호받을 수 있는 길을 만드셨습니다.

하나님의 계획 우리의 사명

선교적 적용 하나님은 우리가 올바른 방법으로 옳은 일을 수행하고 성공에 대해 하나님께 영광 돌리기를 원하십니다.

1. 지역 사회와 문화에서 복음을 위해 특별히 지혜롭게 행동해야 하는 상황에는 어떤 것들이 있을까요? 그러한 상황에서 우리는 어떻게 행동해야 할까요?

2. 지역 사회에서 일어나는 불의에 대해 교회/공동체는 어떻게 대처해야 할까요? 그 과정에서 예수님을 드러내는 빛의 역할을 어떻게 감당할 수 있을까요?

3. 하나님께 드리는 찬양은 세상에서 증인의 삶을 살아가는 우리에게 어떤 도움이 될까요?

금주의 성경 읽기
왕상 22장;
대하 18~20장;
왕하 1~4장

Summary and Goal

이 세션에서 우리는 하나님의 말씀으로 빚어지는 하나님 백성의 모습을 살펴볼 것입니다. 에스라가 하나님의 말씀을 선포하자, 백성들은 하나님의 음성에 귀를 기울이고 회개로 반응해 새롭게 되었습니다. 이처럼 성경적 교제의 중심에는 하나님의 말씀이 있어야만 합니다. 우리가 함께 모여서 성경을 통해 말씀하시는 하나님의 음성을 들으면, 회개하라는 책망을 받고 교제하는 가운데 힘을 얻으며 사명을 받게 됩니다.

에스라가
율법을
가르치다

- **성경 본문**
  느헤미야 8:1~12

- **세션 포인트**
  1. 하나님의 백성은 하나님의 말씀 선포에 중점을 둡니다(느 8:1~2)
  2. 하나님의 백성은 하나님의 말씀을 존중합니다(느 8:3~6)
  3. 하나님의 백성은 회개와 책무로 반응합니다(느 8:7~12)

- **신학적 주제**
  성경적 공동체는 하나님의 말씀이 중심이 되어야 합니다.

- **그리스도와의 연결**
  바벨론에서 귀환한 백성들처럼 하나님의 말씀을 읽으면 신앙의 유산과 하나님의 신실하심과 하나님의 구원 사역을 떠올리게 됩니다. 그리고 예수 그리스도의 십자가를 통해 세상에 구원을 전하시는 하나님의 계획을 깨닫게 됩니다.

- **선교적 적용**
  하나님의 말씀은 항상 우리를 그리스도께 인도하며, 그리스도께서는 항상 우리를 다른 사람들에게로 인도하십니다.

Session Plan

도입

저자에게 한 학생이 다가와서 하나님을 믿지 않았던 수많은 이유를 열거했지만, 결국에는 그가 죄의 문제로 힘들어했다는 사실을 강조해 주십시오. 그 학생에게 일어난 변화를 하나님의 말씀의 능력과 연결해 이야기해 주십시오.

하나님의 말씀이 지닌 힘을 제대로 경험해 본 적이 있습니까?

하나님의 말씀을 들으면, 결과적으로 어떤 일이 일어납니까?

부록 5: '두 번째 출애굽'을 이용해 하나님의 백성에게 신실하신 하나님에 관한 이전 세션의 내용을 개괄적으로 설명한 후, 이 세션의 내용을 요약해 주십시오.

전개

1
하나님의 백성은 하나님의 말씀 선포에 중점을 둡니다
(느 8:1~2)

한 가지 목적을 위해 사람들이 모였을 때, 조성되는 특별한 분위기에 관해 토론해 보십시오. 그리고 나서 자원자에게 느헤미야 8장 1~2절을 읽게 하십시오. 이스라엘 사람들이 예루살렘으로 복귀하는 것을 통해 다시금 얻게 된 하나님의 율법을 공개적인 장소에서 들을 기회에 관해 이야기해 주십시오. 오늘날 그리스도인들에게 주어진 하나님의 말씀을 들을 기회에 대해서도 설명해 주십시오.

교회가 하나님의 말씀 선포에 중점을 두는지, 아니면 다른 것에 중점을 두는지 어떻게 알 수 있을까요?

신자들이 모여서 하나님의 말씀을 듣는 일이 왜 그렇게 중요할까요?

느헤미야 8장의 장면과 인도네시아의 킴얄 부족이 그들의 말로 번역된 신약성경의 초판을 간절히 기다리는 모습을 비교해 주십시오. 잠시 기도하고 나서 다음 질문을 통해 자기반성을 할 수 있는 시간을 주십시오.

하나님의 말씀을 향한 생생한 굶주림과 갈증을 느끼는 데 방해가 되는 것은 무엇인가요?

2
하나님의 백성은 하나님의 말씀을 존중합니다
(느 8:3~6)

본문 속 하나님의 백성이 하나님의 말씀에 집중한 시간과 오늘날 사람들이 집중하는 시간을 비교한 후, 느헤미야 8장 3~6절을 읽으십시오. 하나님의 백성이 6시간 동안이나 하나님의 말씀을 들을 수 있었던 이유를 설명해 주십시오.

하나님의 말씀을 간절히 구하지 못하는 이유는 무엇일까요?

에스라와 지도자들이 그들이 지도하는 백성들과 함께 겸손하게 하나님의 말씀을 들음으로 말미암아 자신들의 문화를 어떻게 만들어 갔는지 설명해 주십시오. 그러고 나서 백성들이 보인 세 가지 반응을 강조해 주십시오.

큰 소리로 낭독되는 하나님의 말씀을 들을 때, 하나님이 어떤 복을 주실지 기대가 됩니까?

하나님의 말씀을 읽는 것을 통해 부흥이 일어나는 이유는 무엇일까요?

느헤미야 8장 7~12절을 읽으십시오. 레위인이 히브리어를 이해하지 못하는 백성에게 하나님의 말씀을 어떻게 설명해 주었는지에 주목하십시오. 백성들은 자신의 불순종을 깨닫고 울기 시작했습니다.

누군가 당신이 어려운 성경 내용을 쉽게 이해할 수 있도록 도와준 적이 있습니까?

다른 사람을 그와 같이 도운 적이 있습니까?

자기 백성을 위하시는 하나님의 방식과 백성의 반응을 연결해 설명해 주십시오. 오늘날 우리가 복음 안에서 누리는 평안을 강조해 주십시오. 즉 우리는 그리스도 안에서 용서와 의롭게 살아갈 수 있는 능력을 받았으므로 평안을 누립니다.

하나님의 말씀에 순종하고자 할 때, 어떤 식으로 서로 책임질 수 있을까요?

그러한 책무는 예수님을 향한 사랑으로 동기가 부여된다는 사실을 어떻게 확신할 수 있을까요?

3
하나님의 백성은
회개와 책무로 반응합니다
(느 8:7~12)

결론

부흥은 공동체에서 경험하는 것으로 하나님의 말씀을 읽고 듣고 이해하는 것이 포함되어야 함을 지적해 주십시오. 이 세션에서 배운 진리를 '하나님의 계획, 우리의 사명'에서 적용해 보십시오.

Session
Content

11. 에스라가 율법을 가르치다

도입 옵션

아래 존 스토트의 인용 글을 읽고, 다음 질문에 답하게 하십시오.

- 성경을 판단하는 죄는 어떻게 짓게 됩니까?
- 어떻게 하면 성경보다 앞서 자신이 가진 편견과 생각에 따라 '성경을 인도하는 일'을 예방할 수 있을까요? 어떻게 하면 하나님의 뜻에 따라 우리 삶을 형성하고 만들어 가는 '성경의 인도를 따르는 일'을 잘 할 수 있을까요?

"때때로 성경을 판단하려고 드는 거만한 태도를 회개하고, 성경의 심판 아래 겸손히 앉아야 한다는 사실을 배울 필요가 있습니다. 고정관념을 가지고 성경을 읽으면, 하나님은 우리에게 말씀하지 않으실 것이며 자기 편견만 더욱 강화될 것입니다."[1]
_존 스토트

도입

몇 년 전에 청소년 콘퍼런스에서 강연을 했을 때, 한 학생이 제게 다가와 하나님을 믿지 않는 이유를 열거하면서 질문을 퍼부었습니다. 저는 인내심을 가지고 그를 다정하게 대하려고 노력하면서 그의 딜레마를 다루는 성경 구절들을 알려 주었습니다.

얼마 후 그는 질문을 멈추고, 과거에 알코올 의존증과 마약 남용 문제에 부딪혔던 이야기를 들려주기 시작했습니다. 그는 자신이 하나님의 용서를 받기에는 너무 많은 죄를 지었다고 생각했습니다. 저는 그에게 복음을 전했고, 마침내 그는 저와 함께 기도했습니다. 비로소 그는 그리스도를 믿는 신앙을 고백할 준비가 되었습니다.

그날의 일은 하나님의 백성이 기도하고 성경을 읽고 말씀을 나누며 주님의 일하심을 기대할 때, 하나님이 능력으로 역사하신다는 사실을 기억하게 합니다.

> 하나님의 말씀은 강력합니다. 성경을 듣는 자들은 절대적 진리에 직면하게 되고, 하나님의 명령에 비추어 자기 삶을 점검하게 됩니다. 말씀은 죄의 고백, 회개, 삶의 변화로 이끄시는 하나님의 진리를 바탕으로 자기 삶을 평가하게 합니다. 하나님은 우리가 이러한 과정을 홀로 겪게 하지 않으시고, 공동체 안에서 경험하게 하십니다.

Q 하나님의 말씀이 지닌 힘을 제대로 경험해 본 적이 있습니까?

Q 하나님의 말씀을 들으면, 결과적으로 어떤 일이 일어납니까?

> 이전 세션에서 우리는 하나님이 포로 생활 중에 자기 백성을 어떻게 신실하게 보존하셨는지, 성전을 재건하기 위해 그들을 어떻게 귀환시키셨는지, 그리고 느헤

미야의 지도하에 예루살렘의 성벽을 어떻게 재건하셨는지를 살펴봤습니다. 예루살렘의 성전과 성벽이 재건됨으로써 하나님의 백성은 하나님의 말씀을 듣고 순종하여 부흥을 경험할 준비가 되었습니다.

Session Summary

이 세션에서 우리는 하나님의 말씀으로 빚어지는 하나님 백성의 모습을 살펴볼 것입니다. 에스라가 하나님의 말씀을 선포하자, 백성들은 하나님의 음성에 귀를 기울이고 회개로 반응해 새롭게 되었습니다. 이처럼 성경적 교제의 중심에는 하나님의 말씀이 있어야만 합니다. 우리가 함께 모여서 성경을 통해 말씀하시는 하나님의 음성을 들으면, 회개라는 책망을 받고 교제하는 가운데 힘을 얻으며 사명을 받게 됩니다.

전개

1. 하나님의 백성은 하나님의 말씀 선포에 중점을 둡니다(느 8:1~2)

> **Leader**

매년 12월 31일에는 수많은 사람이 맨해튼 중심부에 있는 타임스퀘어로 몰려듭니다. 자정이 다가오면, 수만 명의 시선이 타임스퀘어 빌딩 기둥 꼭대기로 향합니다. 카운트다운이 시작되고, 마침내 시계가 자정을 가리키며 새해를 알립니다. 그곳에 모인 사람들은 그렇게 함께 새해를 맞이하는데, 그 분위기가 가히 열광적입니다.

하나의 목적을 위해 사람들이 함께 모이는 데는 특별한 무언가가 있습니다. 사람들은 운동경기, 음악회, 명절 축하 행사 등 하나의 관심사로 모이기를 좋아합니다. 신자들이 하나님의 말씀을 듣기 위해 모일 때도 마찬가지입니다. 우리는 느헤미야 8장에서 하나님의 말씀을 듣기 위해 모이는 하나님 백성의 귀한 사례를 볼 수 있습니다.

¹*이스라엘 자손이 자기들의 성읍에 거주하였더니 일곱째 달에 이르러 모든 백성이 일제히 수문 앞 광장에 모여 학사 에스라에게 여호와께서 이스라엘에게 명령하신 모세의 율법책을 가져오기를 청하매 ²일곱째 달 초하루에 제사장 에스라가 율법책을 가지고 회중 앞 곧 남자나 여자나 알아들을 만한 모든 사람 앞에 이르러*

심화 주석 느헤미야 8장 1~12절에서 "백성"이 13번이나 사용되었습니다. 그중에서 "모든 백성"은 9번이나 나옵니다. 백성은 이미 모세의 율법을 존중했고, 그들의 공동체를 위한 율법의 권위를 인정했습니다. 율법 낭독과 예배가 성전 중심이 아니었고, 제사장들이 관할하지도 않았다는 사실이 의미심장합니다. 이 시기 이후로 유대교에서는 성전보다 토라가 더 중요한 위치를 차지했습니다. 마찬가지로 그리스도인에게는 성경의 살아 있는 능력이 교회 건물보다 훨씬 더 중요한 것이 되어야 합니다. 성령님은 성경을 통해 사람들이 풍성한 삶을 살게 하십니다. 아이들과 젊은 사람들을 포함해 "남자나 여자나 알아들을 만한 모든 사람"(느 8:3)은 공동체 전체를 나타냅니다. 유대인들은 '성경의 사람'으로 알려지게 되었습니다. 구약성경은 하나님의 말씀은 제사장이나 지도자들에 의해 사용될 뿐만 아니라 모든 백성에게 알려지고 사용되어야 함을 강조합니다. 초대교회 그리스도인들은 이와 동일한 원리를 적용했습니다. 시간이 흘러 성경에 접근할 수 있는 사람이 줄어들면서 이러한 원리가 바뀌었다가, 신앙과 삶의 유일한 권위로 성경을 강조하는, 즉 솔라 스크립투라(Sola Scriptura)를 강조하는 종교개혁으로 인해 모든 신자가 그들의 삶을 위해 하나님의 말씀인 성경을 읽어야 한다는 성경적 원리로 다시 돌아왔습니다.²

_머빈 브레느먼

"하나님의 말씀을 이해하는 것은 하나님을 이해하는 통로가 됩니다. 그로 말미암아 우리는 기쁨을 누립니다."[3]
_어거스틴 파골루

이스라엘 역사를 살펴보면, 우상 숭배야말로 하나님으로부터 멀어지는 근본적인 이유임을 알 수 있습니다. 하나님의 백성은 그들의 죄 때문에 70년 동안이나 바벨론에서 포로 생활을 해야 했습니다. 이제 많은 유대인이 예루살렘으로 귀환해 공개적인 자리에서 함께 하나님의 말씀을 듣고 주님을 예배할 수 있게 되었습니다. 행사가 시기적절하게 열렸습니다. 율법에 따르면, 온 백성이 7년마다 모여 율법을 들어야 했습니다(신 31:9~13).

오늘날 우리는 하나님의 말씀을 들을 기회를 기다릴 필요가 없습니다. 7년마다가 아니라 7일마다 하나님의 말씀을 듣고 있으니, 이 얼마나 큰 복입니까. 게다가 일주일 내내 직접 말씀을 읽을 수도 있지 않습니까. 우리가 함께 모여서 목사님이 "진리의 말씀을 옳게 분별"(딤후 2:15; 4:12)해 전하는 말씀을 듣는 것의 유익은 하나님의 백성인 우리가 하나님의 영광을 위해 명령하신 선한 일을 행할 능력을 갖추게 된다는 데 있습니다(엡 2:10; 4:11~16).

Q 교회가 하나님의 말씀 선포에 중점을 두는지, 아니면 다른 것에 중점을 두는지 어떻게 알 수 있을까요?

Q 신자들이 모여서 하나님의 말씀을 듣는 일이 왜 그렇게 중요할까요?

흥분과 기대로 가득 찬 느헤미야 8장의 이 장면은 인도네시아 서파푸아의 킴얄 부족(Kimyal Tribe)을 떠올리게 합니다. 2010년, 이 부족 사람들은 비행기 착륙장에 모였습니다. 다가오는 비행기에는 그들의 말로 번역된 신약성경의 초판이 실려 있었습니다. 부족민들은 비행기가 눈에 보이자 기쁨의 함성을 지르기 시작했고, 비행기에서 성경이 내려지자 감격에 겨워 울기까지 했습니다. 그들은 성경을 마을로 가져가기 위해 나무로 만든 배에 실었습니다. 가슴이 뭉클해지는 순간이었습니다.

이 장면을 보면서 저는 '내가 이처럼 하나님의 말씀을 귀히 여기며 기뻐했던 적이 언제였던가?' 하는 생각에 부끄러워질 수밖에 없었습니다.

Q 하나님의 말씀을 향한 생생한 굶주림과 갈증을 느끼는 데 방해가 되는 것은 무엇인가요?

2. 하나님의 백성은 하나님의 말씀을 존중합니다(느 8:3~6)

> 오늘날 우리는 사람들의 주의를 끌기 힘든 시대에 살고 있습니다. 사람들이 집중
Leader 하는 시간은 점점 더 짧아지고 있는 것 같습니다. 잠깐이라도 지겨움을 느끼면
곧장 전자기기로 시선을 돌립니다. 오늘날 우리의 모습을 이스라엘 백성들과 비
교해서 생각해 보십시오. 이 특별한 날에 그들이 하나님의 말씀을 어떻게 듣고
..... 있는지 잘 살펴보십시오.

*"하나님의 말씀을 듣기 위해
백성이 함께 모였습니다. 여기서
놓치지 말아야 할 사실은 하나님의
말씀이 들려지기를 요청한 이가
바로 백성이었다는 것입니다.
그들은 영적으로 굶주렸고, 그러한
굶주림은 오직 성경을 통해서만
충족될 수 있음을 알았습니다."[5]*
_데이비드 윌스

³수문 앞 광장에서 새벽부터 정오까지 남자나 여자나 알아들을 만한 모든 사람 앞에서 읽으매 뭇 백성이 그 율법책에 귀를 기울였는데 ⁴그때에 학사 에스라가 특별히 지은 나무 강단에 서고 그의 곁 오른쪽에 선 자는 맛디댜와 스마와 아나야와 우리야와 힐기야와 마아세야요 그의 왼쪽에 선 자는 브다야와 미사엘과 말기야와 하숨과 하스밧다나와 스가랴와 므술람이라 ⁵에스라가 모든 백성 위에 서서 그들 목전에 책을 펴니 책을 펼 때에 모든 백성이 일어서니라 ⁶에스라가 위대하신 하나님 여호와를 송축하매 모든 백성이 손을 들고 아멘 아멘 하고 응답하고 몸을 굽혀 얼굴을 땅에 대고 여호와께 경배하니라

이스라엘 백성들은 선 채로 무려 6시간 동안이나 하나님의 말씀을 들었습니다! 그들에게는 지루할 때 만지작거릴 수 있는 휴대 전화와 같은 전자기기도 없었습니다. 그들은 수십 년간 성경 낭독을 공개적으로 들을 수 없었습니다. 그러나 이제 하나님의 음성이 다시 들려지고, 그들이 하나님의 말씀을 듣습니다.

> 1970년대 유명 CCM 가수이자 작곡가인 키스 그린은 한때 이렇게 말한 바 있습
Leader 니다.
"여러분은 혹시 하나님과 함께하며, 그분의 걱정과 근심을 공유하고, 그분과 함
께 울고 웃는 것보다 TV나 영화를 보거나 친구들과 이야기를 나누는 것을 더 즐
거워하고 있지는 않습니까? 그런 마음으로 어떻게 영원한 하나님 나라에서 살
수 있겠습니까? 여러분이 지금 하나님으로 인해 기쁨이 넘치지 않는다면, 천국
..... 에서도 지겨움으로 눈물을 흘리게 될 것입니다!"[4]

Q 하나님의 말씀을 간절히 구하지 못하는 이유는 무엇일까요?

> 대부분 사람은 관리를 받는 것보다 인도함을 받기를 원합니다. 리더의 행실은 그

핵심교리
99

3. 성경의 영감

'성경의 영감'이란 성경을 기록한 인간 저자들에게 하나님이 지시하신 것을 가리키는데, 그들은 하나님이 인류에게 주시는 메시지를 자기 글로 작성하고 기록했습니다(딤후 3:16; 벧후 1:19~21). 성경의 영감은 하나님이 인간 저자에게 직접 말씀해 주시는 구술 방식으로 이루어지기도 했습니다. 그러나 대부분은 성령님이 저자들의 인격에 초자연적인 영향력을 행사하시는 방식으로 이루어졌으므로 그들의 글은 곧 하나님의 말씀으로 간주됩니다.

심화주석 성경에는 에스라가 "남자나 여자나 알아들을 만한 모든 사람"(느 8:3)을 택해 성전이 아닌 수문 앞 광장에서 율법을 읽은 이유가 설명되어 있지 않습니다. 어떤 사람들은 암몬 사람 도비야와 관계있는 일부 제사장들(느 6:17~19)과 느헤미야 사이에 긴장 관계가 있어서 에스라와 느헤미야가 성전에서 멀리 떨어진 곳에서 모였다고 주장합니다. 또는 군중의 수가 너무 많아서 성전이 아닌 다른 장소를 택했을 가능성도 있습니다. 히브리어 '미그달'은 기본적으로 탑을 의미하는데, 이 구절(느 8:4)과 역대하 6장 13절에는 "강단"으로 번역되었습니다(개역성경은 역대하 6장 13절에서 '대'로 번역함 - 역주)."[9]

_칼 R. 앤더슨
HCSB Study Bible

를 따르는 사람들에게 매우 중요한 영향을 미칩니다. 알버트 슈바이처는 "모범은 다른 이들에게 영향을 미치는 중요한 요소가 아닙니다. 그것은 유일한 요소입니다"[6]라고 했고, 존 F. 케네디 대통령은 "지도력과 학습은 서로 필수 불가결한 것입니다"[7]라고 말했습니다.

리더가 자신을 따르는 이들에게 그들 수준의 말과 행동으로 모범을 보여 주는 것보다 더 큰 영향력을 미치는 것은 없을 것입니다.

찰스 A. 틴들리가 바로 그 예입니다. 노예로 태어나 주인이 허락하지 않아서 교회에 다니지 못했음에도 불구하고, 그의 어머니는 그에게 그리스도의 사랑을 가르쳤습니다. 남북전쟁 후, 그는 자유를 얻었고 통신교육과정을 통해 공부하고 사역을 시작했습니다. 틴들리는 성도가 열두 명인 교회를 섬겼지만, 그의 열정적인 설교는 주일마다 1,000명 이상의 사람을 교회로 이끌었습니다. 그의 사역은 설교 강단에서 시작해 거기서 끝난 것이 아니었습니다. 그는 교회 성도들과 함께 가난한 자들에게 음식과 옷을 나누어 주는 사역을 했습니다. 그가 죽었을 때, 필라델피아 시내 거리가 마비될 정도로 많은 사람이 모여들었습니다. 그들은 틴들리의 장례식에 참석해 그의 삶과 사역에 경의를 표했는데, 그의 장례식은 무려 5시간이 넘도록 진행되었습니다. 틴들리는 자기 신념에 관해 진실성을 보여 준 지도자였습니다.[8]

느헤미야 8장 4~6절에서 우리는 이스라엘 지도자들이 백성들을 인도하고 깨우침으로써 어떻게 영향을 끼쳤는지를 볼 수 있습니다. 백성들은 하나님의 말씀이 낭독될 때 지도자들의 모습을 지켜봤습니다. 에스라가 하나님을 찬양했고, 백성들은 그의 모습을 보고 따라 했습니다. 이 장면에서 지도자들은 그들이 이끌고 있는 백성들과 함께 하나님의 말씀을 겸손히 경청함으로써 그들만의 문화를 만들어 가고 있었습니다.

백성들의 반응은 놀랍습니다.

첫째, 에스라가 성경을 펼치자 모든 백성이 일어섰습니다. 에스라가 기도한 후 하나님을 송축하라고 선언하자 백성들은 손을 들고 "아멘, 아멘" 하고 화답했습니다.

둘째, 백성들은 하나님의 말씀을 읽음으로써 그들에게 하나님의 복이 임하기를 기대했습니다. 그래서 주님께 경배하는 동안 몸을 굽혀 얼굴을 땅에 대는 겸손한 행동을 취했습니다. 하나님의 백성이 한목소리로 하나님을 송축하고 예배하는 아름다운 모습이었습니다.

셋째, 그들이 함께 모여 하나님의 말씀을 듣고 있다는 사실에 주목하십시오. 진정한 부흥은 공동체 안에서 경험되는 법입니다.

> **Leader**
>
> 잭 테일러와 O. S. 호킨스는 부흥 때 일어나는 연합에 관해 이렇게 말했습니다. "하나님의 백성은 서로 조화롭게 연합해 마치 '한 사람'처럼 행동합니다. 부흥이 일어난 후 그들은 한 마음과 한 영이 됩니다. 그들은 한 소망을 품고, 한 목적을 가지며 한 방향으로 나아갑니다. 연합으로 성도들 사이에 화해가 일어납니다."[10]

Q 큰 소리로 낭독되는 하나님의 말씀을 들을 때, 하나님이 어떤 복을 주실지 기대가 됩니까?

Q 하나님의 말씀을 읽는 것을 통해 부흥이 일어나는 이유는 무엇일까요?

3. 하나님의 백성은 회개와 책무로 반응합니다 (느 8:7~12)

> **Leader**
>
> 진정한 부흥은 하나님 백성의 마음을 움직여 하나님의 말씀을 듣기 위해 모이게 하고, 하나님께 순전한 찬양을 올려 드리게 하며, 하나님의 계명에 순종하고픈 열망을 일으킵니다. 성경을 통해 우리는 하나님이 자기 백성을 회개하게 하시고, 함께 의롭게 살아가도록 부르시는 것을 보게 됩니다. 느헤미야 8장 7~12절에서 우리는 국가적인 부흥이 어떤 것인지, 그리고 국가적인 회개와 책임에 대한 요구가 있음을 어렴풋하게나마 볼 수 있습니다.

[7]예수아와 바니와 세레뱌와 야민과 악굽과 사브대와 호디야와 마아세야와 그리다와 아사랴와 요사밧과 하난과 블라야와 레위 사람들은 백성이 제자리에 서 있는 동안 그들에게 율법을 깨닫게 하였는데 [8]하나님의 율법책을 낭독하고 그 뜻을 해석하여 백성에게 그 낭독하는 것을 다 깨닫게 하니 [9]백성이 율법의 말씀을 듣고 다 우는지라 총독 느헤미야와 제사장 겸 학사 에스라와 백성을 가르치는 레위 사람들이 모든 백성에게 이르기를 오늘은 너희 하나님 여호와의 성일이니 슬퍼하지 말며 울지 말라 하고 [10]느헤미야가 또 그들에게 이르기를 너희는 가서 살진 것을 먹고 단것을 마시되 준비하지 못한 자에게는 나누어 주라 이날은 우리 주의 성일이니 근심하지 말라 여호와로 인하여 기뻐하는 것이 너희의 힘이니라 하고 [11]레위 사람들도 모든 백성을 정숙하게 하여 이르기를 오늘은 성일이니 마땅히 조용하고 근심하지 말라 하니 [12]모든 백성이 곧 가서 먹고 마시며 나누어 주고 크게 즐거워하니 이는 그들이 그 읽어 들려준 말을 밝히 앎이라

심화 주석 에스라가 율법책을 읽었다 (느 8:3)는 것은 문자적으로는 그가 '율법 안에서' 읽었다는 것입니다. 그것은 약 6시간 동안이나 읽혀질 만큼 방대한 양이었습니다. 어떤 사람은 그것이 오경 전체가 될 수는 없다고 주장합니다. 왜냐하면 오경 전체를 다 읽으려면 6시간 이상 걸리기 때문입니다. 하지만 그가 율법 '안에서' 읽었다면, 에스라가 선택한 부분을 읽었다고 결론지을 수 있습니다. 사람들은 그 메시지가 하나님의 계시라고 굳게 믿었기 때문에 '주의를 기울여 들었습니다.' 성령님의 능력과 권위를 지닌 채 설교된 하나님의 말씀은 주의를 끌 것입니다. 하나님의 말씀을 읽는 것은 부흥을 일으킵니다.[11]

_머빈 브레느맨

"하나님의 말씀을 듣고 순종하는 그날이 바로 주님의 거룩한 날입니다."[12]

_비드

"인간에게 음식과 물이 필요한 것처럼 그리스도인에게는 성경이 필요합니다. 그 필요는 결코 없어지지 않습니다."[13]

_앤디 나셀리

심화 주석

느헤미야서는 에스라와 레위인들이 3~5만 명 정도 되는 사람들에게 하나님의 율법을 어떻게 읽고 설명해 주었는지 분명히 밝히고 있지 않습니다(느 7:66~67). 아마도 에스라는 "모든 사람"(8:3) 앞에서 율법의 한 부분을 읽었을 것이고, 레위인들이 그들 사이를 돌아다니면서 에스라가 읽은 내용이 무엇인지 알려 주었을 것입니다(느헤미야 8장 7절과 8절에는 "깨닫게" 했다고 기록되어 있는데, 이 구절이 히브리어로 '분명하게 하다' 또는 '번역하다'의 뜻을 가지고 있습니다. 여기서는 히브리어에서 아람어로 번역해 주는 것을 뜻합니다).

그러자 사람들이 하나님의 말씀에 순종했습니다. 하나님의 말씀이 그들의 감정을 건드렸습니다. 율법을 듣고 그들이 눈물을 흘린 것입니다(9절). 그들은 과거에 율법에 불순종한 것을 통회했고, 자기 죄를 깊이 뉘우쳤습니다.[14]

_진 A. 겟츠

> 언어의 은사는 복입니다. 우리는 언어를 통해 메시지를 전달할 수 있고, 가르침을 받을 수 있습니다. 하나님은 자기 백성이 이해할 수 있는 방법으로 의사소통을 하심으로써 그들에게 복을 주셨습니다. 그러므로 우리는 그분의 말씀에 순종해야 할 책임이 있습니다. 하나님이 우리로 하여금 하나님의 말씀을 읽고 들을 수 있게 하신 최고의 방법 중 하나가 바로 '설교'입니다.

여기서 우리는 에스라가 성경을 낭독하는 모습을 보게 됩니다. 그곳에 모인 사람들 중에는 바벨론에서 자라 히브리어를 알지 못하고, 따라서 성경의 말씀을 이해하지 못하는 사람들도 있었습니다. 그래서 레위인들이 백성들 사이를 걸어 다니면서 그들이 이해할 수 있는 언어로 성경을 다시 설명해 주었습니다. 백성들은 하나님의 말씀을 이해하자 울기 시작했습니다. 대대로 내려온 불순종을 깨닫고 마음이 무너진 것입니다.

Q 누군가 당신이 어려운 성경 내용을 쉽게 이해할 수 있도록 도와준 적이 있습니까?

Q 다른 사람을 그와 같이 도운 적이 있습니까?

하나님은 백성들에게 회개하고 주님의 거룩함을 기념할 수 있는 기회를 주셨습니다. 그들은 새해를 기념하는 나팔절을 축하했습니다. 이것이 바로 자기 백성을 위하시는 하나님의 방식인 듯합니다. 즉 하나님은 말씀하시고, 그 백성은 마음과 귀를 열어 듣습니다. 하나님이 그들의 잘못을 지적하시면, 백성들은 자기 죄로 인해 마음이 무너집니다. 그러면 하나님이 말씀으로 그들을 위로하시고 의롭게 사는 길을 가르쳐 주십니다.

> 그리스도인으로서 디모데후서 3장 16절을 읽을 때, 힘이 납니다.
> "모든 성경은 하나님의 감동으로 된 것으로 교훈과 책망과 바르게 함과 의로 교육하기에 유익하니."
> 우리는 하나님이 성경의 저자이시고, 거짓말하는 것은 그분의 성품이 아니기 때문에(민 23:19; 히 6:18) 하나님의 말씀이 절대적 진리라는 것을 압니다. 하나님의 말씀을 성실히 배우면, 말씀이 우리의 실수를 견책하고, 우리가 살아가야 할 길을 보여 줍니다.

오늘날 우리가 누리는 평안은 복음에서 비롯된 것입니다. 예수님은 자신을 구주로 영접하는 모든 이에게 구원과 성화의 삶을 허락해 주십니다. 복음은 그리스도를 구주로 영접한 이들은 결과적으로 죄 용서까지 받는다고 약속합니다. 왜냐하면 죄 없으신 예수님이 우리를 대신해 죄가 되셨으므로 우리는 하나님의 의가 될 수 있기 때문입니다 (고후 5:21; 엡 1:7).

그러나 이것은 이야기의 끝이 아닙니다. 그리스도인은 성령 하나님이 내주하심으로써 의롭게 살아갈 능력을 복으로 받았습니다 (롬 8:9~13). 주님은 하나님의 말씀을 읽고 설교를 들을 때, 그 말씀을 이해할 수 있는 능력을 주십니다. 성령님은 죄를 깨닫게 하시고, 죄를 고백할 힘을 주시고, 육체의 정욕을 죽이게 하십니다 (롬 8:13).

하나님께 죄를 고백할 뿐만 아니라, 나아가 그다음 단계로 죄를 서로 고백해야 합니다. 하나님이 우리를 용서해 주신 것처럼, 우리도 다른 사람들을 용서해야 합니다. 그럴 때 비로소 공동체에서 부흥을 경험하고 누리게 될 것입니다!

이것이 우리 삶에서 반복된다면, 우리는 집이나 학교나 직장에서 예수 그리스도의 제자를 세우는 일을 더 쉽게 할 수 있을 것입니다.

> **Leader** 하나님이 느헤미야 8장에서 하신 것처럼 오늘날 우리에게 전능하게 역사하시기를 원한다면 공동체가 함께 모여 기도하고, 하나님의 말씀을 듣고, 그분의 계명에 순종하고, 회개하고, 그에 대한 책임을 져야만 합니다. 그런 다음 우리가 가진 가장 위대한 선물인 예수 그리스도의 복음과 그분과의 교제에서 누리는 기쁨을 온 세상에 전해야 합니다.

Q 하나님의 말씀에 순종하고자 할 때, 어떤 식으로 서로 책임질 수 있을까요?

Q 그러한 책무는 예수님을 향한 사랑으로 동기가 부여된다는 사실을 어떻게 확신할 수 있을까요?

심화 주석 매년 "이날"(느 8:10)을 경축함으로써 과거에 하나님이 자기 백성을 위해 하신 일에 관한 이야기는 하나님이 자기 백성을 위해 하시는 일의 유형을 보여 주는 패러다임 구조와 도식 모델이 되었습니다. 포로 생활에서 돌아와 성벽을 재건하기 위해 노력했던, 하나님의 보호를 받은 사람들은 자연스럽게 하나님이 이전 세대들을 위해 하신 일의 관점에서 현재 그들을 위해 하시는 일을 생각하게 될 것입니다.[15]

_제임스 M. 해밀턴 주니어

"많은 사람이 부흥을 위해 기도하고 있지만, … 추수하시는 하나님의 뜻에 맞게 기도하는 것이 더 시의적절하며 더 성경적일 것입니다. 그러면 하나님이 부흥을 일으킬 진리를 담대하고 신실하게 전할 일꾼들을 일으켜 보내실 것입니다."[16]

_아더 핑크

결론

부흥은 하나님의 백성이 하나님의 말씀을 읽고 설명하는 것을 통해 들리는 주님의 음성에 집중할 때 경험할 수 있습니다. 부흥은 혼자서는 체험할 수 없고, 공동체 안에서만 경험할 수 있습니다. 부흥은 하나님의 백성들이 회개하고, 서로를 책임질 때 일어납니다. 이것이 바로 우리가 히브리서 말씀을 지켜야 하는 이유입니다.

"서로 돌아보아 사랑과 선행을 격려하며 모이기를 폐하는 어떤 사람들의 습관과 같이 하지 말고 오직 권하여 그날이 가까움을 볼수록 더욱 그리하자"(히 10:24~25).

함께 모여 하나님의 말씀을 듣는 훈련을 할 때, 그 말씀이 우리를 둘러싼 세상을 바라보고 생각하는 방식에 영향을 줄 것입니다. 하나님을 더욱 알기 원하는 부담감이 커질 것입니다. 아직 하나님을 모르고, 하나님을 찾지도 않는 이들에게 복음을 전하고 싶은 열망이 계속 자라날 것입니다.

그리스도와의 연결
바벨론에서 귀환한 백성들처럼 하나님의 말씀을 읽으면 신앙의 유산과 하나님의 신실하심과 하나님의 구원 사역을 떠올리게 됩니다. 그리고 예수 그리스도의 십자가를 통해 세상에 구원을 전하시는 하나님의 계획을 깨닫게 됩니다.

하나님의 계획 우리의 사명
선교적 적용 하나님의 말씀은 항상 우리를 그리스도께 인도하며, 그리스도께서는 항상 우리를 다른 사람들에게로 인도하십니다.

1. 어떻게 하면 하나님의 말씀을 읽고 듣고자 하는 열망을 더 키울 수 있을까요?

2. 어떻게 하면 하나님의 말씀으로 공동체 문화를 만들어 갈 수 있을까요? 가정과 교회와 지역 사회에서 어떻게 하면 좋을까요?

3. 예수 그리스도의 복음을 가지고 다른 사람들에게 나아갈 수 있는 구체적인 방법을 생각해 보세요. 어떻게 하면 공동체 차원에서 선교 사역을 책임질 수 있을까요?

금주의 성경 읽기
왕하 5~8장;
대하 21:1~22:9

Summary and Goal

구약성경의 마지막 책인 말라기서는 하나님의 백성이 하나님을 어떻게 예배해야 하는지, 더욱 구체적으로는 어떻게 예배하면 안 되는지를 우리에게 보여 줍니다. 말라기가 기록한 사람들이 드린 예배는 진부하고 생명력이 없었습니다. 하나님은 말라기 선지자에게 건성으로 예배하는 백성들을 일깨우는 말씀을 주셨습니다. 그 메시지는 오늘날 우리에게도 여전히 유효합니다.

- **성경 본문**
  말라기 1:6~14; 3:7~12; 4:1~6

- **세션 포인트**
  1. 피상적인 예배는 하나님의 위대하심을 하찮게 만듭니다(말 1:6~14)
  2. 피상적인 예배는 하나님의 존귀함을 깎아내립니다(말 3:7~12)
  3. 피상적인 예배는 심판받아 마땅합니다(말 4:1~6)

- **신학적 주제**
  진정한 예배는 하나님의 위대한 가치를 찬양하고, 예배자에게 복을 가져다줍니다.

- **그리스도와의 연결**
  말라기 이후로 하나님의 예언 말씀은 400년간 없었습니다. 말라기 선지자는 하나님 나라를 가져올 메시아의 길을 예비하러 올 사자에 관해 예언했습니다. 몇 세기가 지난 후 세례 요한이 예수님의 길을 예비하는 사자로 왔습니다. 구약성경의 마지막 단어는 '저주'입니다. 우리 죄의 끝을 일깨워 주기 위함입니다. 그런데 신약성경에서 예수님이 말씀하신 첫 번째 말씀 중 하나가 '복'입니다. 우리 저주를 감당하신 분이 바로 우리에게 복을 주시는 분입니다.

- **선교적 적용**
  우리는 하나님의 존귀함을 높여 만백성이 주님의 이름을 알 수 있도록 진심으로 예배드려야 합니다.

피상적인 예배가 문제를 일으키다

12

포로 생활 중
신실하기   불로
시험받다   벽에 쓰인
손글씨   구원받은
다니엘   고향으로 가는
여정   성전 재건

**Session
Plan**

도입

말콤 글래드웰이 제시한 열심히 일하는 것과 성공 사이의 상관관계에 관한 평가로
이 세션을 시작하십시오. 그에 따르면 성공하기 위해서는 최소 1만 시간을 투자해야
합니다.

운동선수나 사업가나 배우 등 자신이 흠모하는 성공한 누군가를 떠올려 보세요. 그를 어떻게
묘사하겠습니까?

위 질문에 관한 답을 고려하면서, 예배할 때 전심으로 예배하기보다 기교로 드리는
것은 아닌지, 그리고 예배에 '성실하다, 열정적이다, 열심이다' 등의 표현을 자신에게
도 적용할 수 있는지 물어보십시오. 그러고 나서 말라기서와 열의가 없는 예배 모습
을 다루는 이 세션을 요약해 주십시오.

전개

1

**피상적인 예배는
하나님의 위대하심을
하찮게 만듭니다**
(말 1:6~14)

영적인 아버지이신 하나님을 어떻게 공경해야 하는지를 '너희 부모를 공경하라'는
제5계명과 연결해 설명해 주십시오. 그러고 나서 말라기 1장 6~9절을 읽으십시오.

하나님을 향한 경외심이 부족함을 여실히 보여 주는 제사장의 행동은 무엇입니까?

하나님이 자기 백성에게 제기하신 두 가지 고발 내용, 즉 그들이 하나님을 공경하지
도 않고 두려워하지도 않았다는 내용을 설명해 주십시오. 그러고 나서 말라기 1장
10~14절을 읽으십시오. 제사장들과 유대 백성들이 제물을 올려드릴 때, 하나님을
경솔하게 대했던 탓에 하나님이 진노하셨다는 것에 주목하십시오. 성경이 주장하
는 그리스도의 제자들이 하나님께 올려 드려야 하는 5가지를 설명해 주십시오.

- 우리의 몸(롬 12:1~2)   • 우리의 물질(빌 4:14~18)   • 우리의 찬송(히 13:15)
- 우리의 행함(히 13:16)   • 우리의 증거(롬 15:16)

5가지 '제물'로 하나님께 예배드릴 때, 하나님의 위대하심이 어떤 식으로 드러납니까?

2

**피상적인 예배는
하나님의 존귀함을
깎아내립니다**
(말 3:7~12)

남매의 노아 방주 예화를 연결해 하나님께 나아올 때 마음을 특징짓는 동기에 대해
설명해 주십시오. 그러고 나서 자원자에게 말라기 3장 7~12절을 읽게 하십시오. 이
스라엘 백성의 질문이 얼마나 불순한 것인지를 지적해 주십시오.

사실 그렇지 않은데 하나님과 친밀하다고 주장하며 이에 대한 증거로 내세우는 것에는 어떤

것들이 있습니까?

이스라엘 백성이 하나님으로부터 멀어진 것과 오늘날 우리의 예배 모습을 비교해 보십시오. 문제의 핵심은 바로 마음에 있다는 것을 말해 주십시오. 우리가 하나님을 얼마나 존귀하게 여기는지를 보여 주는 지표나 척도에 관해 구체적으로 설명해 주십시오.

소비 습관과 마음은 어떤 관련이 있습니까?

"네 보물 있는 그곳에는 네 마음도 있느니라"(마 6:9~21)라고 하신 예수님의 가르침과 본문은 어떤 관련이 있습니까?

하나님을 시험해 보라는 하나님의 초청을 들려주십시오. 그러고 나서 재정적으로 하나님을 신뢰하는 것 자체가 하나님을 믿는 것이 얼마나 가치 있는 일인지를 실증한다는 것을 설명해 주십시오. 말라기 3장 7~12절에서 배울 수 있는 3가지를 강조해 주십시오.

그리스도인은 그리스도께서 우리를 위해 하신 대로 순종하는 자에게 복을 주시겠다는 하나님의 약속을 어떻게 이해하고 적용해야 할까요?

3 피상적인 예배는 심판받아 마땅합니다 (말 4:1~6)

말라기 4장 1~6절을 읽으십시오. 유대 백성들이 기대했던 주님의 날과 실제로 일어난 일에 관해 설명하고, 그리스도의 재림을 준비해야 하는 우리의 필요와 연결해 주십시오. 그러고 나서 구약성경의 가장 흥미로운 장면인 말라기의 마지막 두 구절, 즉 주님의 날 이전에 '엘리야'가 올 것에 대한 약속과 이어지는 하나님의 침묵에 관해 설명해 주십시오.

심판의 약속을 듣고, 자기 생명을 구하려고 애쓰는 사람을 어떻게 인도해야 할까요? 성경적으로 올바른 반응은 무엇일까요?

결론

말라기 4장 2절을 직접적으로 언급하는 누가복음 1장 78~79절의 사가랴의 말에 주목하십시오. 성자 그리스도가 어떻게 "공의로운 해"가 되시는지 설명해 주십시오(부록 1: '포로와 귀환에서 예수님 바라보기'를 참고하십시오). 이 세션에서 배운 진리를 '하나님의 계획, 우리의 사명'에서 적용해 보십시오.

Session Content

12. 피상적인 예배가 문제를 일으키다

심화토론

• '세속적인 성공'을 위해서는 엄청난 시간과 노력을 투자해야 한다고 생각하면서, '영적인 성공'을 위해서는 그러한 시간과 노력을 쏟지 않는 이유는 무엇일까요?

도입

말콤 글래드웰(Malcolm Gladwell)은 자기 저서 《아웃라이어》(Outliers)에서 벼락 성공은 아주 드물다고 주장합니다. 그는 로버트 오펜하이머나 빌 게이츠나 비틀즈 등 성공한 사람들의 삶을 면밀히 관찰했습니다. 그는 그들이 단숨에 성공한 것이 아니라고 말합니다. 즉 그들이 아무도 보지 않을 때 최소 1만 시간을 투자해 자기 분야를 위해 노력했기에 성공할 수 있었다는 것입니다.

Q 운동선수나 사업가나 배우 등 자신이 흠모하는 성공한 누군가를 떠올려 보세요. 그를 어떻게 묘사하겠습니까?

운동선수를 좋아한다면, '성실하다, 열정적이다, 열심이다'라는 말로 그를 묘사할 수 있을 것입니다. 사업가나 배우에게도 똑같은 표현을 쓸 수 있을 것입니다.

이제 질문을 바꿔 봅시다. 주님을 향한 자신의 헌신과 예배의 모습을 묘사해 보라고 하면 어떨까요? 자신의 헌신과 예배의 모습에도 똑같은 표현을 쓸 수 있겠습니까?

> **Leader**
죄의 만연과 마음의 완고함에 비추어 볼 때, 말라기 선지자 시대에 이스라엘 백성에게는 '헌신', '열정', '전념'이 결여되어 있었습니다. 하나님은 자기 백성에게 가장 좋은 것을 주셨습니다. 애굽인들에게서 그들을 구하셨고, 광야에서 그들을 인도하셨으며, 삶을 위한 필수품(젖과 꿀 같은 필수품)을 약속하셨고, 약속의 땅으로 들어가게 하셨으며, 적들을 정복하게 하셨습니다.

그런데 하나님의 변함없는 사랑에 대한 그들의 반응은 무엇이었습니까? 그들은 '보잘것없는 예배'라고 표현할 수밖에 없는 것을 하나님께 올려드렸습니다. 구약

:..... 성경은 우울한 분위기로 끝을 향해 달려가고 있습니다.

"입술로 하나님을 예배하면서
삶으로는 예배하지 않을 수
있습니다. 하지만 삶으로 예배하지
않는다면, 입술로도 예배할 수
없다고 말해 주고 싶습니다."[1]
_A. W. 토저

Session Summary

구약성경의 마지막 책인 말라기서는 하나님의 백성이 하나님을 어떻게 예배해야 하는지, 더욱 구체적으로는 어떻게 예배하면 안 되는지를 우리에게 보여 줍니다. 말라기가 기록한 사람들이 드린 예배는 진부하고 생명력이 없었습니다. 하나님은 말라기 선지자에게 건성으로 예배하는 백성들을 일깨우는 말씀을 주셨습니다. 그 메시지는 오늘날 우리에게도 여전히 유효합니다.

전개

1. 피상적인 예배는 하나님의 위대하심을 하찮게 만듭니다
(말 1:6~14)

> 우리는 성경의 계명들을 생각할 때, 유대 전통을 따라 구약성경에 나와 있는 613개의 계명을 생각하기보다는 교회에서 배웠던 '십계명'만 생각하는 경향이 있습니다. 제5계명은 "부모를 공경하라"고 분명하게 명령합니다. 영적인 아버지이신 하나님께 순종하고 공경하는 것은 어떻습니까? 하나님이 말라기 선지자를 통해 자기 백성에게 어떻게 말씀하시는지 살펴보십시오.

[6]내 이름을 멸시하는 제사장들아 나 만군의 여호와가 너희에게 이르기를 아들은 그 아버지를, 종은 그 주인을 공경하나니 내가 아버지일진대 나를 공경함이 어디 있느냐 내가 주인일진대 나를 두려워함이 어디 있느냐 하나 너희는 이르기를 우리가 어떻게 주의 이름을 멸시하였나이까 하는도다 [7]너희가 더러운 떡을 나의 제단에 드리고도 말하기를 우리가 어떻게 주를 더럽게 하였나이까 하는도다 이는 너희가 여호와의 식탁은 경멸히 여길 것이라 말하기 때문이라 [8]만군의 여호와가 이르노라 너희가 눈먼 희생제물을 바치는 것이 어찌 악하지 아니하며 저는 것, 병든 것을 드리는 것이 어찌 악하지 아니하냐 이제 그것을 너희 총독에게 드려 보라 그가 너를 기뻐하겠으며 너를 받아 주겠느냐 [9]만군의 여호와가 이르노라 너희는 나 하나님께 은혜를 구하면서 우리를 불쌍히 여기소서

**심화
주석**

말라기 선지자는 그의 두 번째 논쟁(1:6~2:9)에서 첫 번째 논쟁(1:2~5)에서 다루었던 불평을 뒤엎습니다. 질문해야 하는 것은 이스라엘을 향한 하나님의 사랑이 아니라, 하나님을 향한 이스라엘의 사랑이었습니다. 말라기는 사람들이 하나님을 경외하지 않는 죄를 범하고 있음을 깨달았습니다. 그럼에도 불구하고 그는 이스라엘 제사장들에게 초점을 맞추고 있습니다. 왜냐하면 성소가 부정해지는 것을 미연에 방지하고, 예를 들어 눈이 멀거나 절름거리거나 병이 든 동물을 배제하기 위해 모든 제물을 점검해야 하는 책임이 그들에게 있었기 때문입니다(1:8; 레 22:17~25; 신 15:21; 17:1).**[2]**

_고든 P. 휴겐버거
ESV Study Bible_

"하나님의 영광을 계속해서 바라보는 삶을 살아가십시오. 이것이 바로 여러분이 존재하는 이유입니다. 이 열정만이 여러분을 궁극적으로 자유롭게 해 줄 수 있습니다. 세상 죄를 지고 가는 하나님의 어린양을 보면서 살아가십시오."[3]
_매트 파파

하여 보라 너희가 이같이 행하였으니 내가 너희 중 하나인들 받겠느냐

 하나님을 향한 경외심이 부족함을 여실히 보여 주는 제사장의 행동은 무엇입니까?

> 하나님이 처음부터 자기 백성에게 두 가지 내용을 고발하고 계심에 주목하십시오. 그들은 하나님을 공경하는 모습도, 경외하는 모습도 보이지 않았습니다. 그들은 하나님을 공경하지도 않고, 경외하지도 않았을 뿐만 아니라 하나님의 이름을 멸시했습니다. '멸시'는 어떤 사물이나 사람에 대한 지속적인 경멸의 태도를 뜻합니다. 멸시는 어떤 물건이나 사람의 하찮음 또는 무가치함을 드러내는 행동입니다. 성경은 그들이 하나님이 명령하셨던 온전하고 흠 없는 제물을 드리는 대신 절름거리거나 눈먼 제물을 드림으로써 하나님을 멸시하는 행동을 했다고 말합니다. 하나님이 그들에게 "나에게 갖고 온 이것들을 지방 총독에게 바쳤을 때, 그가 좋게 여길 것이라고 생각하느냐?"라고 물으셨을 정도였습니다.

Leader

¹⁰만군의 여호와가 이르노라 너희가 내 제단 위에 헛되이 불사르지 못하게 하기 위하여 너희 중에 성전 문을 닫을 자가 있었으면 좋겠도다 내가 너희를 기뻐하지 아니하며 너희가 손으로 드리는 것을 받지도 아니하리라 ¹¹만군의 여호와가 이르노라 해 뜨는 곳에서부터 해 지는 곳까지의 이방 민족 중에서 내 이름이 크게 될 것이라 각처에서 내 이름을 위하여 분향하며 깨끗한 제물을 드리리니 이는 내 이름이 이방 민족 중에서 크게 될 것임이니라 ¹²그러나 너희는 말하기를 여호와의 식탁은 더러워졌고 그 위에 있는 과일 곧 먹을 것은 경멸히 여길 것이라 하여 내 이름을 더럽히는도다 ¹³만군의 여호와가 이르노라 너희가 또 말하기를 이 일이 얼마나 번거로운고 하며 코웃음 치고 훔친 물건과 저는 것, 병든 것을 가져왔느니라 너희가 이같이 봉헌물을 가져오니 내가 그것을 너희 손에서 받겠느냐 이는 여호와의 말이니라 ¹⁴짐승 떼 가운데에 수컷이 있거늘 그 서원하는 일에 흠 있는 것으로 속여 내게 드리는 자는 저주를 받으리니 나는 큰 임금이요 내 이름은 이방 민족 중에서 두려워하는 것이 됨이니라 만군의 여호와의 말이니라

> 오늘날 청중의 관점에서 본문을 다음과 같이 이해할 수 있습니다.
"세상의 모든 교회는 문을 닫아라. 더 이상 교회 건물도 모임도 없다. 모든 것이 다 끝났다!"

Leader

하지만 이스라엘 백성은 모든 것을 성전에 의존하고 있었습니다. 그들은 제사 지낼 때는 물론 죄의 용서, 명절 및 축제까지 모두 성전에 의존했습니다. 성전이 없다면 나라가 돌아가지 않을 정도였습니다.

제사장들이 하나님 앞에서 경솔하게 행동하는 바람에 유대 백성이 모두 그렇게 행동했고, 결국 하나님의 진노가 시작되고 말았습니다. 하나님은 부당하게 화를 내신 게 아닙니다. 주님은 자신에게 합당한 영광을 요구하고 계십니다. 경외심이 결여된 백성의 모습에 하나님의 진노가 불붙었는데, 그들이 하나님의 존귀함을 깎아내렸기 때문입니다. 하나님의 위대하심은 우리로 하여금 무릎 꿇게 하고, 가진 것 중에 최고의 것으로 하나님을 경배하게 합니다.

> 훗날 사도 바울은 신자들에게 다음과 같이 가르칩니다.

Leader

"그러므로 형제들아 내가 하나님의 모든 자비하심으로 너희를 권하노니 너희 몸을 하나님이 기뻐하시는 거룩한 산 제물로 드리라 이는 너희가 드릴 영적 예배니라"(롬 12:1).

사도 베드로도 같은 맥락에서 다음과 같이 말합니다.

"너희도 산 돌 같이 신령한 집으로 세워지고 예수 그리스도로 말미암아 하나님이 기쁘게 받으실 신령한 제사를 드릴 거룩한 제사장이 될지니라"(벧전 2:5).

성경은 그리스도의 제자들에게 다음 5가지를 하나님께 올려 드리라고 권면합니다.

- 우리의 몸(롬 12:1~2)
- 우리의 물질(빌 4:14~18)
- 우리의 찬송(히 13:15)
- 우리의 행함(히 13:16)
- 우리의 증거(롬 15:16)

Q 5가지 '제물'로 하나님께 예배드릴 때, 하나님의 위대하심이 어떤 식으로 드러납니까?

**심화
주석** 사방에 있는 이방인들이 여호와의 위대하심을 깨닫고, 그분을 예배할 때가 다가오고 있습니다. 그런데 정작 하나님의 자녀들, 열방에 하나님의 은혜를 드러내야 하는 하나님의 왕 같은 제사장들이 하나님의 이름을 모독하고 있습니다(말 1:12).

하나님의 '이름'은 주님의 본성이자 성품입니다. 하나님은 그 이름을 자기 말과 행동으로 드러내십니다(창 16:13; 17:5; 22:14; 출 33:19; 왕상 8:43). 하나님께 속했다고 주장하는 사람들, 즉 그분의 이름으로 부름 받은 사람들(신 28:10; 대하 7:14; 사 43:7)은 예배를 통해['여호와의 이름을 불렀다'는 표현(창 4:26; 21:33)은 간구하는 것뿐 아니라, 찬양하거나 예배하는 것(창 12:8; 신 32:3)을 의미함] 그리고 그들의 삶을 통해 하나님의 성품을 선포합니다. 그들의 예배나 삶이 하나님의 거룩하신 성품을 잘못 드러낸다면, 그것은 하나님의 이름을 '모독'하는 것입니다. 이것은 그분의 명성을 손상시키고 불명예스럽게 하는 것이므로 결국에는 용납되지 않을 것입니다(레 22장).

이스라엘 백성은 포로 생활 전에 이와 같은 모습을 보였는데, 지금 다시 반복하고 있습니다.[4]

_E. 레이 클렌드넌
HCSB Study Bible_

"마음의 순결함은 크게 소리 내어 말하는 모든 기도보다 참된 기도가 되며, 진실한 하나의 마음으로 연합된 침묵은 어떤 이가 부르짖는 큰 소리보다 더 낫습니다."[5]
아프라하트

심화 주석 하나님은 그분의 목적에 따라 풍성하게 드리는 것에 최상의 것으로 복을 주시고, 인색한 자에게는 그 결과를 거둘 것이라고 약속하십니다(말 3:8~12). 봉헌은 우리가 하나님을 어떻게 생각하는지 보여 주는 거울과도 같습니다. 만약 하나님을 좋은 선물을 은혜롭게 주시는 분으로 본다면, 봉헌의 '은혜'를 더 많이 누리고 싶은 열망이 생길 것입니다(참조, 고후 8:7). 그러나 힘든 일을 맡기는 완고한 공사 감독으로 본다면, 억지로 드리는 봉헌을 통해 그러한 모습이 분명히 드러날 것입니다. 문제는 봉헌의 양이 아니라 태도입니다(눅 21:1~4).

봉헌을 통해 우리는 예수님이 "부요하신 이로서 너희를 위하여 가난하게 되심은 그의 가난함으로 말미암아 너희를 부요하게" 하시는 분임을 알게 됩니다. 봉헌은 하나님께 되갚기 위해서가 아니라, 우리를 향하신 하나님의 크고 풍성한 은혜로 인해 기쁘게 드리는 것입니다.[6]

_이언 M. 두구드
Gospel Transformation Bible

2. 피상적인 예배는 하나님의 존귀함을 깎아내립니다(말 3:7~12)

누나와 남동생이 욕조에서 '노아의 방주' 놀이를 하고 있었습니다. 홍수가 물러간 뒤, 아이들은 하나님께 제물을 드리기로 했습니다. 노아 역할의 남동생이 아내 역할의 누나에게 이렇게 말합니다.

"누나의 동물 장난감 중에서 하나를 드리자."

그러자 누나가 동생에게 말합니다.

"싫어. 네 걸로 드리자."

합의점을 찾지 못하자 누나가 다락방으로 달려가더니 잠시 뒤 낡은 양 인형을 들고 나타났습니다. 머리는 찌그러졌고, 꼬리는 떨어졌으며, 지저분한 상태였습니다. 누나는 동생에게 인형을 내밀며 이렇게 말합니다.

"여기 있어. 이걸로 드리자. 어차피 다시 갖고 놀지 않을 거잖아."

슬프게도 이 예화는 하나님에 관한 우리 마음속 동기를 보여 줍니다. 때때로 우리는 하나님께 최선이 아닌 남은 것을 드립니다.

> 말라기서 앞부분에서 하나님은 제물의 질적인 면에 의문을 제기하십니다. 그리고 나서 제물의 양적인 면에 관해 질문하셨습니다.

Leader

[7]만군의 여호와가 이르노라 너희 조상들의 날로부터 너희가 나의 규례를 떠나 지키지 아니하였도다 그런즉 내게로 돌아오라 그리하면 나도 너희에게로 돌아가리라 하였더니 너희가 이르기를 우리가 어떻게 하여야 돌아가리이까 하는도다 [8]사람이 어찌 하나님의 것을 도둑질하겠느냐 그러나 너희는 나의 것을 도둑질하고도 말하기를 우리가 어떻게 주의 것을 도둑질하였나이까 하는도다 이는 곧 십일조와 봉헌물이라 [9]너희 곧 온 나라가 나의 것을 도둑질하였으므로 너희가 저주를 받았느니라 [10]만군의 여호와가 이르노라 너희의 온전한 십일조를 창고에 들여 나의 집에 양식이 있게 하고 그것으로 나를 시험하여 내가 하늘 문을 열고 너희에게 복을 쌓을 곳이 없도록 붓지 아니하나 보라 [11]만군의 여호와가 이르노라 내가 너희를 위하여 메뚜기를 금하여 너희 토지 소산을 먹어 없애지 못하게 하며 너희 밭의 포도나무 열매가 기한 전에 떨어지지 않게 하리니 [12]너희 땅이 아름다워지므로 모든 이방인들이 너희를 복되다 하리라 만군의 여호와의 말이니라

하나님의 말씀을 들은 이스라엘 백성들이 하나님과 화해할 수 있는 길을 보여 달라고 요청했습니다. "우리가 어떻게 하여야 돌아가리이까?"

그러나 그들의 질문은 진실하지 않았습니다. 그들은 하나님께 돌아가고자 하는 열망을 표현한 것이 아닙니다. 오히려 애초에 떠난 적이 없다고 말하는 것입니다. 어쨌든 그들은 여전히 하나님께 제물을 드리고 있었기 때문입니다.

Q **사실 그렇지 않은데 하나님과 친밀하다고 주장하며 이에 대한 증거로 내세우는 것에는 어떤 것들이 있습니까?**

이스라엘 백성에게 돌을 던지기에 앞서, 우리는 자신이 얼마나 쉽게 방황하는지를 생각해 봐야 합니다. 누군가는 이렇게 말할 것입니다. "내가 하나님과 멀어졌다니요? 나는 매주 교회에 다니고 있고, 우리 아이들도 매주 주일학교에 다니고 있어요. 그런데 어떻게 내가 하나님과 멀어졌다고 말할 수 있나요?" 안타깝게도 많은 사람이 자신이 장님이라는 사실을 깨닫지 못합니다. 하나님이 유대 백성에게 하신 것과 같은 말씀을 해 주실 것입니다. "너는 나와 멀어지지 않았다고 생각할 테지만, 너는 내게서 멀리 있구나."

사실 이전부터 하나님은 유대 백성의 볼품없는 제사와 예배 부족과 우상 숭배와 불성실함을 책망해 오셨습니다. 그런데 여기서 문제의 근원을 건드리십니다. 문제의 핵심은 마음에 있었습니다. 특히 그들은 하나님께 드리는 대신 가지고 있거나 쓰는 이기적인 선택을 함으로써 재물을 잘못 배분해 왔습니다. 봉헌은 우리 마음 상태를 나타내는 지표이자, 우리가 하나님을 얼마나 존귀하게 여기는지를 보여 주는 척도임을 잊어서는 안 됩니다.

Q **소비 습관과 마음은 어떤 관련이 있습니까?**
Q **"네 보물 있는 그곳에는 네 마음도 있느니라"(마 6:9~21)라고 하신 예수님의 가르침과 본문은 어떤 관련이 있습니까?**

하나님은 백성들에게 이 일로 자신을 시험해 보라고 말씀하셨습니다. 이것은 놀라운 일입니다. 하나님이 "나를 시험해 보라"고 말씀하시다니요! 백성들이 하나님을 재정적으로 시험한다면, 하나님이 그들을 집어삼키려는 이들로부터 그들을 보호하시고, 그들의 육체적인 필요를 채워 주시며, 온 열방에 명성을 날리게 하시는 분임을 알게 될 것입니다.

> "하나님은 능력으로 심판하시지만, 오랫동안 인내하는 것을 더 좋아하십니다."[7]
> _치프리안

> "하나님께 최선이 아닌 태도는 설득력이 없습니다. 능력 없는 경건의 모양이기 때문입니다."[8]
> _마이클 캣

심화 주석 '십일조'는 10분의 1을 의미하는데, 구약성경에서 정기적으로 드려진 봉헌이었습니다. 구약성경의 규례에 의하면, 다양한 목적과 이유로 한 사람이 드리는 봉헌의 양은 모두 합쳐 자기 소유물의 25% 이상이었습니다.

구약의 율법과 신약의 권면을 통해 우리는 십일조를 권합니다(그 행위 이면에 본심은 결여되어 있었지만, 그럼에도 바리새인들의 십일조를 예수님이 인정하신 것에 주목하십시오. 마 23:23). 우리는 교회에서 사람들이 십일조를 하도록 권면합니다. 하지만 십일조를 하지 않는 사람에게는 그들 수입에서 후하고 넘치도록 헌금할 것을 권면하고, 십일조를 하는 사람에게는 더 헌신할 것을 권면합니다.[9]

> Leader
재정적인 면에서 하나님을 신뢰한다는 것은 하나님이 얼마나 존귀한 분인지 실증할 뿐만 아니라, 하나님을 향한 믿음의 수준을 드러냅니다. 어떤 사람의 마음이 어디에 있는지 볼 수 있는 가장 빠른 방법은 그 사람의 은행 계좌를 보는 것입니다. 매주 정기적으로 드리는 주일 헌금은 하나님을 신뢰한다는 가시적인 표시입니다. 여러분의 돈은 어디에 사용되고 있습니까? 여러분은 시간을 어떻게 보내나요? 여러분에게 맡겨진 것으로 무엇을 하고 있나요?

말라기 3장 7~12절을 통해, 우리 행동과 하나님의 반응에 관한 세 가지 사실을 배울 수 있습니다.

첫째, 겸손하고 신실하게 예배드리면서 하나님의 명령에 순종한다면, 우리를 위해 역사하시는 하나님을 보게 될 것입니다. 이것은 하나님이 즉각적으로 보상해 주시거나 재정적으로 채워 주신다는 뜻은 아닙니다. 그러나 재정적인 면에서 하나님께 의지한다면, 분명히 주님이 주시는 복을 누리게 될 것입니다.

둘째, 우리를 규정하는 것은 우리가 가진 것이나 노력해서 얻었다고 생각하는 것들이 아닙니다. 하나님이 주신 자원들을 가지고 무슨 일을 했는가가 우리를 규정합니다.

셋째, 본문에서 우리는 백성들이 신실하지 않을 때조차 하나님은 언약을 신실하게 지키시는 분임을 볼 수 있습니다. 유대 백성들은 또다시 실패했지만, 하나님은 절대로 실패하지 않으십니다. 그리스도의 삶에서 우리는 아버지께 순종하기 위해 자신을 기꺼이 바치셨던 분을 보게 됩니다. 그분은 자기 죽음을 통해 풍성하게 부어지는 하나님 나라의 복이 되셨고, 하나님은 이 복을 믿는 자들에게 허락하셨습니다.

> Leader
하나님은 우리가 다른 사람들의 복이 되도록 하려고 우리에게 복을 주십니다. 주님께 나의 시간과 재능과 재물을 드리십시오. 짐 엘리엇은 이렇게 말했습니다. "결코 잃지 말아야 할 것을 얻기 위해 항상 유지할 수는 없는 것을 포기할 줄 아는 사람이 현명한 사람이다."[10]

Q 그리스도인은 그리스도께서 우리를 위해 하신 대로 순종하는 자에게 복을 주시겠다는 하나님의 약속을 어떻게 이해하고 적용해야 할까요?

3. 피상적인 예배는 심판받아 마땅합니다(말 4:1~6)

¹만군의 여호와가 이르노라 보라 용광로 불 같은 날이 이르리니 교만한 자와 악을 행하는 자는 다 지푸라기 같을 것이라 그 이르는 날에 그들을 살라 그 뿌리와 가지를 남기지 아니할 것이로되 ²내 이름을 경외하는 너희에게는 공의로운 해가 떠올라서 치료하는 광선을 비추리니 너희가 나가서 외양간에서 나온 송아지 같이 뛰리라 ³또 너희가 악인을 밟을 것이니 그들이 내가 정한 날에 너희 발바닥 밑에 재와 같으리라 만군의 여호와의 말이니라 ⁴너희는 내가 호렙에서 온 이스라엘을 위하여 내 종 모세에게 명령한 법 곧 율례와 법도를 기억하라 ⁵보라 여호와의 크고 두려운 날이 이르기 전에 내가 선지자 엘리야를 너희에게 보내리니 ⁶그가 아버지의 마음을 자녀에게로 돌이키게 하고 자녀들의 마음을 그들의 아버지에게로 돌이키게 하리라 돌이키지 아니하면 두렵건대 내가 와서 저주로 그 땅을 칠까 하노라 하시니라

유대 백성들은 자신들이 하나님이 택하신 백성이라는 점 때문에 영원한 복을 기대했습니다. 하지만 그들이 받은 것은 경고였습니다. 하나님이 모든 잘못을 바로잡으러 "용광로 불"처럼 오실 것입니다. 하나님의 심판은 심드렁하고 미지근한 예배에서부터 시작될 것입니다. 그들은 하나님이 오셔서 그들의 원수의 잘못을 갚아 주시리라 기대했습니다. 그러나 그들은 그날이 자신들에게도 심판의 날이 된다는 것은 알지 못했습니다.

주님이 다시 오시면, 똑같은 조건으로 심판하실 것입니다. 공의로 심판하실 텐데, 그것을 위해 준비하는 것은 우리의 몫입니다. 우리는 자신에게 이렇게 물어야 합니다.

"나는 예수님의 재림에 준비되어 있는가?"

> 2절에서 주님이 우리에게 다음과 같이 말씀하시므로, 우리는 그날 우리의 자리를 확신할 수 있습니다.

Leader

"내 이름을 경외하는 너희에게는 공의로운 해가 떠올라서 치료하는 광선을 비추리니 너희가 나가서 외양간에서 나온 송아지 같이 뛰리라."

주님을 경외하고 우리를 위해 희생하신 독생자를 믿는 사람들은 하나님의 명령을 신실하게 순종함으로 드러납니다. 그들은 가슴 벅찬 기쁨으로 그날을 기대할 수 있습니다. 왜냐하면 임박한 심판에서 제외될 것이기 때문입니다.

하나님은 "율법을 기억하라"고 말씀하십니다.

"만약 내가 너희에게서 원하는 것이 무엇인지 알고 싶다면, 직접 율법을 읽어라."

심화주석 이제 말라기 선지자는 "여호와의 크고 두려운 날"(욜 2:31)을 내다봅니다(말 4:1). 그러나 그 이전에 먼저 선지자의 경고가 있을 것입니다. 앞으로 올 그 선지자는 엘리야인데, 그가 선택된 이유는 그 역시 모세처럼 호렙산에서 하나님에 관한 계시를 받았기 때문입니다(왕상 19:8~18). 다른 어떤 선지자도 엘리야처럼 국가의 운명과 사람의 태도를 그렇게 극적으로 변화시키지 못했습니다. 말라기 3장 1~3절에 언급된 사자를 염두에 두고, 엘리야는 하늘로부터 불을 내려 달라고 간청했고(왕상 18:38), 호렙산에서 여호와의 바람, 지진, 불을 목격했으며(왕상 19:11, 12), 엘리사를 떠나 불수레를 타고 하늘로 올라갔다는 사실(왕하 2:11)을 기억하십시오. 엘리야가 죽음을 경험하지 않았다는 사실은 그가 사명 수행을 위해 아직도 살아 있음을 전제합니다(참조, 대하 21:12).

세례 요한은 메시아의 시대가 이미 도래했다는 것과 불 시험을 통해서만 마지막 심판을 피할 수 있음을 믿었습니다(마 3:11, 12). 그는 말라기의 메시지를 확실히 알고 있었고, 큰 영향을 받았습니다.

예수님의 생애에 세례 요한의 기대가 모두 성취된 것은 아닙니다. 초림과 재림 사이의 간격이 있고, 은혜의 날은 최종 심판을 지연하기 위해 연기되었습니다. 그렇다고 심판을 모면하게 되었다는 뜻은 아닙니다. 구약성경의 끝에 나오는 경고가 신약성경의 끝에서 없어지는 것은 아니지만(계 22:10~15), 그 차이점은 신약의 끝에는 '은혜'라는 단어가 있다는 것입니다(21절).[11]

_조이스 G. 볼드윈

"하나님께 돌아가는 것은 하나님에 관한 진리를 반영하는 삶을 사는 것을 뜻합니다." [12]
_마이클 윌리엄스

"예배는 하나님이 우리에게 주신 최고를 하나님께 드리는 것입니다. 하나님은 그것을 그분의 것으로, 동시에 우리 것으로 영원토록 만드십니다." [13]
_오스왈드 챔버스

우리가 하나님의 말씀으로 들어가고, 그 말씀이 우리에게 들어올 때 형통은 현실이 됩니다.

말라기의 마지막 두 구절은 구약성경에서 가장 무시무시한 내용입니다. 말라기 선지자는 다가올 종말을 예비하러 올 누군가에 대한 약속과 가정과 공동체가 회개하지 않으면 임할 저주의 경고로 끝을 맺습니다. 예수님은 '엘리야'로도 불리는 그 사람이 바로 하나님의 백성에게 회개의 메시지를 전했던 세례 요한임을 분명히 밝히셨습니다(마 17:10~12). 그러나 이 예언에서부터 그가 올 때까지 하나님은 침묵하셨습니다.

> **Leader** "제자들이 물어 이르되 그러면 어찌하여 서기관들이 엘리야가 먼저 와야 하리라 하나이까 예수께서 대답하여 이르시되 엘리야가 과연 먼저 와서 모든 일을 회복하리라 내가 너희에게 말하노니 엘리야가 이미 왔으되 사람들이 알지 못하고 임의로 대우하였도다 인자도 이와 같이 그들에게 고난을 받으리라 하시니"(마 17:10~12).

Q 심판의 약속을 듣고, 자기 생명을 구하려고 애쓰는 사람을 어떻게 인도해야 할까요? 성경적으로 올바른 반응은 무엇일까요?

결론

신약성경에서 제사장 사가랴는 노년에 아들이 생길 것이라는 천사의 말을 믿지 않은 탓에 말을 못하게 되었습니다. 그 아들 세례 요한이 마침내 태어났을 때, 사가랴의 입이 열렸고 그는 하나님을 찬양했습니다. 그리고 성령 충만한 가운데 요한이 "돋는 해가 위로부터" 임하는 길을 예비할 것이라고 예언했습니다(눅 1:78~79). 이는 말라기 4장 2절의 말씀을 직접적으로 언급한 것입니다. "공의로운 해"(말 4:2)는 오실 메시아를 가리킵니다. 하나님의 아들, 예수 그리스도께서 바로 그 "해"이십니다.

오늘날 우리는 오실 메시아를 400년이나 기다리지 않아도 되니 기쁘지 않습니까? 그 대신 우리는 우리 죄에서 우리를 구원하러 오신 메시아 예수님을 바라봅니다. 주님은 "나는 세상의 빛"(요 8:12)이라고 선언하셨습니다. 오늘날 우리는 "그 빛이 내 마음속에 들어오셨는가?" 하고 자문해 봐야 합니다.

> 이기적인 사람이 그리스도인 친구에게 물었습니다.

Leader

"나 같은 사람보다 그리스도인이 누리는 유익은 무엇일까? 오늘같이 화창한 날에 해가 신앙인을 비추고 있는 것처럼 나도 비추고 있잖아?"

그의 친구는 "맞아! 그런데 그리스도인에게는 한 번에 두 개의 해가 빛을 비춰 줘. 하나는 그의 몸에, 다른 하나는 그의 영혼에 말이야."[14]

그리스도 안에서 해가 우리를 비추고 있습니다. 이제 성경의 다음 책은 이 세상에 오신 하나님 아들 이야기를 들려줄 것입니다.

핵심교리
99

89. 예배

예배를 하나의 행사나, 찬양을 부르는 모임 정도로 과소평가하는 사람이 많습니다. 그러나 예배는 심령에 관계된 것으로 삶의 모든 영역으로 확대되는 것입니다. 예배의 목적과 초점은 하나님께 있으며, 하나님께 합당한 찬양과 경배를 드리는 것입니다. 그리스도인은 개인의 삶 가운데서 예배를 드려야 합니다. 그리고 다른 그리스도인들과 함께 모여서도 하나님을 예배하며 그분의 영광을 위해 자기 재능을 사용해야 합니다. 함께 드리는 예배는 그리스도인들의 덕을 세우고 그들을 굳세게 할 뿐만 아니라, 믿지 않는 사람들에게도 하나님의 위대하심을 증거하는 역할을 합니다.

그리스도와의 연결

말라기 이후로 하나님의 예언 말씀은 400년간 없었습니다. 말라기 선지자는 하나님 나라를 가져올 메시아의 길을 예비하러 올 사자에 관해 예언했습니다. 몇 세기가 지난 후 세례 요한이 예수님의 길을 예비하는 사자로 왔습니다. 구약성경의 마지막 단어는 '저주'입니다. 우리 죄의 끝을 일깨워 주기 위함입니다. 그런데 신약성경에서 예수님이 말씀하신 첫 번째 말씀 중 하나가 '복'입니다. 우리 저주를 감당하신 분이 바로 우리에게 복을 주시는 분입니다.

하나님의 계획 우리의 사명

선교적 적용 우리는 하나님의 존귀함을 높여 만백성이 주님의 이름을 알 수 있도록 진심으로 예배드려야 합니다.

1. 하나님의 위엄과 회개의 필요성에 관한 생각을 약화시키는, 개인적이거나 공동체적인 활동에는 어떤 것들이 있습니까?

2. 예배는 작정하고 넉넉히 드리는 헌금을 통해 어떻게 하나님의 선교를 지원할 수 있으며, 예수님을 전할 기회를 줄 수 있습니까?

3. 다가올 심판의 날은 믿음의 길을 걸어가는 우리 태도와 행동에 어떤 영향을 미치나요? 복음을 전하는 사명에는 어떤 영향을 미치나요?

금주의 성경 읽기
**왕하 9~15장;
대하 22:10~27:9;
욘 1~4장**

appendix

포로와 귀환에서 예수님 바라보기

구약	신약
주님 예수님의 길을 예비할 사자를 보내실 것임(말 3:1)	**주 예수님** 세례 요한이 예수님의 길을 예비함(눅 1:76~77)
다니엘 왕의 음식과 포도주로 자신을 더럽히지 않기로 결심함(단 1:8)	**예수님** 죄를 없애기 위해 오셨지만, 그분에게는 죄가 없었음(요일 3:5)
네 번째 사람 사드락, 메삭, 아벳느고와 함께 풀무 불 속에 있었던 그는 "신들의 아들"과도 같았음(단 3:25)	**하나님의 아들** 우리를 향한 하나님의 진노의 불을 견디심(롬 3:25)
다니엘 "신들의 영"이 있다는 말을 들음(단 5:11~14)	**예수 그리스도** 그분 안에 하나님이 우리의 구원을 위해 주신 지혜가 있었음(고전 1:30)
인자 같은 이 하늘 구름을 타고 다스리러 오실 것임(단 7:13~14)	**인자이신 예수님** 구름을 타고 능력과 큰 영광으로 오실 것임(마 24:30)
바사 왕 고레스 그를 통치자로 택하시고, 성전을 재건하게 하심(사 44:24~45:7)	**예수님** 하나님께 기름 부음을 받은 메시아이자, 성전이심(요 1:41; 2:21)
스룹바벨(여호야긴의 후손) 바벨론에서 고국으로 귀환함(대상 3:17~19)	**예수님(스룹바벨의 후손)** 우리의 포로 됨을 끝내셨음(마 1:12~17)
에스더 자기 백성을 구원하는 "이때"를 위해 왕비로 선택됨(에 4:14)	**예수님** 율법 아래에 있는 자들을 구속할 때가 차매, 태어나심(갈 4:4~5)
에스라 하나님의 율법을 연구해 준행하며 가르치기로 결심함(스 7:10)	**예수님** 하나님의 율법을 포함한 성경이 그분에 관해 증언함(요 5:39, 46)
느헤미야 기도하는 사람이었음 (느 1:5~11; 2:4; 4:9; 5:19; 6:9, 14; 13:14, 22, 29, 31)	**예수님** 기도하는 분이셨음 (마 26:36~44; 눅 11:1~13; 요 17장; 롬 8:34; 히 7:25)
공의로운 해 떠올라서 치료하는 광선을 비출 것임(말 4:2)	**돋는 해이신 예수님** 오셔서 우리를 평강의 길로 인도해 주실 것임(눅 1:78~79)

부록
2

포로기 시대의 왕들

	왕들	의미	선포한 명령 및 조서
바벨론 제국	느부갓네살 (왕하 24~25장; 단 1~4장)	주의 종으로서 유대 백성을 그들의 죄로 인해 심판해야 했음 (렘 25:9)	• 모든 지혜자를 죽이라고 명령함(단 2:13) • 하나님은 모든 신들의 신이시요, 모든 왕의 주재시며, 은밀한 것을 나타내시는 분임을 고백함(단 2:47) • 왕이 세운 신상에 절하지 않으면, 풀무 불에 던져 넣으리라는 명령을 내림(단 3:10~11) • 사드락과 메삭과 아벳느고의 하나님을 찬송하고, 이같이 사람을 구원할 다른 신이 없으니 하나님을 높이라는 조서를 내림(단 3:28~29) • 지극히 높으신 하나님의 일이 진실하며 그의 행하심이 의로우심을 찬양하고, 온 땅에 행하신 하나님의 놀라운 일을 선포했음(단 4장)
	벨사살 (단 5장)	하나님의 심판으로 바벨론 제국의 마지막 왕이 됨(단 5:25~31)	
바사 제국	메대의 다리오/ 바사의 고레스 (대하 36장; 스 1~4장; 단 6장)	주의 목자로서 포로 생활을 끝낸 이스라엘 백성들로 하여금 귀환해 성전을 재건하게 했음 (사 44:24~45:7)	• 유대 백성들에게 예루살렘으로 돌아가 성전을 건축하라는 조서를 내림(스 1:2~4) • 30일 동안, 왕 외에 어떤 신에게나 사람에게 무엇을 구할 수 없다는 조서를 고치지 못하게 하는 규례를 함께 내림(단 6:6~9) • 나라의 모든 사람은 사자들에게서 다니엘을 구원하신 살아 계신 하나님 앞에서 떨며 두려워하라는 조서를 내림(단 6:26~27)
	다리오 (스 5~6장)	다리오의 조서를 통해 성전을 재건하라는 하나님의 명령이 성취됨(스 6:14)	• 예루살렘에 있는 하나님의 성전을 재건할 것을 확인하며 지원을 약속하는 조서를 내림(스 6장)
	아하수에로/ 크세르크세스 (에스더서)	"이때"를 위해 에스더를 왕비로 삼음 (에 2:17; 4:14)	• 하만의 요청으로 모든 유대인을 진멸하라는, 철회할 수 없는 조서를 내림(에 3:7~15) • 모르드개의 요청으로 유대인을 보호하는, 철회할 수 없는 조서를 내림(에 8:8~14)
	아닥사스다 (스 4장; 7~10장; 느헤미야서)	주님이 왕의 마음에 예루살렘에 있는 여호와의 성전을 아름답게 할 뜻을 두셨음 (스 7:27)	• 다시 조서를 내릴 때까지 예루살렘 성전 건축을 중단하라는 조서를 내림(스 4:17~23) • 에스라와 사람들이 예루살렘으로 돌아가서 제사와 하나님의 율법을 다시 제정하도록 허락하는 조서를 내림(스 7:11~26) • 느헤미야에게 예루살렘으로 돌아가서 그 성을 재건하도록 허가함(느 2:1~8)

다니엘의 생애

느부갓네살의 통치 기간

- 다니엘은 포로가 되어 유다에서 바벨론으로 끌려가 그곳에서 교육을 받았고, 왕궁에서 일하게 됨(단 1:3~6)
  - 하나냐와 미사엘과 아사랴도 그와 함께 포로가 되어 바벨론으로 끌려감
- 다니엘은 '벨드사살'이라는 바벨론식 이름을 받음(1:7)
  - 다니엘의 친구들도 '사드락'과 '메삭'과 '아벳느고'라는 바벨론식 이름을 받음
- 다니엘은 왕의 음식과 그가 마시는 포도주로 자신을 더럽히지 않으려고 그것을 대신해 채식과 물을 달라고 요청함(1:8~16)
- 하나님이 네 소년에게 학문을 주시고 모든 서적을 깨닫게 하시고 지혜를 주셨는데, 다니엘은 모든 환상과 꿈까지 깨달아 알게 됨(1:17)
- 다니엘은 왕궁에서 일하며 지혜롭고 총명하게 왕을 보필함(1:19~20)
- 다니엘은 하나님의 지혜로 왕의 꿈을 풀어 해석해 줌(2:26~45)
- 다니엘은 바벨론 온 지방을 다스리는 자리에 오르고 모든 지혜자의 수장이 됨(2:48)
  - 그가 왕에게 요청해 사드락과 메삭과 아벳느고를 세워 바벨론 지방을 다스리게 함(2:49)
- 사드락과 메삭과 아벳느고는 왕이 세운 신상에 절하기를 거부한 탓에 풀무 불에 던져짐. 그러나 하나님이 그들을 구원해 주심(3:8~30)
- 다니엘이 왕의 꿈을 해석해 왕의 교만에 내리실 하나님의 심판을 예언함(4:19~27)

벨사살의 통치 기간

- 원년: 다니엘이 세상에 일어날 네 왕을 상징하는 네 짐승에 관한 환상을 봄(7:1~28)
- 제삼년: 다니엘은 메대-바사의 왕들과 헬라 왕을 상징하는 숫양과 숫염소에 관한 환상을 봄. 가브리엘이 그것을 해석해 주지만 이해하지 못함(8:1~27)
- 다니엘이 왕의 부름을 받아 벽에 쓰인 글씨를 해석함(5:13~31)
- 그 일로 인해 다니엘은 나라의 셋째 통치자가 됨(5:29)

메대의 다리오/바사의 고레스의 통치 기간

- 원년: 다니엘은 예레미야 선지자가 예언한 70년의 끝을 위해 기도하고, 가브리엘이 하나님이 정하신 70이레에 관해 가르쳐 줌(9:1~27)
- 제삼년: 다니엘은 마지막 날과 세마포 옷을 입은 영광스러운 사람에 관한 환상을 봄. 그러나 그 내용을 이해하지 못함(10~12장)
- 다니엘이 바벨론의 고관들을 다스리는 총리로 임명됨(6:1~2)
- 다니엘은 왕의 금령을 무시하고 전에 하던 대로 하나님께 기도함. 결국 정적들에게 고발당함(6:10~15)
- 다니엘은 사자 굴에 던져짐. 그러나 하나님이 구원해 주심(6:16~23)
- 다니엘은 죽어서 평안히 쉬면서 마지막 날에 있을 부활을 기다리라는 말씀을 들음(12:13)

하나님이 귀히 여기신 사람

하나님께 엄청난 사랑을 받은 다니엘은 고향을 떠나 포로 생활을 하는 중에도 하나님께 여전히 신실했습니다. 그는 바벨론 땅에서 복과 피눈물 나는 고생을 동시에 경험했습니다. 하나님은 신실한 그에게 지식과 총명을 주셨으며, 환상과 꿈을 해석할 능력도 허락해 주셨습니다. 그래서 그는 자신을 다스리는 이방 왕을 섬길 수 있었으며 심지어 왕을 꾸짖기까지 했습니다. 그는 "거룩한 신들의 영"이 있는 사람으로 인정받았지만, 지극히 높으신 하늘의 하나님이 자신에게 지혜를 주셨다고 항상 고백했습니다.

믿음의 승리

성경 인물	위협적인 상황	죽음을 두려워하지 않는 믿음	결과
사드락 메삭 아벳느고	왕의 신상에 절하거나 아니면 풀무 불에 던져지거나(단 3:13~15)	"하나님은 우리를 건져내시리이다 그렇게 하지 아니하실지라도 왕의 신상에는 절하지 않을 것입니다"(단 3:16~18)	풀무 불에 던져졌지만, 하나님이 그들을 불에서 구원하셨음(단 3:19~29; 히 11:34)
다니엘	30일 동안, 왕에게만 간구하거나 아니면 사자 굴에 던져지거나 (단 6:6~9)	전에 하던 대로 하나님께 기도함(단 6:10)	사자 굴에 던져졌지만, 하나님이 그를 사자들의 입에서 건져 주셨음 (단 6:16~23; 히 11:33)
에스더	왕의 부름 없이 자기 백성을 진멸의 위기에서 구하기 위해 왕에게 나아갔고, 그렇게 함으로써 사형에 처해질 수도 있었음 (에 4:8~11)	왕후의 자리에 오른 것이 "이 때를 위함"인 줄로 믿고, 3일 동안 금식하고 기도한 후에 왕 앞에 나아감(에 4:14~17)	왕의 승인을 받음으로써 자기 백성의 진멸을 막을 수 있었음(에 5~9장)
스룹바벨 예수아 학개 스가랴	성전 재건에 관한 왕의 결정을 위해, 재건 중인 지도자들의 이름이 왕에게 보내짐(스 4:24~5:17)	성전 재건을 계속하며 자신들을 천지의 하나님의 종으로 소개함(스 5:11~16)	왕이 성전 재건을 허락하고, 필요한 경비를 왕실에서 내리게 함으로써 마침내 성전이 재건됨(스 6:1~15)
에스라	바벨론에서 예루살렘으로 가는 여정에 적들의 위협이 있을 수 있음 (스 8:21~22)	하나님이 그들을 보호해 주실 것이라고 말하며 왕에게 보호 요청을 하지 않고 하나님의 보호하심을 위해 금식하며 기도함(스 8:21~23)	하나님이 자기 백성을 강하게 하시며, 대적과 길에 매복한 자의 손에서 건지심 (스 8:31)
느헤미야	왕 앞에서 수심을 보임으로써 겪을 수 있는 미지의 잠재적 결과 때문에 큰 두려움을 느낌 (느 2:1~2)	자신이 슬퍼하는 이유를 설명하고, 하늘의 하나님께 묵도한 뒤 예루살렘으로 돌아가 성을 재건하도록 허락해 줄 것과 재건에 필요한 물품을 요청함(느 2:3~8)	하나님의 선한 손이 도우사 왕이 그의 요청을 허락하고, 그는 예루살렘으로 돌아가 성벽을 재건했음 (느 2:8~6:16)
예수님	십자가가 가져올 부끄러움과 죽음(히 12:2)	그 앞에 있는 기쁨을 위해 십자가를 참으사 부끄러움을 개의치 아니하심(히 12:2)	하나님 보좌 우편에 앉으셨음(히 12:2)

두 번째 출애굽

"그러므로 여호와의 말씀이니라 보라 날이 이르리니 그들이 다시는 이스라엘 자손을 애굽 땅에서 인도하여 내신 여호와의 사심으로 맹세하지 아니하고 이스라엘 집 자손을 북쪽 땅, 그 모든 쫓겨났던 나라에서 인도하여 내신 여호와의 사심으로 맹세할 것이며 그들이 자기 땅에 살리라 하시니라"(렘 23:7~8).

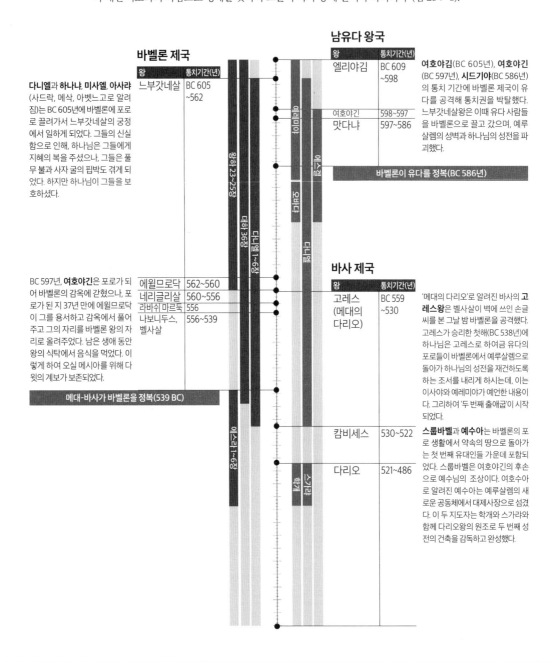

다니엘과 **하나냐, 미사엘, 아사랴** (사드락, 메삭, 아벳느고로 알려짐)는 BC 605년에 바벨론에 포로로 끌려가서 느부갓네살의 궁정에서 일하게 되었다. 그들의 신실함으로 인해, 하나님은 그들에게 지혜의 복을 주셨으나, 그들은 풀무 불과 사자 굴의 핍박도 겪게 되었다. 하지만 하나님이 그들을 보호하셨다.

바벨론 제국

왕	통치기간(년)
느부갓네살	BC 605 ~562

남유다 왕국

왕	통치기간(년)
엘리야김	BC 609 ~598
여호야긴	598~597
맛다냐	597~586

여호야김(BC 605년), **여호야긴**(BC 597년), **시드기야**(BC 586년)의 통치 기간에 바벨론 제국이 유다를 공격해 통치권을 박탈했다. 느부갓네살왕은 이때 유다 사람들을 바벨론으로 끌고 갔으며, 예루살렘의 성벽과 하나님의 성전을 파괴했다.

바벨론이 유다를 정복(BC 586년)

BC 597년, **여호야긴**은 포로가 되어 바벨론의 감옥에 갇혔으나, 포로가 된 지 37년 만에 에윌므로닥이 그를 용서하고 감옥에서 풀어주고 그의 자리를 바벨론 왕의 자리로 올려주었다. 남은 생애 동안 왕의 식탁에서 음식을 먹었다. 이렇게 하여 오실 메시야를 위해 다윗의 계보가 보존되었다.

왕	통치기간(년)
에윌므로닥	562~560
네리글리살	560~556
라바쉬 마르둑	556
나보니두스, 벨사살	556~539

바사 제국

왕	통치기간(년)
고레스 (메대의 다리오)	BC 559 ~530

'메대의 다리오'로 알려진 바사의 **고레스왕**은 벨사살이 벽에 쓰인 손글씨를 본 그날 밤 바벨론을 공격했다. 고레스가 승리한 첫해(BC 538년)에 하나님은 고레스로 하여금 유다의 포로들이 바벨론에서 예루살렘으로 돌아가 하나님의 성전을 재건하도록 하는 조서를 내리게 하시는데, 이는 이사야와 예레미야가 예언한 내용이다. 그리하여 '두 번째 출애굽'이 시작되었다.

메대-바사가 바벨론을 정복(539 BC)

왕	통치기간(년)
캄비세스	530~522
다리오	521~486

스룹바벨과 **예수아**는 바벨론의 포로 생활에서 약속의 땅으로 돌아가는 첫 번째 유대인들 가운데 포함되었다. 스룹바벨은 여호야긴의 후손으로 예수님의 조상이다. 여호수아로 알려진 예수아는 예루살렘의 새로운 공동체에서 대제사장으로 섬겼다. 이 두 지도자는 학개와 스가랴와 함께 다리오왕의 원조로 두 번째 성전의 건축을 감독하고 완성했다.

성전과 성벽 재건

연도(BC)	사건	성경
538	고레스의 조서	스 1:1~4
537	제단을 다시 만듦	스 3:2~3
536	성전 재건이 시작됨	스 3:8~9
536	성전의 기초가 놓임	스 3:10~13
536~520	성전 재건에 대한 반대	스 4:1~5, 24
520	성전 재건이 다시 시작됨	스 5:1~2
515	성전이 완공되고 봉헌됨	스 6:14~18
458	에스라가 예루살렘에 도착함	스 7:8~10
445	느헤미야가 예루살렘에 도착함	느 2:11
445	예루살렘 주변 성벽이 재건됨	느 6:15
445	에스라가 광장에서 율법을 읽음	느 8:1~12

바사 제국

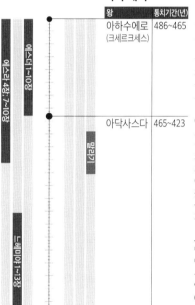

왕	통치기간(년)
아하수에로 (크세르크세스)	486~465
아닥사스다	465~423

(세로 라벨) 에스라 1~10장 | 에스라 4장; 7~10장 | 느헤미야 1~13장 | 말라기

에스더와 **모르드개**는 크세르크세스로 알려진 아하수에로왕의 통치 기간에 바사의 수도인 수산성에 거주했다. 이 두 사람은 진멸 당할 위기에 처한 유대인들을 구하는 데 큰 역할을 했다. 유대들의 부림절은 에스더서의 이야기가 그 기원이다.

에스라는 모세의 율법에 정통한 서기관으로, 비느하스와 엘르아살로 이어지는 아론의 후손이다. 하나님의 율법에 순종하고 예배를 회복하기 위해 아닥사스다왕의 도움을 받아 바벨론에서 약속의 땅으로 돌아갔다. 그는 이스라엘에서 하나님의 율법을 연구하고 순종하고 가르치기로 결심했다.

느헤미야는 아닥사스다왕의 술 담당 관원으로 섬겼다. 예루살렘에 남아 있는 자들의 수치에 대한 소식을 듣고, 하나님과 왕의 도움을 얻기 위해 기도했다. 수산궁에서 예루살렘으로 가서 많은 반대에도 불구하고 예루살렘 성벽을 재건하는 일에 전력을 다했다. 왕에게 돌아가기 전에 12년 동안 유다의 총독으로 임명되었다.

예레미야 선지자는 하나님의 백성이 다른 신들을 섬기며, 애굽에서 그들을 구원해 약속의 땅으로 인도하신 한 분 참 하나님을 저버린 죄로 인해 바벨론 땅에서 70년 동안 포로생활을 하게 될 것이라고 예언했다. 다니엘은 이 예언을 생각하며 기도했을 때, 하나님의 백성과 예루살렘이 온전하게 회복되기 전에, 반역과 죄가 끝나기 전에, '70이레'가 지나야 한다는 것을 환상 가운데 가브리엘에게서 들었다(참조, 9:20~27. - 역주). 고레스의 조서와 다른 왕들의 법령들을 통해 바벨론에서 포로 생활을 하던 유대인들이 귀환하는 두 번째 출애굽이 시작되었다. 그러나 에스라와 느헤미야 두 사람은 유다 땅으로 돌아간 후에도 그들의 노예근성이 계속될 것을 알았다.
자기 백성의 죄를 위해 죽임을 당하시고 모든 백성과 나라와 방언의 사람들로 이루어진 왕국을 다스릴 권세를 부여받으신 메시아, 즉 예수님만이 이 포로 생활을 끝내실 수 있다. 오직 그분만이 죄와 사망의 포로가 된 자기 백성을 약속의 땅으로 인도해 하나님 나라에서 영원한 생명을 누리게 하실 수 있다.

주 / 1

Session 1

1. Dale Ralph Davis, *The Message of Daniel*, in *The Bible Speaks Today* (Downers Grove: IVP, 2013), 36.
2. Stephen R. Miller, in *The Apologetics Study Bible* (Nashville: B&H, 2007), 1267, n. 1:1.
3. Theodoret of Cyr, *Commentary on Daniel*, 1.8, quoted in *Ezekiel, Daniel*, eds. Kenneth Stevenson and Michael Glerup, vol. XIII in *Ancient Christian Commentary on Scripture: Old Testament* (Downers Grove: IVP, 2008), 158–59.
4. C. H. Spurgeon, "Dare to Be a Daniel," *Spurgeon's Sermons Volume 39: 1893* [online; cited 18 April 2016]. Available from the Internet: www.ccel.org.
5. Bryan Chapell, in *Gospel Transformation Bible* (Wheaton: Crossway, 2013), 1123, n. 1:8-16.
6. Dale Ralph Davis, *The Message of Daniel*, 32.
7. Daniel P. Caldwell, "Life in the Royal Court of Babylon," *Biblical Illustrator* (Summer 2014): 64–65.
8. Charles R. Swindoll, *Daniel: God's Pattern for the Future* (Nashville: Thomas Nelson, 1986), 17.
9. J. Hudson Taylor, quoted in *Expect Great Things: Mission Quotes That Inform and Inspire*, comp. Marvin J. Newell (Pasadena, CA: William Carey Library, 2013), 89.
10. Marvin Olasky, "Dare to Be a Daniel?" *WORLD* [online] 19 September 2015 [cited 19 April 2016]. Available from the Internet: www.worldmag.com.
11. Tremper Longman III, *Daniel*, in *NIVAC Bundle 4: Major Prophets* (Grand Rapids: Zondervan, 1999) [eBook].
12. Ibid.
13. Jerome, *Commentary on Daniel*, 1.17, quoted in *Ezekiel, Daniel*, eds. Kenneth Stevenson and Michael Glerup, vol. XIII in *Ancient Christian Commentary on Scripture: Old Testament*, 160.
14. John MacArthur, *An Uncompromising Life* (Chicago: Moody, 1988), 61–62
15. David Helm, *Daniel for You* (Purcellville, VA: The Good Book Company, 2015), 28.
16. Heinrich Bullinger, *Daniel the Most Wise Prophet of God, quoted in Ezekiel, Daniel*, ed. Carl L. Beckwith, vol. XII in *Reformation Commentary on Scripture: Old Testament* (Downers Grove: IVP, 2012), 247.

Session 2

1. Nate Saint, quoted in *Introducing World Missions*, 2nd ed., by A. Scott Moreau, Gary R. Corwin, and Gary B. McGee (Grand Rapids: Baker, 2015) [eBook].
2. "How Firm a Foundation," from John Rippon's *Selection of Hymns* in *Baptist Hymnal* (Nashville: LifeWay Worship, 2008), 456.
3. John Chrysostom, *Homilies on the Statues*, 4.8, New Advent [online; cited 21 April 2016]. Available from the Internet: www.newadvent.org.
4. David Helm, *Daniel for You* (Purcellville, VA: The Good Book Company, 2015), 48.
5. Iain M. Duguid and Paul D. Wegner, in *ESV Study Bible* (Wheaton: Crossway, 2008), 1592, n. 18.
6. W. A. Criswell, "The Image of Gold," *Criswell Sermon Library* [online], 24 May 1970 [cited 21 April 2016]. Available from the Internet: www.wacriswell.org.
7. Bryan Chapell, *The Gospel According to Daniel* (Grand Rapids: Baker, 2014), 55.
8. Thomas Watson, *A Body of Practical Divinity* (T. Wardle, 1833), 12.
9. James Montgomery Boice, *Daniel: An Expositional Commentary* (Grand Rapids: Baker, 2008) [WORDsearch].
10. Stephen R. Miller, *Daniel*, vol. 18 in *The New American Commentary* (Nashville: B&H, 2003), [WORDsearch].
11. C. H. Spurgeon, "Consolation in the Furnace," *Spurgeon's Sermons Volume 11: 1865* [online; cited 21 April 2016]. Available from the Internet: www.ccel.org.
12. Adrian Rogers, "When Faith Is in the Fire," *Love Worth Finding* [online; 21 April 2016]. Available from the Internet: www.lwf.org.

Session 3

1. Johann Wigand, *Commentaries on Daniel*, 12, quoted in *Ezekiel, Daniel*, ed. Carl L. Beckwith, vol. XII in *Reformation Commentary on Scripture: Old Testament* (Downers Grove: IVP, 2012), 305.
2. Dale Ralph Davis, *The Message of Daniel*, in *The Bible Speaks Today* (Downers Grove: IVP, 2013), 74-75.
3. Bryan Chapell, *The Gospel According to Daniel* (Grand Rapids: Baker, 2014), 97.
4. Michael Rydelnick, in *HCSB Study Bible* (Nashville: B&H, 2010), 1443, n. 5:18-24.
5. John Phillips, *Exploring the Book of Daniel*, in *The John Phillips Commentary Series* (Grand Rapids: Kregel, 2009) [WORDsearch].
6. Jerry Bridges, *The Joy of Fearing God* (Colorado Springs: WaterBrook Press, 1998), 192.
7. Dale Ralph Davis, *The Message of Daniel*, in *The Bible Speaks Today*, 71.
8. See Daniel, by Stephen R. Miller, vol. 18 in *The New American Commentary* (Nashville: B&H, 2003), 140, n. 43; 167.
9. Sinclair B. Ferguson, *Daniel*, vol. 21 in *The Preacher's Commentary* (Nashville: Thomas Nelson, 1988) [eBook].

주 / 2

Session 4

1. Joel Belz, "Dare to Be a Daniel," *WORLD* [online], 30 March 1996 [cited 2 May 2016]. Available from the Internet: www.worldmag.com.

2. Michael Rydelnick, in *HCSB Study Bible* (Nashville: B&H, 2010), 1444-45, n. 6:1; n. 6:6-7; n. 6:10.

3. John Piper, "Daniel's Defiance of Darius in Prayer," *Desiring God* [online], 29 December 1991 [cited 2 April 2016]. Available from the Internet: www.desiringgod.org.

4. Christopher J. H. Wright, *The Mission of God's People* (Grand Rapids: Zondervan, 2010), 256.

5. Ligon Duncan, "Daniel in the Lion's Den," *LigonDuncan.com* [online], 18 January 1998 [cited 2 May 2016]. Available from the Internet: www.ligonduncan.com.

6. Tony Evans, *No More Excuses, 10th Anniversary Edition* (Wheaton: Crossway, 1996), 112.

7. Stephen R. Miller, *Daniel*, vol. 18 in *The New American Commentary* (Nashville: B&H, 2003) [WORDsearch].

8. Joyce G. Baldwin, *Daniel*, vol. 23 in *Tyndale Old Testament Commentaries* (Downers Grove: IVP, 2015) [WORDsearch].

9. Sinclair B. Ferguson, *Daniel*, vol. 21 in *The Preacher's Commentary* (Nashville: Thomas Nelson, 1988), 130.

10. Andrew E. Hill, "Daniel," in *Daniel-Malachi*, vol. 8 in *The Expositor's Bible Commentary, Revised Edition* (Zondervan: Grand Rapids, 2008), 127.

11. Bryan Chapell, *The Gospel According to Daniel* (Grand Rapids: Baker, 2014), 119.

12. Allan Moseley, "Who Was Darius the Mede?" *Biblical Illustrator* (Summer 2006): 26.

13. Menno Simons, "A Meditation on the Twenty-Fifth Psalm," in *Early Anabaptist Spirituality: Selected Writings*, ed. Daniel Liechty (Mahwah, NJ: Paulist, 1994), 248-49.

Session 5

1. "5 Must-See Thin Places in Ireland," *Thin Places* [online], December 2010 [cited 3 May 2016]. Available from the Internet: www.thinplace.net.

2. "What are thin places?," *Thin Places* [online], 2014 [cited 3 May 2016]. Available from the Internet: www.thinplace.net.

3. Matt Boswell, *Doxology and Theology* (Nashville: B&H, 2013), 15-16.

4. John H. Sailhamer, *NIV Bible Study Commentary* (Grand Rapids: Zondervan, 2012) [eBook].

5. Wayne VanHorn, "Cyrus the Great," *Biblical Illustrator* (Spring 2006): 24-25.

6. Mervin Breneman, *Ezra, Nehemiah, Esther*, vol. 10 in *The New American Commentary* (Nashville: B&H, 2003) [WORDsearch].

7. Michael Williams, *How to Read the Bible Through the Jesus Lens* (Grand Rapids: Zondervan, 2012), 58.

8. Skye Jethani, *With* (Nashville: Thomas Nelson, 2011), 110.

9. Adapted from "Introduction to the NIV Stewardship Study Bible," by Stephen J. Grabill and Brett A. Elder, in *NIV Stewardship Study Bible* (Grand Rapids: Zondervan, 2009), xi-xii.

10. Mervin Breneman, *Ezra, Nehemiah, Esther*, vol. 10 in *The New American Commentary* [WORDsearch].

11. Carl R. Anderson, in *HCSB Study Bible* (Nashville: B&H, 2010), 759-60, n. 3:1-2; n. 3:3; n.3:7.

12. Mervin Breneman, *Ezra, Nehemiah, Esther*, vol. 10 in *The New American Commentary* [WORDsearch].

13. Ibid.

14. David Clarkson, quoted in *The Treasury of David*, by C. H. Spurgeon, vol. 6 (New York: Funk & Wagnalls, 1882), 423.

15. Derek Kidner, *Ezra and Nehemiah*, vol. 12 in *Tyndale Old Testament Commentaries* (Downers Grove: IVP, 2015) [WORDsearch].

16. W. Schultz, *The Book of Ezra*, trans. and ed. Charles A. Briggs, vol. 7 in *A Commentary on the Holy Scriptures: Chronicles, Ezra, Nehemiah, and Esther* (New York: Scribner, 1877), 40.

17. Mark D. Roberts, "Thin Places: A Biblical Investigation," *Reflections on Christ, Church, and Culture* [online], 2012 [cited 4 May 2016]. Available from the Internet: www.patheos.com.

18. Bede, *On Ezra and Nehemiah*, trans. and ed. Scott DeGregorio (Liverpool: Liverpool University Press, 2006), 66.

Session 6

1. Saint Augustine, City of God, 1.8, quoted in *The City of God: Books I-VII*, trans. Demetrius B. Zema and Gerald G. Walsh, in *The Fathers of the Church* (Washington D.C.: Catholic University of America Press, 2008), 28-29.

2. Derek Kidner, *Ezra and Nehemiah*, vol. 12 in *Tyndale Old Testament Commentaries* (Downers Grove: IVP, 2015) [WORDsearch].

3. William Wilberforce, quoted in *The Life of William Wilberforce*, by Robert I. Wilberforce and Samuel Wilberforce, vol. 5 (London: John Murray, 1838), 318.

4. J. G. McConville, *Ezra, Nehemiah, and Esther* (Louisville: Westminster John Knox Press, 1985), 32.

5. Richard Sibbes, *Divine Meditations and Holy Contemplations* (London: J.

주 / 3

Buckland, 1775), 198.

6. Mervin Breneman, *Ezra, Nehemiah, Esther*, vol. 10 in *The New American Commentary* (Nashville: B&H, 2003) [WORDsearch].

7. Donald S. Whitney, *Spiritual Disciplines for the Christian Life* (Colorado Springs: NavPress, 2014), 22.

8. Mervin Breneman, *Ezra, Nehemiah, Esther*, vol. 10 in *The New American Commentary* [WORDsearch].

9. Peter Williams, *Opening Up Ezra* (Leominster: Day One Publications, 2006) [Logos].

10. Carl R. Anderson, in *HCSB Study Bible* (Nashville: B&H, 2010), 765-66, n. 6:13-15; n. 6:16; n. 6:19-20; n. 6:21.

11. Mervin Breneman, *Ezra, Nehemiah, Esther*, vol. 10 in *The New American Commentary* [WORDsearch].

12. Ibid.

13. Ed Stetzer, "What You Celebrate, You Become," *Christianity Today* [online], 2 June 2015 [cited 5 May 2016]. Available from the Internet: www.christianitytoday.com.

14. Charles Spurgeon, in *2,200 Quotations from the Writings of Charles H. Spurgeon*, comp. Tom Carter (Grand Rapids: Baker, 1996), 13.

Session 7

1. Clement of Rome, *1 Clement 55:3-6*, quoted in *1-2 Kings, 1-2 Chronicles, Ezra, Nehemiah, Esther*, ed. Marco Conti, vol. V in *Ancient Christian Commentary on Scripture: Old Testament* (Downers Grove: IVP, 2014) [WORDsearch].

2. Carl R. Anderson, in *HCSB Study Bible* (Nashville: B&H, 2010), 812, n. 4:1-3.

3. Martin Luther, *The Heidelberg Disputation*, 21, The Book of Concord [online], 26 April 1518 [cited 11 May 2016]. Available from the Internet: bookofconcord.org.

4. Adrian Rogers, *Adrianisms: The Wit and Wisdom of Adrian Rogers*, vol. 1 (Memphis: Love Worth Finding Ministries, 2006), 101.

5. Joyce G. Baldwin, *Esther*, in *Tyndale Old Testament Commentaries* (Downers Grove: IVP, 1984) [WORDsearch].

6. Elyse Fitzpatrick, in *Gospel Transformation Bible* (Wheaton: Crossway, 2013), 605, n. 4:14.

7. Karen H. Jobes, in *NIV Zondervan Study Bible* (Grand Rapids: Zondervan, 2015), 888, n. 4:15-17; n. 4:16.

8. John Wesley, *Wesley's Notes on the Bible*, Christian Classics Ethereal Library [online; cited 13 May 2016]. Available from the Internet: www.ccel.org.

9. Janice Meier, "The Role of Queen Esther," *Biblical Illustrator* (Spring 2004): 22.

Session 8

1. D. Wilson, "Obituary: The Rev. Basil Woodd," in *The Christian Observer*, vol. 31 (London: J. Hatchard aand Son, Piccadilly, 1831), 312.

2. Debra Reid, *Esther*, vol. 13 in *Tyndale Old Testament Commentaries* (Downers Grove: IVP, 2015) [WORDsearch].

3. Aphrahat, *Demonstrations*, 21.20, quoted in *1-2 Kings, 1-2 Chronicles, Ezra, Nehemiah, Esther*, ed. Marco Conti, vol. V in *Ancient Christian Commentary on Scripture: Old Testament* (Downers Grove: IVP, 2008), 389.

4. Andrew Murray, *Humility* (New Kensington, PA: Whitaker House, 1982) [eBook].

5. Carl R. Anderson, in *HCSB Study Bible* (Nashville: B&H, 2010), 816, n. 7:8.

6. Warren W. Wiersbe, *Be Committed (Esther)*, in *The Bible Exposition Commentary* (Colorado Springs: Victor, 2012) [WORDsearch].

7. Saint Bernard of Clairvaux, *Commentary on the Song of Songs* (Aeterna Press, 2015) [eBook].

8. Richard Sibbes, *The Bruised Reed* (Lulu.com, 2015), 16.

9. Mervin Breneman, *Ezra, Nehemiah, Esther*, vol. 10 in *The New American Commentary* (Nashville: B&H, 2013) [WORDsearch].

10. J. G. McConville, *Ezra, Nehemiah, and Esther*, in *The Daily Study Bible Series* (Louisville: Westminster, 1985), 193.

11. David Clarence, "Esther," in *South Asia Bible Commentary*, ed. Brian Wintle (Grand Rapids: Zondervan, 2015), 577.

Session 9

1. Jerry Bridges, *I Will Follow You, O God* (Colorado Springs: WaterBrook, 2010), 91.

2. Derek Kidner, *Ezra and Nehemiah*, vol. 12 in *Tyndale Old Testament Commentaries* (Downers Grove: IVP, 2015) [WORDsearch].

3. D. L. Moody, "Prevailing Prayer," in *The D. L. Moody Collection*, ed. and comp. James S. Bell Jr. (Chicago: Moody, 1997), 253.

4. Paul E. Miller, *A Praying Life* (Colorado Springs: NavPress, 2009), 114.

5. Carl R. Anderson, in *HCSB Study Bible* (Nashville: B&H, 2010), 776, n. 1:5-6; n. 1:8-9; n. 1:10.

6. Carl F. H. Henry, *God, Revelation and Authority*, vol. 1 (Wheaton: Crossway, 1999) [eBook].

7. Carl R. Anderson, in *HCSB Study Bible*, 776-77, n. 1:11.

8. Augustine Pagolu, "Ezra," in *South Asia*

주 / 4

Bible Commentary, ed. Brian Wintle (Grand Rapids: Zondervan, 2015) [eBook].

9. Nupanga Weanzana, "Nehemiah," in *Africa Bible Commentary*, ed. Tokunboh Adeyemo (Grand Rapids: Zondervan, 2010) [eBook].

10. James M. Hamilton Jr., *Christ-Centered Exposition: Exalting Jesus* in *Ezra and Nehemiah* (Nashville: B&H, 2014) [WORDsearch].

11. Mervin Breneman, *Ezra, Nehemiah, Esther*, vol. 10 in *The New American Commentary* (Nashville: B&H, 2003) [WORDsearch].

12. Sam Storms, "Otherwise, or Why We Must Pray," *Enjoying God Blog* [online], 31 May 2013 [cited 18 May 2016]. Available from the Internet: www.samstorms.com.

13. Martin Luther, quoted in *Martin Luther: A Very Short Introduction*, by Scott H. Hendrix (New York: Oxford, 2010) [eBook].

Session **10**

1. J. I. Packer, *Knowing God* (Downers Grove: IVP, 1973) [eBook].

2. Carl R. Anderson, in *HCSB Study Bible* (Nashville: B&H, 2010), 782, n. 4:7-9; n. 4:10; n. 4:12; n. 4:13-14.

3. Billy Graham, in *Billy Graham in Quotes*, eds. Franklin Graham and Donna Lee Toney (Nashville: Thomas Nelson, 2011) [eBook].

4. Amy Carmichael, *If* (United States: Popular Classics Publishing, 2012), 9.

5. David L. Jenkins, "Nehemiah's Adversaries," *Biblical Illustrator* (Spring 2009): 55.

6. Derek Kidner, *Ezra and Nehemiah*, vol. 12 in *Tyndale Old Testament* Commentaries (Downers Grove: IVP, 2015) [WORDsearch].

7. James M. Hamilton Jr., *Christ-Centered Exposition: Exalting Jesus* in *Ezra and Nehemiah* (Nashville: B&H, 2014) [WORDsearch].

8. Mervin Breneman, *Ezra, Nehemiah, Esther*, vol. 10 in *The New American Commentary* (Nashville: B&H, 2003) [WORDsearch].

9. John Stott and Christopher J. H. Wright, *Christian Mission in the Modern World* (Downers Grove: IVP, 2015), 27.

Session **11**

1. John R. W. Stott, *Culture and the Bible* (Downers Grove: IVP, 1979), 12.

2. Mervin Breneman, *Ezra, Nehemiah, Esther*, vol. 10 in *The New American Commentary* (Nashville: B&H, 2003) [WORDsearch].

3. Augustine Pagolu, *South Asia Bible Commentary*, ed. Brian Wintle (Cumbria, UK: Langham Partnership, 2015) [eBook].

4. Keith Green, "Will You Be Bored In Heaven?" *Last Days Ministries* [online], 22 February 2007 [cited 23 May 2016]. Available from the Internet: www.lastdaysministries.org.

5. David Walls, *Ordinary Heroes: When the Walls of Life Are Crumbling* (Denver: Accent Books, 1991), 111.

6. "Quotes by Albert Schweitzer," *The Albert Schweitzer Fellowship* [online], 2016 [cited 23 May 2016]. Available from the Internet: www.schweitzerfellowship. org.

7. John F. Kennedy, "Remarks Prepared for Delivery at the Trade Mart in Dallas, TX," *John F. Kennedy Presidential Library and Museum* [online], 22 November 1963 [cited 23 May 2016]. Available from the Internet: www.jfklibrary.org.

8. Paul Lee Tan, *Encyclopedia of 7,700 Illustrations: Signs of the Times* (Rockville, MD: Assurance Publishers, 1979), 966-67.

9. Carl R. Anderson, in *HCSB Study Bible* (Nashville: B&H, 2010), 788, n. 8:3; n. 8:4.

10. Jack R. Taylor and O. S. Hawkins, *When Revival Comes* (Nashville: B&H, 1980), 127-28.

11. Mervin Breneman, *Ezra, Nehemiah, Esther*, vol. 10 in *The New American Commentary* [WORDsearch].

12. Bede, *On Ezra and Nehemiah*, ed. Scott Degregorio (Liverpool: Liverpool University Press, 2006), 195.

13. Andy Naselli, "Scripture: How the Bible Is a Book Like No Other," in *Don't Call It a Comeback*, ed. Kevin DeYoung (Wheaton: Crossway, 2011), 67.

14. Gene A. Getz, "Nehemiah," in *The Bible Knowledge Commentary: Old Testament*, vol. 1, eds. John F. Walvoord and Roy B. Zuck (Colorado: David C. Cook, 1983), 689.

15. James M. Hamilton Jr., *Christ-Centered Exposition: Exalting Jesus* in *Ezra and Nehemiah* (Nashville: B&H, 2014) [WORDsearch].

16. A. W. Pink, "Eternal Punishment," *Providence Baptist Ministries* [online], 2012 [cited 23 May 2016]. Available from the Internet: www. pbministries.org.

Session **12**

1. A. W. Tozer, quoted in *Tozer on Worship and Entertainment*, comp. James L. Snyder (Camp Hill, PA: WingSpread Publishers, 1997) [eBook].

2. Gordon P. Hugenberger, in *ESV Study Bible* (Wheaton: Crossway, 2008), 1774, n. 1:6-2:9.

3. Matt Papa, *Look and Live* (Bloomington, MN: Bethany House Publishers, 2014), 246.

4. E. Ray Clendenen, in *HCSB Study Bible*

주 / 5

(Nashville: B&H, 2010), 1591-92, n. 1:11-14.

5. Aphrahat, *On Prayer*, 1, quoted in *The Twelve Prophets*, ed. Alberto Ferreiro, vol. XIV in Ancient Christian Commentary on Scripture: Old Testament (Downers Grove: IVP, 2001) [WORDsearch].

6. Iain Duguid, in *Gospel Transformation Bible* (Wheaton: Crossway, 2013), 1261-62, n. 3:6-12.

7. Cyprian, quoted in *Fathers of the Third Century*, eds. Alexander Roberts, James Donaldson, and Arthur Cleveland Coxe, vol. 5 in The Ante-Nicene Fathers (New York: Cosimo, 1886), 485.

8. Michael Catt, *The Power of Surrender* (Nashville: B&H, 2010), 150.

9. Mike Cosper, "Tithing," *The Gospel Project: Adult Leader Guide* (Summer 2015): 149.

10. Jim Elliot, quoted in *Shadow of the Almighty*, by Elisabeth Elliot (Peabody, MA: Hendrickson, 1958), 11.

11. Joyce G. Baldwin, *Haggai, Zechariah, Malachi*, vol. 24 in *Tyndale Old Testament Commentaries* (Downers Grove: IVP, 1972), 251-53.

12. Michael Williams, *How to Read the Bible Through the Jesus Lens* (Grand Rapids: Zondervan, 2012), 158.

13. Oswald Chambers, in *The Quotable Oswald Chambers*, comp. and ed. David McCasland (Uhrichsville, OH: Discovery House Publishers, 2008), 323.

14. *The Biblical Treasury*, quoted in *My Sermon-Notes: From Ecclesiastes to Malachi*, by C. H. Spurgeon (New York: Funk & Wagnalls, 1891), 378.